信用资本
开启未来金融的密码

滕达 编著

電子工業出版社
Publishing House of Electronics Industry
北京•BEIJING

内 容 简 介

信用是什么？

人类如何在不同历史阶段利用不同的手段，将底层的信任与关系变为信用？

随着电子、通信和数字技术的发展，结合当下热门的 Fintech 技术，人类会再次组织起什么样的超大规模信用网络？

除基因外，“数字信用”为什么会是“人之为人”的证明？

在骗子和大数据满天飞的时代，为什么数据的归属比“财产权”更为重要？

时间的本质是什么？如何看待信用记录和数据加密具有相同的时间本质？

当你理解了这些道理，让我们漫游“智慧金融”时代，感受数字信用社会的生存法则。

图书在版编目（CIP）数据

信用资本：开启未来金融的密码 / 滕达编著. —北京：电子工业出版社，2018.1

ISBN 978-7-121-32946-3

Ⅰ. ①信… Ⅱ. ①滕… Ⅲ. ①信用—研究 Ⅳ.①F830.5

中国版本图书馆 CIP 数据核字（2017）第 262176 号

责任编辑：黄爱萍

印　　刷：三河市鑫金马印装有限公司

装　　订：三河市鑫金马印装有限公司

出版发行：电子工业出版社

　　　　　北京市海淀区万寿路 173 信箱　邮编：100036

开　　本：720×1000　1/16　印张：19.25　字数：308 千字

版　　次：2018 年 1 月第 1 版

印　　次：2018 年 7 月第 2 次印刷

定　　价：59.00 元

凡所购买电子工业出版社图书有缺损问题，请向购买书店调换。若书店售缺，请与本社发行部联系，联系及邮购电话：（010）88254888，88258888。

质量投诉请发邮件至 zlts@phei.com.cn，盗版侵权举报请发邮件至 dbqq@phei.com.cn。

本书咨询联系方式：（010）51260888-819，faq@phei.com.cn。

前　言

想必每个人都有过被“车船店脚牙”坑害的经历，同样，在生活中总能看到没有井盖的井口、随意损坏的共享单车等，皱皱眉头却无可奈何。只因为缺少统一的信用体系，有些人即使做坏事也丝毫不会对其有任何影响。

生活中缺少统一的信用体系，为了避免风险，建立信任的方式只能是先不信任对方，通过检查、收押金等手段建立短暂的信任。2016 年，北京地铁客流量 30 亿人次，为了保证所有乘车人的安全，所有人都必须接受安检。假设每人每次的安检时间为 10 秒，每年所有乘客安检累计浪费掉的时间相当于 952 年，这还不包括庞大的安检队伍付出的时间。

整个社会为“信任”二字付出了极其昂贵的代价。中华曾经有着重言诺行的良好传统，借助对文化与道德的约束，以及家族、村落和熟人网络的连接，让人们主观上鄙视失信，客观上，失信会让自己和家族在整个圈子中蒙羞。

随着城市化进程的加快，人口加速流动，不诚信的事情处处发生。传统的信任机制缺乏对陌生人和公共财产的约束，割裂的信用体系与简单和粗放的管理手段无法适应快速发展的社会。如果做坏事还不用负责，那么不讲信用、害人利己的现象的发生就是必然的。

这个时代需要新的信用文明，需要用更加高效和快捷的方式建立符合这个时代特点的“信任机制”。过去的信用很像一个人的档案，大多来源于人们主动的、有目的的系列记忆或记录。这些信息通过“口口相传”“多人评价”“权威认可”等手段，可变为有效用的证明。金融体系将这些手段规范成“征信”这项业务，通过对体系完整、标准统一的信息进行科学的推算，为个人或组织的金融信用评估出量化的结果，使金融体系依托“信用”，行之有效地运转。

随着移动互联网和智能手机的迅速发展，人与人再次形成了更大规模的连接网络，重新构建的信用体系的“约束与边界”渐渐成型。每人在网上都留下了大量数据，借助计算机算法，便可以得出一个类似金融信用的结果。区别于传统纸质文件类的证明与档案，这些信息更多的是人们无意识的、被动地留在网上。这些数据更加客观，而且信息量极大，多以分散的形式存储在网络上的不同角落。

借助计算机算法和人工智能技术，让这些数据转化为标准化的信息，再变为有通用效用的证明，成为提升人们交往及经济活动效率的新式信用。虽然这些数据可能存储在全球不同的角落，但是由这些数据推断出的“个人信用”，随着时代发展，会如同我们的身高、相貌、行为，时时与人紧密结合在一起。区别于通过传统征信方式获得的信用，本书将当下以广泛数据构建的信用称作“数字信用”。

不同时代有不同的 Fintech（金融科技），虎符、铜钱、银票、纸钞、养儿防老、随份子等都曾是过去的 Fintech。当前，高速的互联网、微电子技术、传感器技术、超级计算、大型存储技术、数字加密、分布式网络等底层科学技术通过不同的组合，形成了当前热门的智能终端、大数据、云计算、数据货币与合约、生物认证等数字工具，这些技术的二次重构又将促进数字信用、数字货币、数字认证的发展。

数字技术必然推动金融与资产向全数字化转变，这也将为人工智能与自动处理技术提供极其广阔的空间。未来的银行、投资、司法、中介等各个行业都将依此进行重新定位，他们的核心业务也将向上游或下游转移，而将交易、分析等环节交给计算机来处理，社会将迎来下一个颠覆式的革命。

1996 年，多利羊的诞生让人们认识了克隆技术。有些人认为这动摇了人存在的根基，也不断质疑和想象克隆出的自己与真实自己的差别。数字信用或许可以帮助解答这个问题，真实的自我不仅是基因上的“我”，更是过往行为和经历的“我”。如果此刻克隆出一个我，那克隆的“我”和我的区别是：他并没有购买过某件东西，没有到过某个地方，没有支付过某笔款项，不知道某张银行卡的密码，也没有与某个朋友进行过某次交谈。只有真实的我拥有过去独特的经历，代表这些信息而存储下来的数据也仅与我的记忆、意识、理念相联系。这些数据“决定”了我下一刻可能的行为。“我是我”不仅仅因为我是“基因的我”，还包括“经历的我”，数字信用是“经历的我”存在的充分必要条件。如何保护好“经历的我”，在书中也进行了讨论与展望。

最近“降维打击”的概念十分流行。此概念最初源于科幻小说《三体》中一种星际间的打击方式。引申这种思路，在互联网与智能时代，本书中所提到的消息、资讯甚至是知识等层次的信息，都可能被“降维”到数据和算法这个层次，通过自动化或智能方式进行处理，而不必使用传统的层次递进式方法处理与加工。

与此同时，从金融角度看，“钱”将升维成为“信用”。几千年来，在“钱”的概念产生后，就束缚了很多人。不管是“葛朗台”还是你的某位朋友，都可能被“钱”这个虚拟的“想象符号”拖累了人生真正的意义。随着智能化的发展，即将取代“钱”而成为主角的“信用”，可能会颠覆货币时代人的思维方式和生活方式。随着“信用”概念慢慢走向人类舞台中央的时候，必然会巩固和重塑“金融”概念的真谛。

除了这些遥远的概念，借助数字信用，未来社会人与人建立信任的成本大大降低，沟通交往效率会得到提升，幸福感会增强。同时，也是人与组织建立信任的方式，成为下一阶段提升经营效率和带动经济增长的一种思维。当今的市场和经营思路，更多的是用“防小人”的经营管理办法，为了避免部分客户钻空子，耗费了大量资源和精力，而疏于对大多数值得信任的人的认可。通过利用好用户的各类数据，以智能征信的方式，将用户数字信用档案与自家公司的服务产生连接，让目标客户进入服务的白名单，减少审核、检查、押金等环节浪费的时间和资源。

本书从构思到出版，用了 3 年多时间。在写作过程中，我就见证了很多想法变为现实。数字信用的发展速度远远超过当初的设想，有些理念构思在写作时还是科技构想，等读者读到时，就已成为现实。当前社会创业者和工程师践行创新理念的速度，已快过人们探讨这些理念的速度。

从内容上可以将本书分为四部分：一、信用是什么，即第一篇；二、信用从哪里来，以及信用的数字化与智能化处理方式，包括第二篇、第三篇、第五篇；三、数据时代信用面临的问题、可能的解决方案，即第四篇；四、信用将引导我们向何处去，即第六篇。本书整体沿用了“我是谁—从哪儿来—到哪儿去”的思路。谨希望本书内容能够给读者带来启发。不足之处，也恳请指正。

滕　达

写于 2017 年 9 月 1 日凌晨

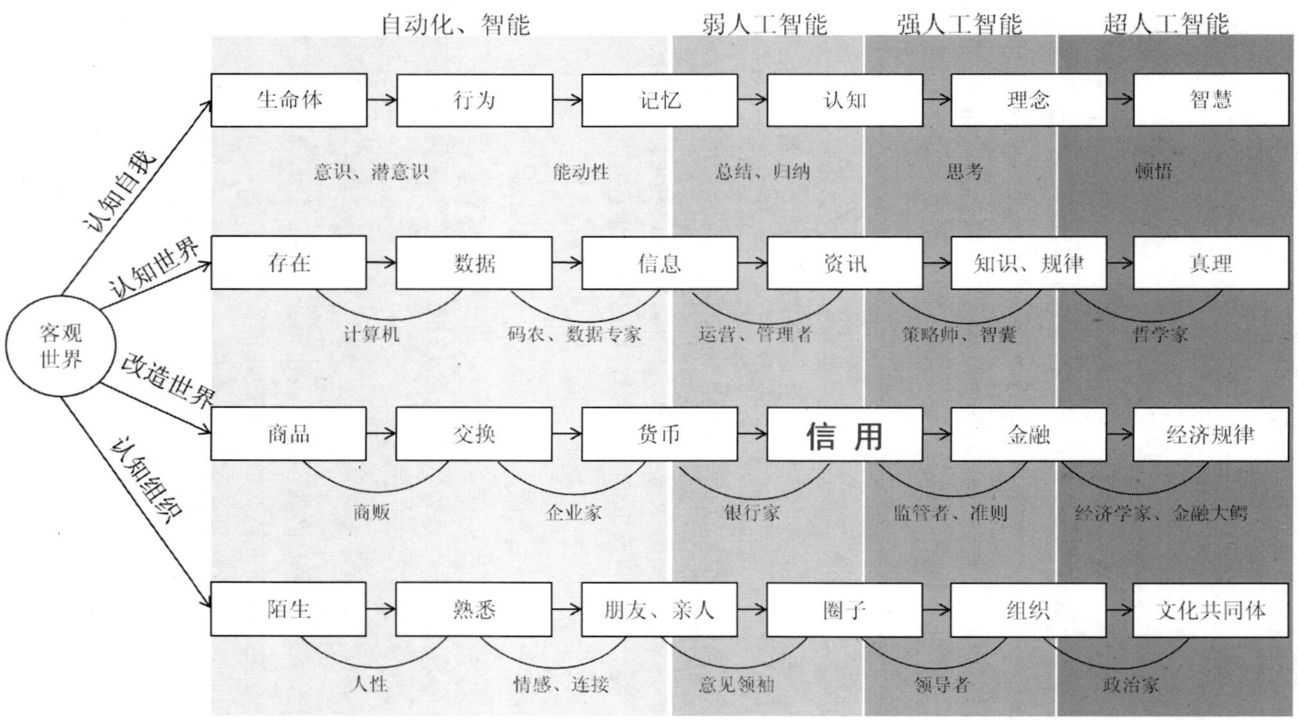

其实“人工智能”不等于“人类智能”。可以把“人工智能”理解为“硅智能”，而“人类智能”或者说“生物智能”理解为“碳智能”。

图中黑框为“人类智能”的进步和逻辑的层次，而灰处则是“人工智能”的算法和能力推进的层次。

两者在底层的基础逻辑是不同的，因此，它们解决问题的方法不同，但是，它们应对的场景和能够解决的问题会比较类似。在某些时候，会被人们形而上地结合在一起。

当技术进步到两者可互相可以从底层被证明统一时，我们才认为两者达到了真正的“统一”。

本书知识背景图（将这些信息串联起来对你阅读本书是有帮助的）

目　　录

第一篇　信用：从远古一路走来

第 1 章　从古老的信用到现代金融 ······ 3

1.1　从人情到借贷 ······ 3

1.2　信用创造：从神权到君权 ······ 4

1.3　信用的背书：抵押 ······ 5

1.4　从信用借贷到现代金融的诞生 ······ 6

1.5　丰富的信用产品 ······ 7

第 2 章　信用与支付革命 ······ 9

2.1　无限信用的权杖 ······ 9

2.2　支票：随心所欲的钱包 ······ 10

2.3　银行卡大爆发 ······ 12

2.4　银行卡的小伙伴：POS 机 ······ 13

第 3 章　生产信用的“车间” ······ 15

3.1　信用审批的流水线 ······ 15

3.2　房贷：福利式授信 ······ 16

3.3　面向线上的虚拟信用卡 ······ 17

3.4　电子化信用审批向审批算法的进化 ······ 17

第 4 章　美国式信用社会 …… 20
4.1　美国三大征信局 …… 20
4.2　FICO 评分方法 …… 22
4.3　环环相扣的信用链条 …… 23
4.4　古老又年轻的美式征信 …… 24
第 5 章　P2P：去中介化的信贷 …… 26
5.1　P2P 的诞生与人人贷的翻译 …… 26
5.2　个性化利率与高效放款 …… 28
5.3　P2P 贷款与金融监管 …… 29
5.4　疯狂的 P2P …… 30
5.5　共赢理念与征信技术 …… 31
第 6 章　信用：点滴之处，乾坤之间 …… 33
6.1　割裂的信用网络 …… 33
6.2　芝麻信用问世 …… 34
6.3　大信用网络的背书 …… 35
6.4　信用不大器，细节定成败 …… 35
6.5　To be or not to be …… 37
6.6　我们的征信之路 …… 39
第 7 章　大幕开启：从电子化征信到数字信用社会 …… 41
7.1　征信大幕开启 …… 41
7.2　八张牌照——八仙过海 …… 42
7.3　征信数据共享——合纵连横的“刺猬们”的取暖 …… 43
7.4　信用网络建设：慎重的决策 …… 44
7.5　数字信用社会降临 …… 45
第二篇　从个人数据到数字信用
第 8 章　时空位置与个人身份 …… 49
8.1　苹果手机中招 …… 49

8.2 位置信息决定信用卡额度和保险费率……50
8.3 前互联网时代的位置数据……51
8.4 GPS：由冷战带来的位置变革……52
8.5 互联网时代的位置数据……53
8.6 通过大量位置信息推论人群身份……54
8.7 亟待加密的位置数据……55
8.8 数据安全与隐私保护……56

第 9 章 变换的位置：个人出行数据与信用……58

9.1 从远方到内心深处……58
9.2 常旅客计划……59
9.3 延伸的常旅客计划……61
9.4 从出行数据到数字信用……62
9.5 旅行与性格……64
9.6 信用采集：万里之外“无差别”……65

第 10 章 流水与账单：过往的金融实力……67

10.1 银行流水：金融数据档案……67
10.2 信用卡账单……68
10.3 从账单分析到授信……69
10.4 电子账单时代……70
10.5 从 O2O 到线下移动支付……72
10.6 由电子账单到消费金融……72

第 11 章 图谱中的数字信用……75

11.1 网络搜索与知识图谱……75
11.2 从知识图谱到兴趣图谱……77
11.3 解析个人图谱数据……80
11.4 兴趣图谱数据的智能解析……82
11.5 从个人图谱数据到数字信用……83
11.6 受约束的传统职业评级……84
11.7 兴趣图谱的局限性……85

第 12 章　浏览器：从上网行为到数字信用 ······ 87
12.1　浏览器：通往互联网之门 ······ 87
12.2　Cookie：浏览器的“脚印” ······ 88
12.3　用户行为与数字信用 ······ 90
12.4　浏览器的移动化涅槃 ······ 92
12.5　浏览器的另一条进化之旅 ······ 95
12.6　HTML 5：智能化交互内容 ······ 96
第 13 章　“人”-“机”-“人”交流衍生的数字信用 ······ 99
13.1　从符号产生到互联网言行 ······ 99
13.2　输入法的数据库：可以量化的人类言行 ······ 100
13.3　从输入内容到个性化词库 ······ 101
13.4　从输入数据到数字信用 ······ 102
13.5　从文字输入到意识与心理 ······ 105
13.6　文字输入的局限性与富媒体化交流 ······ 106
第 14 章　Web 2.0 时代：从微博内容到数字信用 ······ 108
14.1　有人气的互联网“市井” ······ 108
14.2　字里乾坤：从微博内容到国民情绪 ······ 109
14.3　字里乾坤：从 Twitter 到个人职业 ······ 111
14.4　从个人职业到数字信用 ······ 112
14.5　内容分析：发现相近的内容 ······ 114
14.6　基于内容建立的社交圈子 ······ 115
14.7　从草根到大 V：无冕的内容之王 ······ 118
第 15 章　即时通信：可量化的人际关系数据 ······ 120
15.1　地位“崇高”的群主 ······ 120
15.2　发现社交位置 ······ 121
15.3　社交位置的不确定论 ······ 122
15.4　不可阻挡的社交位置计算 ······ 124

第 16 章　政府数据：全体公民的信用背书 126

16.1　透明的公民 126
16.2　政府信用管理：从公章到数字化 128

第三篇　蕴含在社交关系中的数字信用

第 17 章　寻找社交网络中的灯塔 133

17.1　保罗·埃尔德什：从图论到社交网络的数学家 133
17.2　科学界的参考系 135
17.3　不同的圈子，相同的规则 136
17.4　社交网络参考系 137

第 18 章　世界真小：传统熟人关系网络的信用背书 140

18.1　我们的关系原来这么近 140
18.2　从人情关系到社会资本 142
18.3　无中生有的信用 143
18.4　可测算的封闭网络 143
18.5　熟人网络下的信用体系 144
18.6　社会资本的传统测量方式 145

第 19 章　从交通到交往：“地球村 2.0”时代 148

19.1　从乡村到“地球村” 148
19.2　“地球村 2.0”时代 149
19.3　分隔度塌陷与再部落化 151
19.4　几亿人的村落生活 152

第 20 章　量化社会地位：人际关系网络的数字化 155

20.1　“位置”的三层含义 155
20.2　从社交网络位置到数字信用 156
20.3　社交网络数据 157
20.4　社交网络位置的测算 158
20.5　测量社交网络位置：联系与沟通 159

20.6 测量社交网络位置：网络效应……161

第 21 章 量化复杂性：静态关系网络与动态关系网络……163

21.1 从口口相传到史志族谱……163
21.2 从《三国志》中抽象社交网络数据……164
21.3 从历史记录到电话本、通信记录……169
21.4 “电话黄页”是社交网络的中心吗……170
21.5 运营商与社交软件工具……172

第四篇 复杂的隐私监管与数据所有权

第 22 章 无意智的手机：透露你信息的“自己人”……177

22.1 离不开的手机……177
22.2 身旁的“幽灵”……178
22.3 密不透风的监控与隐私窃取……180
22.4 隐私数据的救兵……181
22.5 秀隐私……182

第 23 章 我眼前的世界：你有权知道吗……184

23.1 隐私是什么……184
23.2 隐私的分类分级……186
23.3 隐私权与社交圈……187
23.4 隐私——连接即密钥……188

第 24 章 数据归属……191

24.1 数据的灵魂……191
24.2 数字财产……192
24.3 可使用≠可传播……194
24.4 聚沙成塔：数据的连接权……195
24.5 数据战争……197

第 25 章 实名制：数字信用的基石……198

25.1 身份是一种约定……198

25.2　历史悠久的身份伪造与滥用 ······ 199
25.3　无实名，不信用 ······ 200
25.4　信用归属唯一性 ······ 201
25.5　实名与加密 ······ 202
25.6　加密与数据归属 ······ 203

第 26 章　不断加速的技术进步与永远蹒跚的法律制约 ······ 206

26.1　“人肉搜索”与“言论自由” ······ 206
26.2　披露隐私数据 ······ 207
26.3　隐私的武器 ······ 208
26.4　技术的缰绳与立法的码农 ······ 210

第 27 章　智能终端：不只是你的贴身秘书 ······ 211

27.1　嵌入身份认证的手机 ······ 211
27.2　手机：高科技的信物 ······ 213
27.3　终极的智能手机 ······ 214

第 28 章　信用有效期与加密强度 ······ 216

28.1　变化中的人类 ······ 216
28.2　数据的年轮：加密强度与征信有效期 ······ 217
28.3　时间的本质 ······ 220

第 29 章　数字信用：从约定开始的博弈 ······ 222

29.1　“举重若轻”的约定 ······ 222
29.2　不断细化的诈骗分工与法律博弈 ······ 223
29.3　从危害影响到数字信用管理 ······ 223
29.4　被割裂的互联网与没有终极真理的博弈 ······ 224

第五篇　组织的信用评级

第 30 章　威力巨大的评级 ······ 228

30.1　米其林餐厅与债券评级 ······ 228
30.2　制造危机的评级 ······ 229

30.3 评级的艺术 231
30.4 评级服务的价值 233

第 31 章 发现市场的引力 235

31.1 信息牵引市场价值 235
31.2 中小企业评级 236
31.3 去中心化时代的企业征信 238
31.4 区块链与云征信 239
31.5 管理者：改变企业信用的原动力 240
31.6 “老赖”：企业家精神的 B 面 241

第 32 章 组织评级：是否卓有成效 243

32.1 从无序到有序的耗散结构 243
32.2 耗散：公司的活力 244
32.3 宗教与企业精神 246
32.4 评级：从企业诞生到企业精神 248
32.5 挖掘“看不见摸不着”的企业风气 249

第六篇 数字信用社会漫游

第 33 章 即将再次“消失”的钞票 255

33.1 为什么有钱就了不起 255
33.2 千姿百态的“货币” 256
33.3 纸钞“筹码”与信用的本质 258
33.4 Fintech：约束信用的外力 260

第 34 章 比特币与区块链 263

34.1 人人认可的记账系统 263
34.2 新式的“我欠你”信物 264
34.3 人人皆“银行” 266
34.4 记账全靠“算力” 267
34.5 区块链实现数字契约 268

34.6　主权货币下的电子货币体系 ······ 270

第 35 章　免税的信用遗产与返璞“村落型”社交 ······ 271

35.1　孔子的千年信用 ······ 271
35.2　信用——不灭的遗产 ······ 272
35.3　无法青史不留名 ······ 273
35.4　需要纳入统计的“信用” ······ 275
35.5　“我欠你”的欠条货币与社会化信用体系 ······ 276
35.6　客观的数字信用 ······ 277

第 36 章　数字信用社会构想 ······ 279

36.1　线上的权利 ······ 279
36.2　两个空间的权利 ······ 281
36.3　出来混，迟早是要还的 ······ 282
36.4　“我是我”与“你是你” ······ 283
36.5　终将智慧的网络与设备 ······ 284

后记 ······ 286

参考文献 ······ 288

轻松注册成为博文视点社区用户（www.broadview.com.cn），扫码直达本书页面。

- **提交勘误**：您对书中内容的修改意见可在 提交勘误 处提交，若被采纳，将获赠博文视点社区积分（在您购买电子书时，积分可用来抵扣相应金额）。
- **交流互动**：在页面下方 读者评论 处留下您的疑问或观点，与我们和其他读者一同学习交流。

页面入口：*http://www.broadview.com.cn/32946*

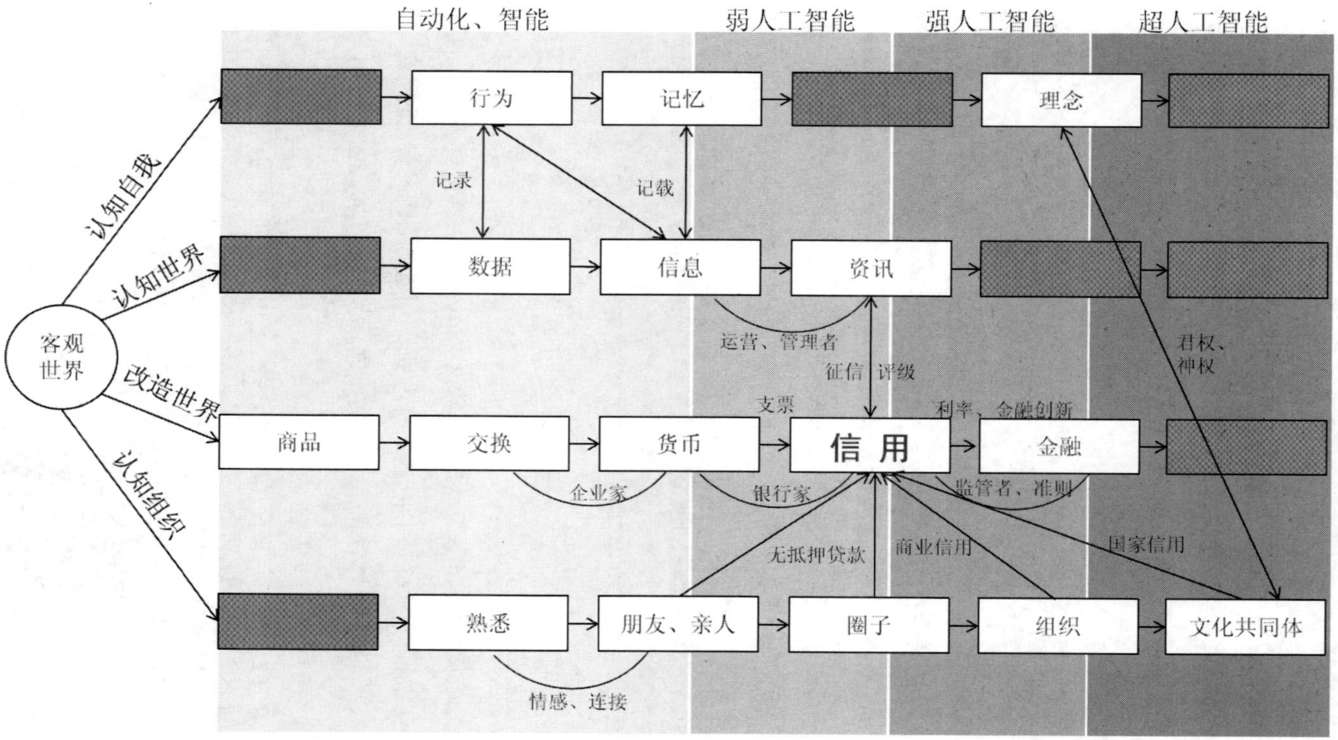

自动化、智能
弱人工智能
强人工智能
超人工智能
客观世界
认知自我
认知世界
改造世界
认知组织
行为
记忆
理念
记录
记载
数据
信息
资讯
运营、管理者
征信
评级
君权、神权
支票
利率、金融创新
商品
交换
货币
信用
金融
企业家
银行家
监管者、准则
无抵押贷款
商业信用
国家信用
熟悉
朋友、亲人
圈子
组织
文化共同体
情感、连接

本篇知识背景图

第一篇

信用：从远古一路走来

道可道非常道

——《道德经》

信用自古就有，在每个时代形态和作用不同。随着现代金融的发展，信用几乎成为金融领域的专有名词。尤其是在近 100 多年的现代史里，信用画上了浓墨重彩的一笔，使人类经济和科技的进步如虎添翼。

金融信用通过征信的方式进行评价，借助个人的信息和借贷历史，客观地给出量化的评判结果。随着技术的推进，越来越多的信用采集和分析都开始使用计算机和数字化手段完成。

在数字化征信的同时，结合相关数据对个人进行大数据分析，可能是征信再出发的新起点。信用正在从金融信用，拓展到防止诈骗、诚信可靠度、经济软约束、身份认证与保护等多个领域。随着内容和应用的不断拓展，信用这个概念，也将再次回归其本意，延伸到方方面面。

信用到底是什么？它从哪里来，又将到何处去？翻过这一页，让我们一同拨云见日，慢慢地展开这幅长卷。

第 1 章 从古老的信用到现代金融

人而无信，不知其可也。

——《论语·为政》

1.1 从人情到借贷

日月穿梭。奔跑、生存、繁衍，从狩猎到耕作。在经历漫长而又无历史记录的共有制原始社会，人类的祖先逐渐开始出现私有意识。小团体、家庭、个人开始拥有部分的生产资料与生活物资。

岁月更替。进入农业社会，突发的自然灾害——干旱、洪荒、冰雹、骤风、暴雨——使短暂积累的私有财产顿时消失。为了继续生存，今年借几粒粟，来年一把米，这可能是最原始的基于信用的借贷。4000 多年以前，在古代亚述与巴比伦地区，城与城之间出现了以谷物为借贷的商业活动，被认为是银行的雏形。

小部落的近亲血缘关系与人情社会，是维系这种借贷与偿还不停循环往复的基础。由于人情，没办法借多少还多少。借是一种牺牲，还是一种感恩。

1.2 信用创造：从神权到君权

靠感情维系的信贷是以村落与小社会关系为背景的。随着村庄、城市、国家、宗教的发展，人类共同体出现后，借贷业务不再局限于亲人朋友之间。

公元元年以前，罗马时代古希腊的一些寺庙就开始有存款的吸纳与货币的汇兑。在中世纪欧洲的村庄城镇也有这样的习俗，新迁来的居民也只有在信仰了当地的教派后，当地的修道院和村民们才肯借钱给他。

自佛教传入中华大地后，受到上至皇族下至百姓的青睐。佛教作为一种全民信仰和精神支柱，它的代言人——寺庙，得到了很多特权。比如经营许可、免税等，经济上的负担比任何组织都轻。同时，上至皇亲国戚，下至地主商人，为了表示虔诚，争相向寺庙施舍土地和财物。僧人受到教规的约束，钱财消耗有限，大量土地则用于转让或收租。长年累月，寺庙只进不出，富者愈富，寺庙的钱财生意越做越大。

于是寺庙作为一种中介性质的早期金融组织，开始面向社会，进行规模化的放贷。最初寺庙放贷，是带有赈济性质的。发展到后来，受利益的驱使，演变为高利贷。远在南北朝时期，就诞生了中国最早的信用贷款与典当机构——寺庙。

时间推进到公元 11 世纪末，宋神宗登基不久，一腔热血，梦想富国强兵，着手组织改革。本是好友的司马光与王安石，由于对改革见解不同而反目成仇。司马光在政治对峙中失利，一气之下回洛阳撰写《资治通鉴》，王安石全面接手改革工作。

青苗法是改革的一部分，以政府储备粮食做基础，在春播后夏收前，将储备粮粜出。一方面在粮食供给紧张时，平抑粮价；另一方面卖粮所得款项用来向全国进行放贷。将“农村小微信用贷”上升到全民层面，由政府出面授信。在“信用贷”中，以社会关系及个人评级为基础：社会关系为 5～10 户为保、贫富搭配；各户评级分为 5 等，从贫到富可借款额度从一贯到十五贯；贷款利率约 20%。

在青苗法实施前，王安石曾拿给苏辙看。苏辙看后这样评价：“收 20%利息贷款给群众，本来不是为了与民争利。但是在执行中，官吏狡诈，难免被他们钻空子；群众贷款，很多人会有不理性消费。等到还钱的时候，富户也可能会出现违约的情形。这样下去，各级政府精力会由于大量琐事而疲于奔命”。

青苗法改革的初衷，是个一箭三雕的好想法。一则降低粮食紧俏时期的粮价，二是降低民间的借贷利息，同时充盈国库。但最后只是富了国家，民间叫苦连天。

青苗法所采取的“信用贷”思路基本是以身份特质、人际网络和偿还能力为基础，评估与风控和当今的小贷业务思路类似。

青苗法改革在当时被认为不成功，司马光再次主政时被取消。没能继续在小贷领域深耕，使中国丧失了在金融史领先世界 700 年的机会。

1.3　信用的背书：抵押

信用创造的主体虽在不停地转移，但为了防止赖账，抵押也时常与信用相伴。

16 世纪末，英国伦敦的舞台上映着一出“草根”向“白富美”求婚的戏剧——《威尼斯商人》，安东尼奥是一位讲义气、重情义的大商人，经营着很多商船，他的朋友们向他借钱，他从来不收取利息。这使得靠经营高利贷生意的犹太人夏洛克开展业务遇阻，心生恨意。

安东尼奥的好朋友巴萨尼奥为了向心仪已久的富二代美女鲍西亚求婚，向安东尼奥借 3000 金币。恰逢安东尼奥的船出海，资金周转不灵，便只好向夏洛克借款。安东尼奥本可以用自己尚未回港的商船作为贷款的抵押品，夏洛克却为了报复，执意要安东尼奥的一磅肉作为抵押。在鄙视高利贷的年代，戏剧最终的结果是放贷的犹太人吃了亏，如意算盘落空，借款也未要回。

通过剧本不难发现，威尼斯的高利贷在 16 世纪已发展成为较成熟的业务。在当时的借贷行为中，对于抵押贷款、抵押物品与担保人的规章制度早就十分完善了。

为保证放贷风险可控，一般要求借款者进行典质。典质业务分为两种：抵押和质押。抵押主要是针对不动产，比如房屋土地；质押是针对动产的，比如皮袄、珠宝、牲畜等。

1.4 从信用借贷到现代金融的诞生

当英国人和教会还在鄙视高利贷的时候，意大利的各类放贷者们把业务做得红红火火，甚至与权贵政治联姻，一度权倾天下。佛罗伦萨与威尼斯经营的信用借贷业务，被认为是今天银行的前身。

15 世纪初，乔万尼·美第奇创立美第奇银行，通过早期银行与货币汇兑业务，获取大量的财产与政治权利。其家族银行一度成为教皇与皇室的财富管理者。比如以汇票等作为抵押，以低于票面价值的价格放贷，之后再收回更多的金币。教会对此也只是睁一只眼闭一只眼。美第奇银行以神权和君权作为后盾，以此创造信用借贷。高峰时，美第奇家族富甲一方，甚至以其政治影响力成为当时佛罗伦萨城邦的统治者之一。

图 1-1 画家波提切利名画“维纳斯的诞生”，现收藏于佛罗伦萨的乌菲兹艺术馆。与达芬奇、米开朗基罗等多位大师一同，他们均受到美第奇家族资助。美第奇家族被称为“文艺复兴的教父”。

光绪十年（1884 年），乔致庸抱有汇通天下的理想，重心从丝茶商贸改为票号生意，成立大德通、大德恒票号，专营汇兑行业。汇通天下，也可以叫作“全国性通存通兑”。乔家在全国 30 多个地方设有分号，注册资本超过 35 万两。这些票号大大解决了商人的银两携带问题，使他们可以一张银票走天下。由于银票汇兑的保密措施，在已记载历史中，乔家票号的汇兑不曾出过一次问题，目前看仍有借鉴意义，这也极大地提升了票号的信誉。在晋商的顶峰，庚子赔款的 10 亿两白银的本息均由山西票号经营；到了 1906 年，清朝户部的 1/3 存款放在山西票号中。

图 1-2 山西的乔家大院，承载着民族建筑历史，也记录着家族曾经的辉煌。它的主人就是晋商翘楚乔致庸

1844 年，地位与山西票号类似的英格兰银行，一分为二，成立银行部门与发行部门。发行部门仅发行银行券，即纸币。1866 年，英格兰银行成为大英帝国其他银行的最终贷款者。从此，中央银行作为政府的最终信用创造者，登上历史舞台。

1.5 丰富的信用产品

时至今日，主要授信主体已变为被监管的商业银行。各类信用类金融产品已经渗入生活的方方面面，并提供了多种多样的信用服务。

信用卡作为受众最广的信用产品，截至 2017 年上半年，全国在用信用卡达 5.2 亿张。

个人房贷也基本是每个人在社会生活中不可缺少的一部分。2016 年年末的个人住房贷款余额为 19.14 万亿元，相当于每户家庭 4.5 万元。经历近年房地产的大发展，房贷越来越像一种社会福利，为基本购房者提供低于正常市场利率水平的贷款。作为房贷的福利性补充，公积金贷款还提供更低利率的房贷。

除了熟知的信用卡与住房贷款，车贷、消费贷、旅游贷、产品分期付等各类产品层出不穷。除了信用产品外，授信实体呈现多元化趋势。不仅商业银行，大量的民间实体也在进行授信，如各类 P2P 平台、担保公司、互联网公司、证券公司都可以提供便捷的信用类贷款。

信用与借贷，几千年来伴随人类文明的发展不曾停息脚步。时至今日，信用与借贷走入日常生活，从教会指定的“恶魔”变成一位谦恭的“仆人”，随时随地为我们提供服务。

第 2 章 信用与支付革命

> 大方无隅，大器晚成。大音希声，大象无形。
>
> ——《道德经》

2.1 无限信用的权杖

什么具有无限信用？纵观历史，可能只有支票堪负盛名。

一张空白支票可以让一个人瞬间拥有 100 万美元。1994 年，迪斯尼出品的电影《空白支票》中，主人公布莱斯顿意外获得一张空白支票，从而开始了一段刺激紧张的故事，让小朋友们打开了征服世界的想象。

如果说《空白支票》是一部喜剧狗血儿童影片，那么斯皮尔伯格导演的《猫鼠游戏》就酷多了。莱昂纳多饰演的弗兰克·阿巴内尔，混迹美国 50 多个州及全球 28 个国家，使用假支票套现 600 多万美元。电影的真实原型人物在 1969 年就实现了数额如此之大的诈骗，共在 26 个国家使用假支票套现了 250 万美元，使他成为当时美国、意大利、西班牙等众多国家的通缉要犯。

这两部影片的共同点就是，一张现金支票就让他们无所不能，瞬间实现由穷孩子向“高富帅”的成功逆袭。

支票对国人来说，既羡慕又陌生。它常出现在港剧大佬的西装口袋中，随手寥寥几笔就完成了几百万元现金的支付，给人感觉很神奇。很可惜，大多数中国人还没机会亲手写一张支票，就匆匆跨过了支票时代。

2.2 支票：随心所欲的钱包

支票是由银行特殊印制并保证汇兑的一种凭证。

票面规定有限的项目，主要包括时间、收款人、付款人、金额、金融机构、凭证号。其中需要手写的内容包括时间、收款人、付款人、金额。金融机构与凭证号码是印在支票上的信息，如图 2-1 所示。

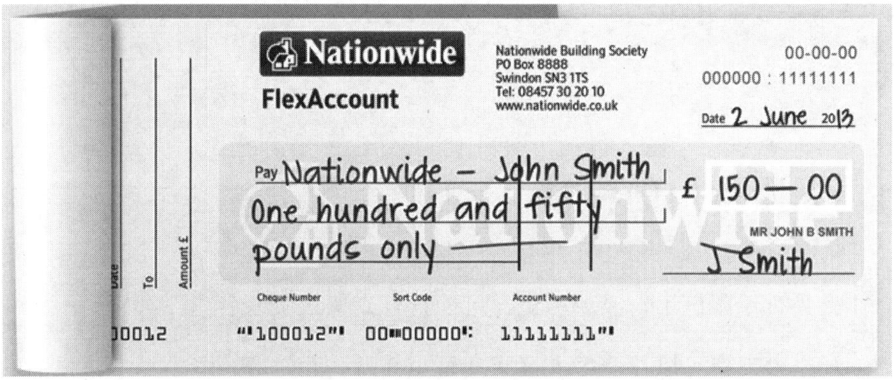

图 2-1　英国 Nationwide 银行支票样张

支票如今在欧美仍大量使用，支票的作用大大弥补了现金的不足，并提供了民间的延伸金融功能。

（1）变成了一个可大可小的现金钱包。对于个人空白支票极致一点儿来讲，可以在上面写几美分，也可以写几百万美元，取决于支票拥有人的需求。

（2）不用找零。比如购买了 9578.65 元的物品，对于支付这种数额的人来说，拿着支票就不必在钱包里预备零钱，付款后也不必找零。还有网友见过一位法国老人，填写了一张 0.5 欧元的支票，用来购买一根法棍面包。

（3）银行背书的借条。由于支票提取时间是所写日期的 10 日内领取，因此，在借款时，可以在支票上填写一个未来的日期。借你钱的人届时可以拿着支票去银行取款。

（4）收取大额现金，在没有 POS 机、点钞机的机构，比如大学收学费、小型的募捐机构、小型教会协会等，可以收取付款人的钱款，而不需要网络和复杂的设备。

（5）写信转账给指定者。除了可以给人转账，美国很多水电费、通信费、税费的账单都直接投递到信箱中，内附回寄的信封。只要写好支票装进信封，再放到邮箱里就实现了交费和纳税。

1959 年美国通用电气建成了第一个电子支票记账系统（EMRA），由当时还是电影明星的罗纳德 • 里根在洛杉矶发布。系统可实现对磁性墨水印刷支票的票号读取和归类。1967 年，美国已有 95%的银行使用 EMRA 和计算机系统实现支票账户的归类与记账，大大降低了银行人力成本。

我国也曾努力大规模拓展支票业务。2006 年年底，全国支票影像交换系统已经建好，并开始在 6 省市试运营，2007 年 6 月完成全国推广，建成后几年业务稳步上升，但 2014 年以后业务量开始下降，如图 2-2 所示。

影像系统可以实时将支票的信息以图像的形式传递到开户行。并完成支票信息的核对、校验，并为银行提供支票的截留。除此之外，还可以使用电子化的方法，对支票的印章、签名、数字等信息进行电子化的核实，通过数字化的图像处理、模式识别等技术，弥补肉眼识别的不足。系统自上线起，将实体的一张张支票映射到了央行的电子信息系统中。

但支票一直在国内未能盛行。究其原因，可能有这几点：（1）信用体系太差，追责能力较差，造假成本低；（2）支票本身成本不低，需要花钱买；（3）社会认可差，虽然写支票的人很方便，但是真敢接收的人与商家少之又少；（4）开通支票账户需要较强的个人信用背书和复杂的手续。另外，还需要个人在银行预留印章，支票只有盖章后方有效。

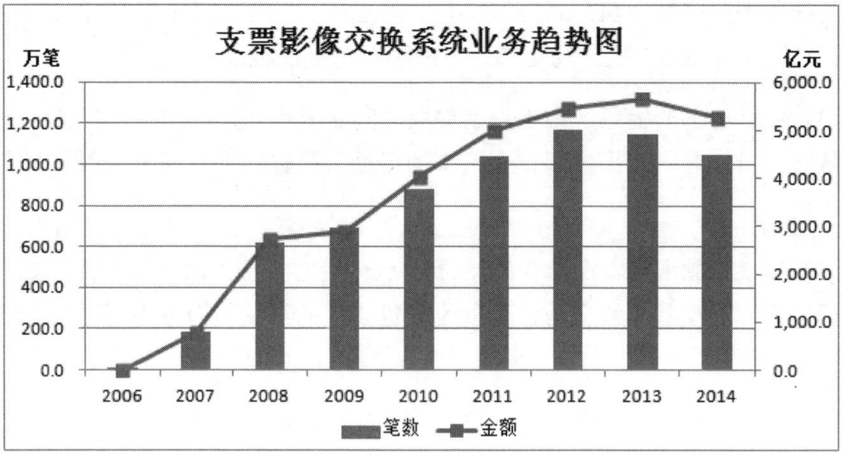

图 2-2　支票影像业务发展情况

如今，已经不需要支票来提升全社会的金融效率。但是对于 20 多年前的中国来说，如果当时发展个人支票业务，通过几张纸和签名可以应对某些支付场景，将省去大量的麻烦。

在当时的中国，企业出纳从银行取出一箱子现金，一张张点好后装进信封发工资。领到的人再点一次，再去把钱存进银行。需要用钱的时候，现金、存折可能需要随身携带，交易时找零还经常遇到问题。

支票没能提升普通大众的金融效率，始终是一个遗憾。进入 21 世纪，支票在全球的使用逐渐在减少。取而代之的主要是借记卡、信用卡、直接借记、直接贷记、电子支付、电子账单支付等业务。

2.3　银行卡大爆发

虽然绝大多数人没亲手写过支票，但经常在刷卡机中吱吱吱打印出的纸条上签名。纸条上有交易双方的信息，有交易时间、金额等，最后还有签名。它可以等同于一张电子化的支票。

与支票交易签付和钱款到账的时间错配不同，在吱吱吱的打印声中，你信用卡中的“信用”就凭空就转化为现金，转移到对方的账户上。当然，最终清算一般在当天夜里，但即使这样，也比支票效率高了很多。

作为银行自助化服务核心ATM机的配角，最早的银行卡诞生于1967年的英国伦敦。ATM机本质是取款服务的自助交易。配合ATM机使用的银行卡的面积大小约为支票的1/4，而且只需一张，就超过一本甚至几本支票。

1985年，中国银行珠海分行的员工周炳志发现在中国香港的哥哥购买商品可以不给钱。问其原因，原来是一张银行卡完成了商店与银行后台的结账。好奇心与事业心让他将银行卡的申请材料及相关资料全部带回珠海，并向时任行长顾广提议，顾广很感兴趣，第一时间推动银行卡可行性研究报告与方案制订工作。银行卡筹备小组很快成立，第一张银行卡随之诞生。银行卡作为新兴事物，起初并未有储蓄卡与信用卡的区别，账户中有1000元保证金或珠海公司担保，就可以存款和透支，存款以活期利率计息，透支一月内利率为0.6%，一月以上为1.2%，这种卡不完全算是今天的信用卡（贷记卡），也不是储蓄卡，准确的名称是准贷记卡。

至此，银行卡作为支票的电子化涅槃，开始一路飞奔。1997—2001年年初，银行卡完成互联互通的网络建设。进入21世纪，银行卡进入黄金时代，大量存折、支票等纸质业务单据逐渐被银行卡替代。

2.4 银行卡的小伙伴：POS机

在最初有银行卡的时候，没有ATM机与POS机的支持，银行卡的效率还不如普通的现金或存折。早期的刷卡，还需由店家致电银行，核实用户信息才能使用，但优点是不必携带大额现金。能满足当时人们的心理特征，因为刷卡是一个身份的象征，这对于开放后的土豪们来说是硬需求。

POS机是Point of Sale的缩写，最初指的是超市收银台那种销售小区域。历经10余年的发展，POS机的定义变成了刷卡设备。这个刷卡设备从最初的一整套电子销售机，简化成了巴掌大小的机器。POS机的出现，将支付流程电子化。

低廉的 POS 机与竞争激烈的支付公司引爆 POS 机市场。具备系统、屏显、打印功能、无线功能的 POS 机零售价格也只有 300 多元，运营商为 POS 机提供的流量卡一年的使用价格仅为 6～10 元。POS 机的使用成本极低，钱款一般可实现第二天到账，不管在支付效率上还是支付成本上，都已经远远超过支票。

2013 年上半年，联网 POS 机 830 万部；2015 年上半年即接近 1800 万台；2017 年上半年达 2900 万台。超低廉的 POS 机成本，高普及的覆盖，配合银行卡、信用卡、预付卡等，使得我们已经进入了一个电子化支付的时代。

第 3 章

生产信用的“车间”

君子之言，信而有征。

——《左传》

3.1 信用审批的流水线

进入移动信息化时代，伴随支付大发展，信用正在被电子化、数据化、信息化。尤其近些年，征信信息的数据化飞速发展。

各大银行的信用卡中心是生产信用卡的车间。在进入车间前，个人信息会经过征信黑名单、人民银行的个人征信系统、公安部的个人身份认证系统、地方征信局的审核。通过审核后，各家银行根据申请者的信息、央行等机构记录的信用信息为基础，将申请者各类信息录入银行系统汇总。最终根据业务要求、历史数据及风控标准对申请人信息进行分析，并由专人进行额度批复。

现在，这些生产环节均会被电子化。提交者的申请表、身份证复印件等申报材料，会被高速图片扫描仪扫描成高清图片。图片被切成一块块后，被不同的人手工录入系统。在当今科技水平下，这个环节还在使用人工进行辨认，未免有些怀旧。但作为银行来说，使用人工进行辨别，可靠程度却最高。各大银行也都推出了网上申请信用卡，个人网银申请省去了个人信息数据化的人工成本，通过个人网银申请，还可以链接到银行账户信息。

申请者的信息会在进入信用卡初审流程前，经过了黑名单、征信系统审核通过后，央行征信中心会提供个人信用报告，分为个人查阅版与银行专业版。面向银行的 2011 年更新版个人征信报告，信息十分详细，包括个人基本信息（身份信息、配偶信息、居住信息、职业信息）；信用信息（逾期与违约、授信信息）；信贷交易信息（资产处置、贷款、信用卡、担保等）；查询记录；个人声明等。目前，这些信息也提供了数据接口，方便银行进行自动化调用。

在判定用户信用时，央行的银行版征信报告中有征信的评分，是央行依据一套评分方式对个人信用做出的直观评价。对其他银行来说，这些都有判定用户信用的标准，判定用户的身份特质与还款能力。银行会参考账户余额、资金流水、工资入账等各类信息。综合征信评级情况和银行评估结果是能否办卡和信用额度的重要依据。当然，就信用卡最终审批结果与额度来说，大多数银行最终仍然看重审批员的经验。

信用额度作为银行授信的结果，是用户信用的直观反映。信用卡使用一段时间后，可申请调整额度。多数可以在网银上直接调整；电话申请时，客服大多会立即告知可调整的额度。这都源于银行会定期对用户信用做评估，借助信用信息电子化与评级的自动化手段，在用户已有额度的基础上给出额度调整空间。

3.2 房贷：福利式授信

作为一种抵押贷款，房贷并不算是信用贷款，贷款额度除看个人的偿还能力外，也看重抵押房产的价值。由于一般房贷时间较长，在整个贷款期间房子与贷款人均会发生较大变化，所以对房子的价值和贷款人的信用均有较高要求。比如年龄在 25～40 岁最佳，年龄过低或过高都影响批贷；房龄要求一般不超过 30 年，最好是 15 年以内，房龄越短越受欢迎。

在此基础上，银行对申请进行审批时，再对个人情况、偿还能力做出审核。

个人情况主要参考征信系统信息；偿还能力，则多以个人职业、职位、家庭收入、金融资产等作为背书。审核完成后，银行对购房者授信并质押房产，最终才放款给房屋所有者。

除了商业性的房贷，还有公积金贷款这个特色福利。但它对贷款人的信用审批更严格，并且限定贷款总额。除了只发放给缴纳者外，诸如学历、职称、公积金缴存情况、公积金余额等，也是公积金信用资质审批的重要参考。

作为住房这种全民性的需求，房贷的授信却不全是银行的市场行为，而是由国家和当地政府来共同确定的。在不同的城市，房贷比例与房产面积、名下房产数等都有很大关系，而银行有权对额度和利率进行差别化的微调。

3.3　面向线上的虚拟信用卡

实体信用卡是一张符合 ISO/IEC 7810 国际标准的卡片。2014 年之前大多为磁条卡，为了安全性和防盗刷，央行要求 2015 年 1 月以后芯片卡全面替代磁条卡。

在电子支付行为中，无论是什么卡，本质上都是将卡片信息读取到 POS 机中，再把交易记录系统化。抛开安全问题，在不刷实体卡的情况下，只要在系统中记录某卡号的消费行为，且持卡人认可，这笔交易就与刷 POS 机没有任何区别。当前的网上支付、手机支付，输入“卡号+密码+有效日期+CVV 码+姓名+手机”等信息就可完成信用卡的线上支付。

如果银行发放一套虚拟的账号信息给持卡人，在用户设置密码后，就生成一张虚拟的信用卡。在国际交易中虚拟卡业务已较为成熟，比如工行的国际 e 卡，就是一张不能透支的虚拟 Visa 卡。国际上还有很多 MasterCard 或 Visa 的虚拟账户，可在支持 MasterCard 与 Visa 协议的网站支付。比如 GlobalCash 全球付、Payoneer 的万事达虚拟卡、欧贝通虚拟卡等。

3.4　电子化信用审批向审批算法的进化

对于传统信用卡的审批，虽然征信报告的数据可以自动化调用，但由于申请人各项信息的录入、审批人的审查时间，发放时间最快也要 3～5 天，加上制卡、物流等时间，申请人真正用上信用卡至少要 1 周时间。

在市场的竞争下，效率就是最好的利器。2014 年 3 月 11 日，中信银行公布与腾讯和支付宝发放 100 万张虚拟信用卡，声称 1 分钟审批信用卡。

可以确认的是，在 1 分钟完成审批和下卡的，一定不是人工操作，而是计算机。人工无法在如此短的时间查阅央行个人信用报告、完成审批。对于腾讯和支付宝来说，用户个人大数据与算法是授信的依据。

很可惜，两天后央行就叫停了虚拟信用卡业务。从安全等问题考虑，网络申请虚拟信用卡，不排除盗用他人信息申请、实名认证环节缺失、电子授信系统被黑、信用造假等系统性风险。对比虚拟信用卡，在国内大环境下，借助申请、核实、开卡等环节中与申请人接触的机会，能够加强信用卡的实名性与安全性。

虽然中信银行没推出虚拟信用卡，但 2015 年 4 月，蚂蚁金服就推出了蚂蚁花呗。在支付宝页面中开通，用户立即就可以看到授信额度。并且京东在 2014 年就开展了白条信用贷业务。

信用贷也是很多传统银行主推的产品之一。有的银行提供了几百元到几千万元的无担保信用贷款。银行一般依据个人的工作、职业、收入情况、信用历史、家庭情况等信息，申请人提供相应的证件与证明作为补充，并且房产、机动车等财产可以增加银行的授信额度，但银行并不对这些财产进行抵押收扣。与信用卡不同的是，银行的信用贷大多没有免息期，借款当天即计息。

信用贷是一种消费金融业务，对于非银行机构来说，如果授信目的就是为了自家的销售，而设定一定的免息期，对于用户来说就和虚拟的信用卡没什么区别。只是没有卡号、姓名、到期时间等几样信息，只能在已支持的平台上使用，无法在线下和其他信用卡平台使用。但由于支付宝的广泛认可性，可以使用支付宝的平台，基本都可以使用蚂蚁花呗，目前超过 40 多个大型平台。

2009 年银监会发文，禁止银行向未满 18 周岁的学生发信用卡，已满 18 周岁学生，若要发放卡需得到第二还款人的书面同意。但多数银行已不为大学生审批信用卡。由于学生群体旺盛的消费需求，2014 年后出现大量针对大学生的消费金融平台，近两年年呈现大规模爆发趋势。如趣店、分期乐、优分期、分期贷等分期与现金贷业务，只需在线通过提交身份证、学籍、银行卡、录制照片视频等信息。很多信用贷平台甚至不需要线下的面签，仅在线上就将征信所需数据全部获取并完成评估，在 1～24 小时就提供授信，额度在几百元到两万元不等。

在支付与授信转型电子化的大潮中，一切都变得越来越高效。借助用户大数据、审批自动化等技术手段，随着智能算法对审批经验的不断学习，可以制订出更加符合用户需求、风险更可控的个性信用方案。

第 4 章 美国式信用社会

色不异空，空不异色，色即是空，空即是色，受想行识，亦复如是。

——玄奘译《心经》

4.1 美国三大征信局

除了信贷，中国人的生活似乎与征信机构离得有些远。但美国却完全相反，民众的金融及生活与其密不可分，一年总要与征信机构打几次交道。

申请信用卡要被查信用分，在 FICO 体系中 650 分以下的在美国申请信用卡希望渺茫。申请贷款首要条件就是个人信用记录与信用分。租房也要看信用分，主要原因是法律保护租客利益，房东为了避免租户拖欠租金或赖着不走，一般要求查租客的信用分。除此之外，求职、加入社团、分期买车、商品分期、买保险等，销售商和金融机构都需要对消费者信用分进行评估。同时，这些机构还提供信用维护咨询、账号防诈等服务。

在美国，核发“官方效力”信用评价结果的机构叫征信局，是私营机构。三大个人征信机构分别是益博睿、艾奎法克斯、环联，如图 4-1 所示。

图 4-1　美国三大征信局，（从左至右）益博睿、艾奎法克斯、环联

三大机构为银行、保险、政府等各类机构提供征信与风险评估的数据与信息。2014 年，整个征信行业在北美地区收入 80 多亿美元（包括益博睿、艾奎法克斯、D&B、环联、Acxciom、Fair Isaac 共 6 家公司）。其中，益博睿为英国富时 100 指数成分，艾奎法克斯为纽交所标普 500 指数成分，环联也为纽交所上市公司。

益博睿作为征信机构巨头，前身是 TRW 公司的信息服务部门。TRW 业务广泛，生产过美国的第一颗卫星，参加过登月计划。

与其类似，英国老牌零售业巨头 GUS 的信息系统中存储了数以百万消费者的消费和信用记录，其数据系统 CCN 早在 1980 年就开始进行商用。1996 年 GUS 并购益博睿，并开始拓展它在各个工业领域和金融服务上的业务规模。2006 年 10 月，益博睿从 GUS 拆分，单独在伦敦股票交易所挂牌。

自 2002 年后，益博睿开始拓展海外业务，并开展了大量相关收购。收购案包括：700 万美国居民租房支付记录数据公司、在线监控和分析访问者行为趋势公司、社交媒体营销工具公司、借助 E-mail 搜索用户孩子在数百个社交网络中社交风险的公司、防欺诈运营类公司等 20 余宗。

在 1996 年 GUS 收购益博睿前，艾奎法克斯是美国最大的征信机构。它成立于 1899 年，在世界范围内搜集了超过 4 亿用户的信用记录。

此项业务或许能说明艾奎法克斯的实力：1991 年 1 月，艾奎法克斯由于用户隐私问题，被迫下架一套市场销售服务的信息系统。这套系统存储了大约 1 亿消费者的姓名、住址及相关信息。你可以使用打印命令搜索“某位置、半径 5 英里内、家庭收入 50,000 美元、年龄 30～50 岁之间、女性”的住址，就可以打印出商店广告的信件投递列表。

4.2 FICO 评分方法

第 4.1 节提到了 FICO 体系，实际上 FICO 是一家公司，是美国征信行业里的手艺人。1956 年，工程师 William Fair 和数学家 Earl Isaac 两人在斯坦福研究室一起共事，他们都认为合理地利用数据，可以提升商业决策效率与水平，十分看好此行业的前景。于是两人各出资 400 美元创建了 FICO，走上了独特的技术发展道路。

1989 年艾奎法克斯首次采用 FICO 评分方法，1991 年三大征信机构全部采用 FICO。三大评级机构都有 FICO 为其量身定制的评分标准。可根据自家的数据和信息推算出用户的 FICO 得分。由于经过严谨的设计与大量的测试，对同一个人来说，三大征信机构计算得出的评分相差很小。

FICO 的评分大致依据如下，如图 4-2 所示。

- 还款历史情况（Payment history），即每月还款情况，是否准时、全款（每次还款占总欠款比）；
- 信用额负债率（Amount you owe），即总授信额度与每月账单的比率；
- 信用历史长短（Length of credit history），即使用信用、积累信用的时间；
- 新开信用账户数（New credit opened）。包括银行查询信用报告的请求次数，请求次数较多会降低分数。
- 各类信用产品情况（Types of credit you owe），包括信用卡、房贷、车贷。

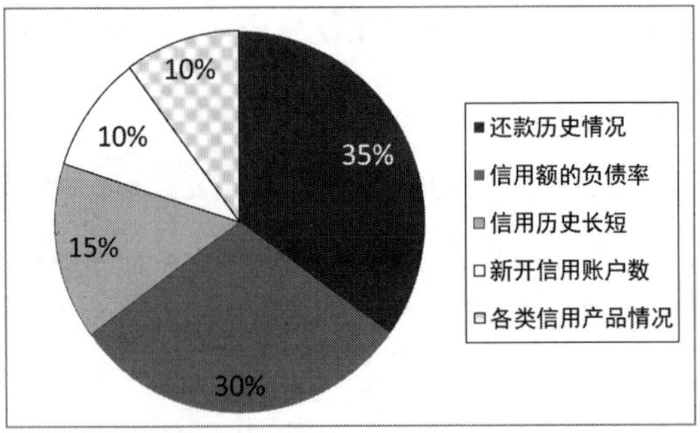

图 4-2　FICO 评分计算方法，各项因素所占比重

FICO 评分为 325～900 分之间。在美国，如果信用分达到 680 分及以上，金融机构就认为借款人的信用较好，可以较宽松地放款。如果信用分低于 620 分，金融机构会要求借款人增加担保，或寻找各种理由拒绝贷款；如果信用分介于 620～680 分之间，金融机构要做进一步的调查核实，采用其他的信用分析工具，做个案处理。

信用分与违约率相关。低于 600 分，借款人违约的比例为 1/8，信用分介于 700～800 分，违约率为 1/123，信用分高于 800 分，违约率为 1/1292。

2007 年 6 月，FICO 正式进入中国，先后为工商银行、建设银行、中国银行、交通银行、招商银行、光大银行、中信银行、平安银行 8 家大行提供了技术、咨询和分析服务，帮助银行管理信贷风险，支持业务增长，实现合规性目标。

FICO 拥有 157 项美国专利和 13 项国外专利，计算方法为核心机密，至今仍未公布。三大征信机构依据使用 FICO 算法的次数，按比例向 FICO 公司支付佣金。

三大征信机构一直试图推广自己的算法（Vantage Score）来取代 FICO，他们目前通过平台（Credit Karma）来为为消费者提供免费的分数查询和信用解读服务。而 FICO 也通过一定开源性服务（Open Access）帮助客户了解其信用分数构成以及如何提高自己的信用分值。

4.3 环环相扣的信用链条

信用在美国人生活的各个方面均有较大联系。比如某人曾在美国有酒驾被抓的经历，虽然针对酒驾的处罚较人性化，可是后期引起的连带问题却很多。比如，三年后他到枪店买枪时，店主告诉他，“你可能被终生禁止买枪了”。这两者之间有何关系？

原来在买枪之前，枪店会要求购买者填写一份表格（Form 4473），包含姓名、地址、生日等信息。相关的信息会在 FBI 的 NICS（National Instant Criminal Background Check System，全国犯罪记录快速查询系统）中检索，并会根据之前的记录给出“同意”“拒绝”“暂时拒绝”等结论。酒驾经历让政府认为此人的自我控制力较差，于是被禁止购买枪支。

和买枪类似，在美国，虚假报税、隐瞒收入等不诚信问题，也很容易被连锁地追查到。比如，购买低收入者福利性的医疗保险、孕妇儿童保险，一旦后期再进行买房或进行其他大宗消费时，就会被系统发现，而一经发现，即定为重罪。曾有很多赴美生子的中国妈妈由于不了解“美国式信用”，被一些推销员忽悠或在医院购买此类保险，然后被美国拒签或禁止入境。

日常行为的各类记录与征信相关联，如同“信用的链条”一样，紧密地连接在一起。若在不同地方做过“不诚实的行为”，均会在其他领域影响你的生活。美国尊重信用的习俗早已内化在国民经济发展理念中。

4.4 古老又年轻的美式征信

1837 年，美国陷入金融危机，评估和兜售信用业务的商业信用评估的始祖机构诞生。最初的业务模式是各家小业主之间交换欠债不还的客户名单。

20 世纪初，美国资本主义生产力大爆发，以赊销为代表的消费信贷在美国生根发芽。早期的赊销主要面向熟悉的客户，随着市场的扩大，赊销商为了占据更大的市场份额，增强自身的竞争力，开始将业务扩展到不熟悉的客户群。恰逢美国在 1929 年前后再次陷入经济大萧条，违约比例大幅上升。为了既保证商品库存的尽快消化，又要赊销借款按时收回，征信业务作为独立第三方正式登上历史舞台。

在 1960—1980 年，信用报告在美国十分盛行，全美各地的征信企业超过 2000 家。个人征信报告在很多机构随意可查，机构混乱，竞争严重，大量信息泄漏，私人隐私受到冲击。

20 世纪 80 年代后，银行业在全美的整合催生了全国性的征信需求，地区性征信机构不断被兼并收购，征信业进入大规模整合阶段，机构数量大幅减少。2000 年后，美国征信市场进入成熟稳定发展期，各大机构基本成型，各类业务有序拓展。

但即使在美国当前有序健全的征信市场中，15%的国民仍无征信评级，也就无法享受相应的金融服务，而金融机构也无可奈何地将这部分人归为次贷群体。2009 年创立的 ZestFinance 公司，专为无信用人群提供征信评级服务。将一切能采集到的个人数据都归为信用数据，社交网络、租赁信息、法律记录、通信行为等都统统纳入。通过对 3500 个数据项中 70,000 余个变量，使用 10 余种预测分析模型进行机器学习，再使用学习结果对目标进行信用预测，最终给出征信评定结果。

如今，各大征信机构除了征信评级业务外，还不断地拓展定向营销、反欺诈、风险管理等多方向差异化业务。近几年，中国飞速发展的移动互联网已比肩世界先进水平，随着数字和智能战略的提出，中国的征信业如何迎头赶上，实现与世界先进水平接轨甚至变道超车，走进属于我们自己的数字信用社会？美国式信用社会的参考意义不言而喻。

第 5 章 P2P：去中介化的信贷

君子喻于义，小人喻于利。

——《论语·里仁》

5.1 P2P 的诞生与人人贷的翻译

在南亚次大陆上，一位大富之家的公子热心帮助贫苦穷人，终成一番事业。他不是佛陀，也不是甘地，而是 2006 年诺贝尔和平奖获得者，孟加拉国教授穆罕默德·尤努斯。

他曾经留学美国，后来为了帮助赤贫的国民而回到故土。他和他所创建的孟加拉乡村银行被很多人认为是 P2P 的鼻祖。1974 年，时逢孟加拉国遭遇大饥荒，他向村民提供了 27 美元的小微信贷。作为授之以渔的代表，他通过低息、无担保、支持妇女、支持以实业为核心，创立了自己的一套借贷思路。

虽然身在美国多年，孟加拉乡村银行走的并不是美国式信用的路子。贷款不需要担保，也不评信用分，但要求贷款户必须是 5 户为一组的穷人团体，小组成员之间相互监督，确保贷款用于正途和及时还款。这正是我国北宋时期王安石的《青苗法》改革思路。

2004 年，曾就读于牛津实验心理学的吉尔斯 • 安德鲁（Giles Andrews），经历 20 余年职场磨炼后，与前 EGG 银行的理查德 • 杜瓦尔（Richard Duvall）等 6 位高管，共同创立了一家公司，名叫 Zopa，如图 5-1 所示。

图 5-1　Zopa 公司的 Logo

网站在 2005 年 3 月上线。他们的梦想是将放贷业务运用到线上，让借款者通过网络就可以贷到现金。当年产品的思路来源于两家网站，一是 eBay，当年最大的电子交易平台；二是 Betfair，英国的一家网络博彩公司，对热门事件的可能结果按不同的赔率下注，通过赔率的差值空间盈利。公司名称 Zopa 是 Zone of Possible Agreement 的简写。其理念就是借助互联网平台撮合放贷和借贷的人，收取借款者最低利率与投资者最高回报率的重叠区域的利润，就如同是博彩公司收取博弈双方的赔率差。

借款者在网络平台上用自己的实名信息进行借款申请，他们被要求列出实名信息、FICO 信用分、借款金额与每月强制还款金额等信息。放贷者可根据特定条件进行搜索，选择合适的产品进行投资。一旦投资，放贷者的资金就会排队与借款者进行配对。

为了分散投资者的风险，Zopa 平台会将投资者资金分成 *N* 份 10 英镑，借给不同的人，所以 Zopa 的 P2P 实现了集群式的借贷。通过分散风险的投资理念与分布式群体行为的互联网理念来塑造新的金融方式。其核心是连接了人与人，通过平台，去中介化地建立起借款者与放贷者的分布式连接。

这种不需要抵押的信贷叫作 P2P，即英文 Peer to Peer 的缩写，根据银监会与小额信贷联盟的公文，中文官方翻译为“人人贷”。而此处的 P2P 所指的是去中心化的集群到集群，Zopa 践行了这种理念。P2P 的核心思路是不再需要银行。

5.2 个性化利率与高效放款

P2P 脱离了贷款中介机构——银行，就变得有些不一样了。与银行依据流程、特定的要求、固定的利率不同，P2P 更多的是放款人依据借贷人的实际情况进行放款。

对于银行来说，FICO 评分为 680 分与 800 分的人可能都会获得信用卡，他们享受相同的服务，只是额度不同。实际上，680 分与 800 分的客户违约率是不同的，但信用卡的分期利率相同。因此，信用卡很大一部分盈利需要弥补一部分客户违约的资金。也就是说，那些还款概率高的客户也需要支付同样高的利率来共担整个信用卡业务的不良资产。

P2P 公司与银行不同。Zopa 的网站会公布借款者的相关信用信息，并仅对放贷者可见。借款的用途也会被严格控制，Zopa 要求主要用途如下：假期旅行、信用卡还款、家庭改善型消费、改善债务结构。

登录 Zopa 网站，如图 5-2 所示，Zopa 会提供两个选项：借贷或是出借。单击借款后，为了不让借款者等待太久，Zopa 为借款者准备了预期利率，在网站上可以很容易地查看到。在提交各类信息 24 小时内，Zopa 可以根据提供的信息，搜索到个人信用的相关信息，并判断出信用情况与违约率，对你的基准利率进行"量身定做"。预期利率与借款者最终申请到的实际贷款利率不会相差太多。之后，这个利率会放到平台上进行竞标。竞标结束后，借款者一般在两个工作日内收到放款。与银行的放款效率相比，Zopa 完胜。

图 5-2　Zopa 网站截图

除效率之外，对于借款者来说，信用卡分期付的真实利率一般在 12.9%～22.9%之间，而在 Zopa 平台上 10,000 英镑的 1～5 年期借款，借贷利率为 3.2%～34.9%（2017 年 3 月数据）；对于放贷者来说，其投资 P2P 的收益率也远高于银行存款，如表 5-1 所示，平均达到 4.9%（2015 年数据）。截至 2015 年，Zopa 贷款的实际违约率大约是 1%，2013 年一度达到过 0.5%。与英国风控最好的银行相近。

表 5-1　英国金融机构存款利率与 P2P 公司放贷收益对比

机构	5年期利率	付息方式
Zopa	4.90%	月付
Vanquis Bank	3.16%	年付
Aldermore	3.00%	年付
BLME	3.00%	年付
FirstSave	3.25%	年付
RateSetter(P2P公司)	5.50%	月付

在缺少征信体系与信用机制的条件下，如果没有互联网工具的帮助，不管是借几百万元还是借几十亿元，贷款流程都类似，且全部参考央行利率进行放贷活动。银行为了风控和贷款效率，不能随意改变贷款产品利率，因此，大银行对小微人群慎之又慎。

风险与收益成正比，一直是金融业亘古不变的准则。P2P 的理念让小微和次贷人群也可以享受金融红利，同时让投资人的回报比存款利息更高。

5.3　P2P 贷款与金融监管

Zopa 认可益博睿、艾奎法克斯及英国征信机构 CallCredit 的征信结果。只要借款人信息可靠，信用分准确无误，那么 P2P 这种商业模式看起来对贷款人和投资人就是双赢的，那么谁受伤了呢？

很多人质疑：经营 P2P 业务难道不需要银行牌照吗？但实际上，P2P 业务并未募集存款，也未真正放款和进行负债业务，所做的一切只是撮合借款者与投资者，只收取中介费用而已，到底如何对其业务准确定位确实还是空白。

Zopa 由于受到美国证券交易委员会（SEC-Security Exchange Commission）的压力，退出美国市场，而创立于美国的 Lending Club 与 Prosper 网站却一直为自己的 P2P 业务监管据理力争。在 2009 年 12 月，美众议院终于宣布将 P2P 的监管职能由美国证券交易委员会转为消费者金融保护机构（CFPA-Consumer Financial Protection Agency）。

错过美国市场的 Zopa 没能成为最大的 P2P 贷款公司，而创立于 2007 年的 Lending Club 成为全球最大的 P2P 贷款公司。截至 2016 年年底，Lending Club 已撮合借贷总额 246 亿美元，而同期 Zopa 共计放款 21 亿英镑。

Lending Club 并没有银行牌照，为了能够符合金融行业监管，Lending Club 联合美国犹他州的 WebBank 银行，通过 WebBank 发放贷款，贷款发放完成后，再将贷款和权利转给 Lending Club，以满足合规要求。Lending Club 网站对借款人的资质审查也很严格，FICO 信用分数必须在 660 分以上，且债务在收入占比中不高于 35%，信用记录时长大于 36 个月，过去 6 个月信用被查次数不能超过 6 次。

2014 年 12 月 12 日，Lending Club 登陆纽交所 IPO。当前市值约 21 亿美元（截至 2017 年 3 月），股价最高时市值接近百亿美元。而造成其股价大跌的核心原因是其创始人兼 CEO 将一笔 2200 万美元的贷款出售给“不符合其投资标准”的一家机构投资者。这违反了 P2P 平台公开、守信的根本理念，使公司信用受损。而 Lending Club 本身只是金融中介，除收取借款者部分费用作为违约保障外，并不对投资人资金的安全负责。所以，投资有风险。

5.4 疯狂的 P2P

P2P 投资就像小马过河，有的人赚得盆满钵满，有的人谈之色变。

自 2011 年 P2P 网贷平台上线以来，截至 2016 年年底，国内累计成立 P2P 网络贷款平台 4000 家左右，并且有 2000 余家公司倒闭、跑路或提现困难，问题平台接近一半。虽然国内 P2P 业务也有大量成功公司在运作，但基于负面新闻更具传播性和杀伤力，以至于连 P2P 这个词都成了受害者。

P2P 平台与银行收取净息差不同，作为中介平台，Zopa 靠收取撮合借贷双方的手续费为主要收入，而国内大多数平台依赖多种方式盈利，包括但不限于净息差、销售渠道费用、借款手续费等。

前期的 P2P 平台问题主要集中在资金托管、三方支付、担保等问题。大量不正规的 P2P，为了实现从 0 到 1 的成长，往往也是无所不用其极。知乎一位匿名网友爆料，一家 P2P 网站让自己的员工注册皮包公司，注册资本一般在 10 万元左右，然后在自己公司的 P2P 网站上进行借贷，这样可以借到 20 万～30 万元。一个员工注册几家公司，相当于每个员工名下就签订了 100 万～200 万元的借款合同。一些每月工资只有 2000～3000 元的员工，以为自己轻松地就成为几家公司的 CEO，殊不知被置于巨大的风险之中。对于整个 P2P 链条来说，借款、放款、担保，幕后通常全部是一个老板，平台上近亿元的资金，内部账号投标甚至占到 95%。为了保证不断有标可投，很多网站通过不断腾挪和借新还旧，可以保证体系的循环，很多交易实际是无中生有。如果能够做大，则有望通过再融资、上市等方式填补之前的漏洞；如果无法持续，产生兑付危机，就只能停摆跑路。

还有一些 P2P 公司为了吸引投资客户，收益率标得过高；而过高的借贷利率根本无法吸引真正的良好信用人借贷。过高的违约率与不断涌入的投资资金，使得这些 P2P 的定位从金融中介转为借新还旧的“庞氏骗局”，资金一旦开始向外流出就注定崩溃。

没有灵魂的 P2P 平台和诈骗没有区别。

5.5 共赢理念与征信技术

大浪淘沙。只要相信 P2P 理念可以让借款者、投资者、平台三方共赢，就会有市场认可的平台存活下来。

在营造信用环境的同时，各类征信技术也在不断被开发和引进。2015 年 3 月，FICO 正式进入中国，推出 FICO 信贷评分决策云平台（FICO Alternate Lending Platform），希望帮助中国 P2P 平台和小微金融企业提升贷款效率、控制风险。初步与宜信、好贷网、搜易贷等 10 余家机构展开合作。2014 年 9 月，Experian 进入中国并更名为“益博睿”，同时宣布将帮助企业管理信用风险，防欺诈及实现自动化决策等。2015 年，益博睿与恒昌公司、信通中国等公司开展合作。

P2P 理念的精髓是信息透明化、中介平台化、部分担保机制、多对多分散投资等。只有借助良好的信用体系与风险控制，P2P 平台才会走得更远。

第 6 章

信用：点滴之处，乾坤之间

> 勿以恶小而为之，勿以善小而不为。
>
> ——陈寿，《三国志·蜀书·先主传》

6.1 割裂的信用网络

如果信用体系不健全，一个恶贯满盈的人只要换个地方，就可以重新洗白自己，毫无约束。陌生人之间的不信任是人之常情，陌生的信任难得一遇。这不是人类原始的状态，在陌生的公开场合下遇到困难，任谁都会希望得到陌生人的援助，在无人援助时，就会感慨人性冷漠。这些年，当人们习惯大城市生活的光怪陆离时，也顺理成章地接纳了城市的陌生。

不管是初来乍到一个新的城市，还是装修第一套自己的房子，最初得到的答复往往是“你放心，我靠谱”，最终却总发现他们的真面目是绕路的的哥和坑人的包工头。在陌生的社会里，人与人很难轻易建立信任，满满的期待往往换来满心的失落。

除遇见大量不讲信用的人以外，信用网络割裂的另一个问题是，诚信善良的人也没办法积累信用，往往也被人质疑。明明国有银行的信用卡授信额度是几万元，骑个共享单车要押几百元，去图书馆借本书要押几百元，就连在家门前的小商店买瓶啤酒也要交酒瓶押金。

一直以来，国内不注重大社会的诚信，只依赖身边小圈子的认可。信用网络从乡村和社区膨胀到全国范围的时候，必然会经历一个不讲信用的阶段，但历史车轮一定会慢慢推动信用观念从“虎毒不食子”转变为“老吾老，幼吾幼”。

6.2 芝麻信用问世

拿签证来说，外国使馆对异国公民不信任是常态，但阻挡不了中国人出国的热情。2014 年，中国出境游超 1 亿人次，当国人像潮水一样涌入世界各个角落的时候，入境国除关注咱们的钱包和欢迎对其有用之人以外，还是抵触超期逗留与非法移民的。为了达到这种目的，各国大使馆要求申请人提交各种证明材料，主要是为了确定其真实身份、信用水平和财务能力，而分析和审核工作对于使馆工作人员来说是个不小的负担。

有人对这样的难题发起了挑战。芝麻信用出面同时解决了大使馆和出境用户两边的痛点。2015 年 6 月，芝麻信用推出芝麻信用分 700 分以上可申请新加坡签证；2015 年 7 月，推出芝麻信用分 750 分上可申请卢森堡签证，即申根签证。

芝麻信用分在签证中相当于取代了身份证、户口本、收入证明、在职证明等这些传统证件与复印件，签证官通过芝麻信用分了解申请者的信用水平。虽然取代了这些证件，但芝麻信用分也只是参考。高分只代表高通过率，并不代表一定通过，最终仍取决于签证官的判断。芝麻信用官方曾表态，使用芝麻信用签证和传统签证相比，过签率并没有差别。所以，芝麻信用分只是一种参考因素，并不是决定性因素。但仅仅是提供参考，已经大大提升了双方认可的程度，降低了办理签证的成本。

6.3　大信用网络的背书

第 6.2 节说了那么多数字，你一定觉得似曾相识。是的，芝麻信用分与 FICO 分数十分像，分数越高，征信人的信用越可靠。

很多大学认可推荐信，主要是看重推荐人的背景；申请贷款主要看资金流水、信用记录、负债比等信息，目的是了解一个人的还款能力；企业招聘时看应聘者毕业院校，是相信学校的背景与实力。它们都起到信用中介的作用，芝麻信用的目标就是要成为面向个人商业活动的万能信用中介。

目前，芝麻信用也在婚恋、招聘等领域筹划布局。随着信用体系的发展，除高净值用户外，还会出现高信用客户。这部分客户是见识广、讲信用的人。随着高信用客户被认可，很多市场化运营的稀缺资源会优先考虑提供给信用分较高的客户，目的是希望被推广到信用分高的人际圈子内，或者希望这些设备被信用好的人使用，以信用为导向的服务体系是下一步的发展方向。

除公共生活上的应用外，下一步发展方向还包括互联网线上商业领域的特权。比如阿里旗下的高德、优酷、微博、UC 浏览器、口碑等，芝麻信用分将整合进这些服务中。与此同时，芝麻信用的数据也来源于这些服务。

6.4　信用不大器，细节定成败

美国兰德公司曾在 2008 年发布一份报告，内容是中国人价值观的物质化倾向严重，信用观念淡薄。没想到报告发布后没多久，美国就自家后院起火，出现了大量房贷和次级债的违约行为，使美国陷入经济危机。

美国开展信用体系的运营已快 200 年，信用体系的围墙圈住了众多领域，不诚信行为引起的连锁反应成本极高。因此，美国也不是靠信仰和人品保证社会的信用体系，核心还是依据客观的经济行为。在遇到重大危机、无法偿还债务时，很多人会通过个人破产的方式违约，以消除全部债务。

在传统信用体系下，信用体系的评判者和执行者的主体仅为政府、媒体和群众口碑，而无法对每个人的各项行为都进行记录，因为这实在是太小的“芝麻”，而不是值得被说道的“西瓜”。

传统行为模式推崇“成大事者不拘小节”，芝麻信用推崇的是信用无小事。要注重生活中的每个信用细节，从一个人面对财富和消费的态度，到为人处世的经济行为，全部纳入信用考核中。

与 FICO 评分类似，芝麻信用分是对海量信息数据进行综合处理和评估的结果，更适合阿里自己数据体系的评分。评分主要包含了用户信用历史、行为偏好、履约能力、身份特质、人脉关系 5 个维度，如图 6-1 所示。与 FICO 相同，芝麻信用的评分方式也是企业机密，并未对外界透露。不同的是，评分的几个维度与 FICO 不太相同。

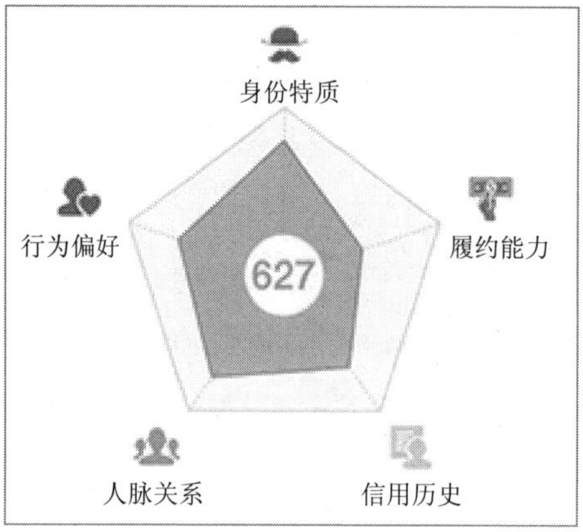

图 6-1　芝麻信用评分体系

信用历史、履约能力更多的是经济实力，行为偏好也是经济实力的延伸，身份特质考查的是学历、职业等多种背景信息，人脉关系则考查社会关系的情况。芝麻信用已经将政府开放的工商、学历、学籍、公安 4 个方面的数据整合到这 5 大体系之中。算法核心是通过对各类财务数据和个人数据的辨析，变成一种对行为的判定。

如何积累点点滴滴？整体看来，就是积极履约，并践行中华传统价值观。对应芝麻信用分的 5 个维度的理解，可以从如下 5 个层面着手。

- **追求卓越、品质生活：** 多使用支付宝购买中高端产品与服务，多买保险，注重投资理财，多为创新、创业的众筹项目捐款等。

- **量入为出、合理消费：**根据收入与需求，合理筹划储蓄、消费与负债的关系。注重这些关系的合理性，而非一味地储蓄、消费或者负债。“月光族”与“吝啬鬼”都不可取。
- **重言诺行、诚实守信：**履行债务和契约，及时还清信用卡与各类借款等；在享受住宿、打车等服务时，做到守时、有礼貌，购物时不要恶意退货、退款等。使用共享单车、民宿等服务时，遵守服务约定、爱护共享财产。
- **自强不息、追求上进：**提升自己的学历、学识，努力进入高素质行业或本行业的核心，多参与公益、经常在公益活动中捐款。
- **结交益友、尊老爱亲：**广泛结识信用分高的人，联络、建立更有益的社交人脉圈。同时，拥有家庭的人信用远远好于单身者。

当然，还有更简单的信用分积累逻辑。通过自己在平台的活跃度和资金流水增加信用平台对你的了解。

除整体评分项以外，还有重点扣分项。2002 年，上海市首度公开“老赖”黑名单，并将其记录到上海市征信数据库。这份定期更新的名单早已进入了芝麻信用的评分体系。老赖的信用分很低，他们无法享用芝麻信用带来的便利，甚至可能被商家拉入黑名单。

6.5　To be or not to be

权力有多大，责任就有多大。一旦成为全国层面的信用监督者，那将是一种特殊的服务，哪些事情该做，哪些事情需要放弃；哪些信息应该纳入，哪些不能纳入；哪些信息影响评分，哪些信息不能影响评分；面向和使用的范围界限在哪里，如何实现在信用服务创造价值的同时，不损害公民权利，都值得不断探讨。

1. 存款不能进征信。

按照《中华人民共和国商业银行法》等法律法规的要求，存款属于个人财产，不属于征信信息范围。商业银行等金融机构要为存款人保密，有权拒绝任何单位或者个人查询、冻结、扣划个人储蓄存款。所以个人信用数据库不采集个人存款信息。

虽禁止采集，却没有禁止推测。

首先，存款正在向资产方向搬家。银行存款大幅下降，进入各种宝宝理财、基金等资产。对于芝麻信用来说，支付宝里的余额宝、招财宝等理财基金保险都会被采集到。在阿里巴巴体系下，芝麻信用还有很多泛资产类信息可以采集。比如，2012 年，光大银行定存宝理财曾联合淘宝促销，用户存 1000 元送 1000 集分宝。此外，个人在淘宝、天猫或其他平台购买金条、宝石、艺术品等贵重产品，都可能会被判断为投资行为。

其次，负债并没有禁止被采集。所以，使用信用卡买商品与用借记卡和现金购买商品产生了本质的不同，因为交易的内容和金额会被记录。所以在当前征信体系下，鼓励使用信用卡消费，这样可以更好地记录消费行为。只要能够按时还款或分期，就可以提升信用评分。

最后，芝麻信用作为蚂蚁金服的一部分，可以获取支付宝平台上处理的相关信息。每月在支付宝内的交易流水、转账、购物、还款、集分宝等行为都会记录在案。2014 年年底，支付宝推出了"十年账单"的功能，十年来，很多交易用户自己早都忘记了，而支付宝却一笔笔记录下来，成为个人信用的参考。

2. 信用评定机构的独立性与不同体系下信用判断的偏差。

美国三大征信机构采集的数据不同，但对于同一个人，给出的评分大体接近。在中国，征信大幕即将拉开，如何做到不同体系之间认同的一致性？在蚂蚁金服体系下，高信用分只意味着在这个体系下此人的信用有保障，高芝麻信用分能否代表此人在腾讯游戏中的信用也良好？或者说，芝麻信用和腾讯征信依靠不同的数据源对同一个人进行征信评分，结果会不会差距很大？某个机构的评定结果如何取得其他机构乃至各行各业的认可？是不是为了提升信用，就要多使用某个平台的业务？

除此之外，如果一个人刻板地履行契约，商业信用极好，但社会公德心很差，那么这样的人用一个维度的信用分评价，是否会有失偏颇？

3. 算法不公开产生结果偏差。

信用分的来源是过去的数据，把过去作为预测未来的一个窗口。但人是单独的个体，不同个体之间差异化较大，对于不同的人来说，过去的行为对于未来预测是独立过程、条件过程，还是随机过程？算法对于不同人的准确性与公正性是否一致？

同时，不公开的算法主要目的是防止作弊。用户的正常数据只能用来确定规律，异常数据和缺失数据价值更高。如何保证不公开的算法能有效识别风险，又该如何确定异常行为的影响？同样，行业前辈 FICO 也存在这样的问题，虽然通过对算法不断地迭代和修正会带来改善，长期可靠的结果也有助于建立信任，但不代表问题不存在。

4．保障数据信息的安全性与效用性。

部分政府数据库已经接入了芝麻信用，其中大量信息可能涉及个人隐私。在数据流转处理的过程中，如何保证数据信息不被黑客攻击而泄露，一旦泄露，又该如何补救？要通过什么样的流程方式和技术手段，保证数据不被员工和内部人员不法使用？同时，作为商业机构的信用数据该如何与政府数据划分界限？使用政府数据时，该如何为政府数据创造和增加价值？

社交关系可以提升个人信用。在利用这部分信息提升高信用的同时，人与人之间的亲密关系也不可避免地被记录在数据库中。某些社交关系不使用互联网进行交往，或是害怕个人隐私遭遇泄露而不愿意分享类似数据的人，是不是注定无法获得高分？对于这些人，是否会造成某种意义上的信用歧视？

6.6　我们的征信之路

当没有芝麻信用这类产品时，社会千呼万唤期待信用体系。但当这个体系建立起来时，大家又要防范信用体系对社会的限制。

在征信发展较成熟的美国，有 17 条法案约束着征信行业。这 17 条法案包括：公平信用报告法（Fair Credit Reporting Act）；公平债务催收作业法（Fair Debt Collection Practice Act）；信用控制法（Credit Control Act）等。20 世纪 60 年代末期至 80 年代期间，国会完成了这些法律的立法工作。之后，对每项法律都进行了若干次修订，主要涵盖了规范授信、平等授信、保护个人隐私权等方面。除此之外，美国政府对于数据质量也有严格要求，数据质量法（Data Quality Act）保证了数据的采集、加工、计算、预测、审核、发布各个环节的准确性。

在充分利用信用体系时，除隐私问题外，还要兼顾效率与公平，尤其是在公平上，不能演变为以信用分为导向的分层社会。在美国，性别、种族、肤色、宗教、年龄、婚姻等是不能纳入征信范围的，从数据采集的源头破除了各种类型的歧视，保证了美国社会在征信上的基本公平和正义。

在我国，2013 年发布的《征信业管理条例》中，也明确规定职务信息、宗教信仰、基因、指纹、血型、疾病和病史信息是禁止采集的，个人财产信息也禁止采集，但自愿提供的除外。

征信行业在不断扩大、走进生活的同时，也面临诸多变数。积极追赶具有百年征信历史的欧美国家，还有很长的路要走。

第 7 章

大幕开启：从电子化征信到数字信用社会

民无信不立。

——《论语·颜渊》

7.1 征信大幕开启

2015 年 1 月，央行发布通知，公布了 8 家做个人征信业务准备工作的机构名单，在此之前，国内的征信机构主要为央行及其附属机构。

8 家做个人征信业务准备工作的企业名单为：芝麻信用、腾讯征信、深圳前海征信中心、鹏元征信、中诚信征信、中智诚征信、拉卡拉信用、北京华道征信，征信大幕即将拉开。

新闻公布至今已多时，牌照还未落地，但各家已纷纷行动起来。

7.2 八张牌照——八仙过海

截至目前，除了芝麻信用已开始提供信用产品外，腾讯征信还处于公测中。与芝麻信用分的分数制不同，腾讯征信为等级制，从 1 颗星至 7 颗星不等。等级越高，星数越多。

腾讯征信也从守约、安全、财富、消费、社交 5 大方面来进行测算。与蚂蚁金服的数据相比，腾讯数据的社交连接更加充分和完整，如今国内不使用微信或 QQ 的人已寥寥无几。过去，腾讯缺少用户的金融数据，但在推出了微信支付、将财付通业务融合进微信及 QQ 后，于 2014 年开始将春节红包与关系金融整合，腾讯完成了金融和支付的逆袭，在金融数据信息收集上收获颇丰。

仍在公测期的腾讯征信，其具体的数据、算法、评级结果等还在调整和优化中。与阿里巴巴拥有大量账单和金融数据不同，社交数据较难提取出与征信相关的信息，但依靠关系的连接是比钱更可靠的连接。对腾讯来说，最大的长处来源于其在社交领域无可撼动的第一，拥有用户群最大，用户规模远高于央行征信记录在案人群的规模，有大量沉淀的数据和信息，很可能实现征信行业的逆袭，后发先至。

拉卡拉的考拉信用也已经上线，分值范围比 FICO 略低，为 300～850 分。主要收集 5 方面的特质信息：履约能力、身份属性、信用记录、社交关系和交易行为，这 5 方面的信息与芝麻信用基本相同。考拉征信基于拉卡拉的互联网金融数据，并与公安网等公共机构以及合作伙伴建立数据合作，与传统征信数据不同，考拉信用数据涵盖了信用卡还款、网购、转账、理财、水电煤缴费、职业信息、住址搬迁历史、社交关系等。但从支付规模来看，拉卡拉目前远远落后于支付宝与微信财付通，拉卡拉的考拉信息需要更多的数据信息得出客户的信用分。

征信牌照准备厂商分为两类，一类是互联网企业；另一类则是偏传统类的金融企业。前海征信算是传统金融行业的代表，属于平安集团旗下的公司，是传统金融行业里具备互联网特质的企业。2013 年 1 月，国务院发布《征信业管理条例》后仅半年，前海征信即成立。与阿里巴巴的淘宝小商户数据、腾讯的社交数据具备垄断性特质类似，前海征信拥有平安集团在保险等个人金融方面的数据优势。成立前海征信和入围准备名单，都是平安集团在征信上的前瞻之举。

中诚信征信成立于 2005 年，它是中国诚信信用管理有限公司全资子公司，中国诚信信用管理有限公司是 1992 年 8 月经中国人民银行总行批准成立的。2002 年成立了个人征信事业部和企业征信事业部，2003 年开始全国布局，2005 年以中诚信征信子公司开始运营，是不折不扣的国家队。中诚信征信是目前线下营业网点最多、信用产品最全、信用风险管理经验最丰富、数据库最庞大的征信企业。

鹏元征信的前身是央行深圳分行的征信处，与中诚信都是这 8 家征信企业里的“老资格”。

中智诚征信则是由洪泰基金与华泰保险控制的征信机构，目前产品除了个人征信评分外，多集中在反欺诈、多维黑名单等应用上。

北京华道征信则是上市公司“银之杰”与清控三联等几家公司联合控股的，清控三联为清华控股依托五道口金融学院设立的全资子公司。这些公司除了技术上具有较长时间的积累，与征信的渊源和经验也颇深。

7.3　征信数据共享——合纵连横的“刺猬们”的取暖

牌照是征信行业的入场券，数据及分析处理能力才是行业内的竞争力。

从数据角度来看，大量的数据本身是一堵围墙。每家征信机构都在强调自己的数据源的丰富性。单独查看各家的数据，都是盲人摸象。

数据作为资源，最大的特点是虚拟，而不是实物。只有开放的数据才更有价值。美国的征信市场之所以能够形成目前的规模，核心推动力之一就是数据开放，所有国家机构的数据都是共享的。美国三大征信机构之间的竞争，其实就是对于数据的管理、加工、保护、风险判断的竞争，而不是数据栅栏之间的竞争。

独有的数据是竞争力，但数据的透明化、共享化是趋势，共享才能把征信风险降到最低。如果不同体系下的征信结果相悖，对信用市场的影响将是极其可怕的。

对于一个按时还款的人，单一数据体系无法真正识别出此人的财力是绰绰有余，还是捉襟见肘。具备“1+1>2”联合需求的企业，会像冬天的刺猬，在互相保持距离的同时，又不断地尝试合作。

未来各家获取数据的机会基本相同，如何用好自身企业的数据处理分析的独门绝技，提取大量数据中有价值的信息，才是核心竞争力，尤其是剔除数据噪声的能力和从数据中筛选信息的能力。

数据共享化一定是大趋势，但是谁共享了自己的数据，却未能从他人共享的数据中分析出自己数据缺失的信息，就可能处于被动的地位。

征信企业将会八仙过海，各显神通，各大征信机构即将祭出“法器”，上演一出斗法的好戏。未来几年，征信领域的“合纵”与“连横”的融合将会不断上演。数据的来源、管理、加工、保护、风险判断的能力，将决定最终的“剩者”与“胜者”。

7.4 信用网络建设：慎重的决策

征信实在太热门，如同某些研究报告和媒体分析的那样，此行业有 1000 亿元以上的市场大容量。只要有一定规模数据的公司或对数据处理方式有独到见解的公司都跃跃欲试。

无论是个人征信还是企业征信，由于征信行业的特殊性，政府依然把持着最高级别的征信管理。个人征信牌照的慎重，说明央行对征信管理态度的谨慎。征信各个环节还需要更全面的考虑，否则一旦打开闸门，市场化的机构发展太快，很可能出现无法弥补的灾难。征信行业内法律保障、意识普及、行业构建等，都需要一步步稳健发展，才能保证良好的运营。

征信行业高层人士认为，要严把征信行业进入门槛，在征信许可备案中把握好市场规划，对征信机构整体数量有计划。征信服务只是为信息使用者管理和决策提供外部信息参考，只在主体决策中起辅助作用。征信市场的容量有限，不容易盈利。发展征信需要资金、技术、人才及主体大量的信用数据信息。征信市场必须坚持积极稳妥、循序渐进的原则。征信市场发展反对重复建设，反对一哄而上。

7.5　数字信用社会降临

人类在几万年的交换活动中，抽象出“货币”的概念；又在几千年的金融活动中，抽象出“信用”的概念。最先领悟到货币理念的人，可以最先灵活地使用“一般等价物”，提升自己的交换效率，获得更多的货币；而最先领悟信用理念的人，可以最大程度地利用信用，扩展自己的金融能力，帮助自己更好地放贷或借贷。

金融兴起后，信用成为金融领域的专有词。随着互联网与个人生活的密切连接，个人信息及行为被越来越完整地以数据的形式记录在网络上。这些数据经过严谨的计算后，可变为被政府或行业组织认可的个人“信用”。区别于传统金融领域的信用，这种数字化的信用被称作“数字信用”。

“数字信用”具备更加广泛性和个性化的认可机制。其不再只是传统意义征信的结果，而是完整的个人信息体系。未来，了解一个人不再需要面对面交往很久，而是未谋面就有了对方的“数字信用”。知道其是否可靠、创富实力如何、职业影响力多大、社交实力怎样、既往行为隐含何种个性等内容。

虽然“数字信用”已有雏形，但目前在不同领域还是割裂的。比如，你没办法使用在自己圈子中的口碑去申请贷款；也没办法靠著名微博大 V 名头而提前登机。但在不同领域的数字信用，从分到合的趋势已经开始。

完善的数字信用体系将大大提升社会运行效率。个人数字信用可以无重量地随身携带。比如办理签证，不再需要跑到政府和银行去开证明，然后拿着一大摞文件去办理，仅需要提供个人数据与生物特征证明“此人是我”，就可以办妥一切。

当数据存储的成本不断降低，甚至接近于零的时候，数据自身的价值会极大地凸显，成为财富的新承载形式。与金融时代不断演化的货币等价物类似，有效数据及其蕴含的数字信用，将成为新时代的等价物。

信用的数字化将与货币的数字化、支付的数字化一同推动社会进入全数字化的信用融通时代。相对于信用到货币的融通被称为金融，更想称呼“全数字化”的融通为信融。信融将是更全面、更高效、更便捷的人类新交易活动。这也意味着数据可能成为新型的抵押品、交易品和遗产。

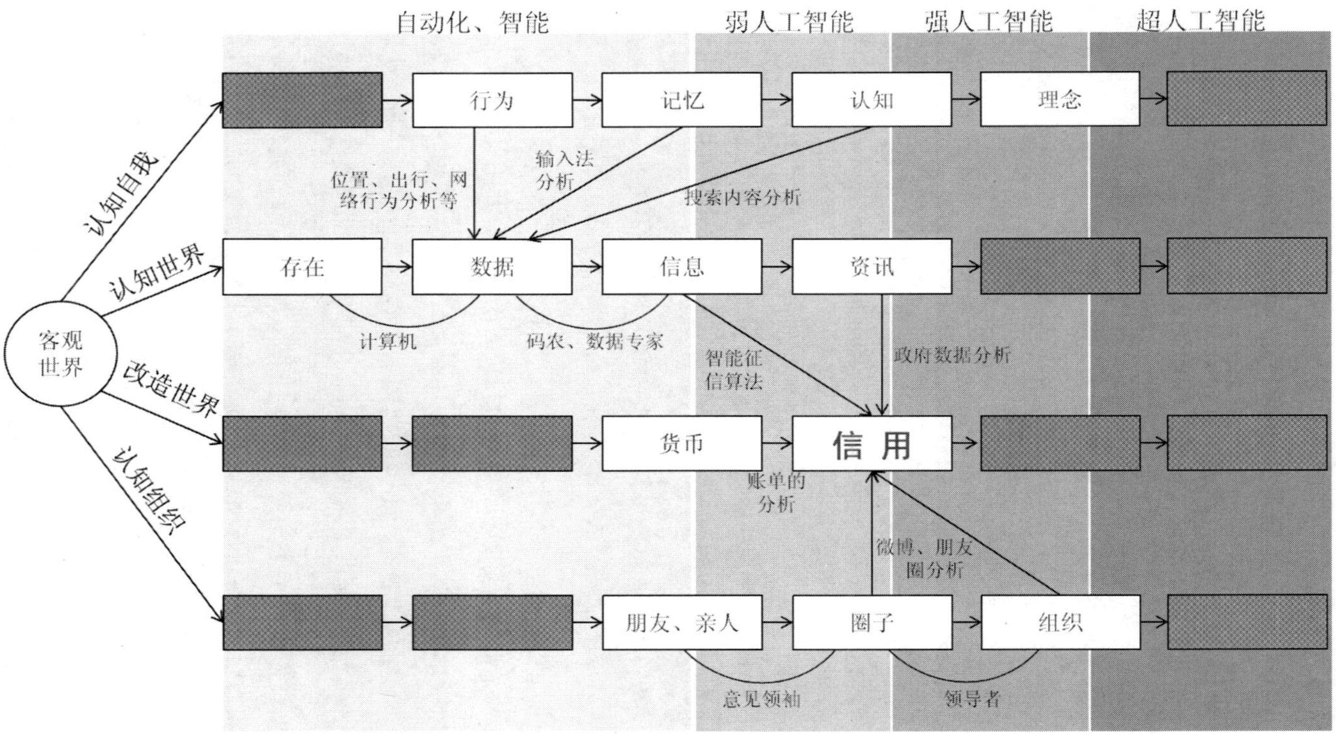
自动化、智能
弱人工智能
强人工智能
超人工智能
客观世界
认知自我
认知世界
改造世界
认知组织
行为
记忆
认知
理念
存在
数据
信息
资讯
货币
信用
朋友、亲人
圈子
组织
位置、出行、网络行为分析等
输入法分析
搜索内容分析
计算机
码农、数据专家
智能征信算法
政府数据分析
账单的分析
微博、朋友圈分析
意见领袖
领导者

本篇知识背景图

第二篇

从个人数据到数字信用

福尔摩斯："看得出来，您到过阿富汗。"

我（华生）吃惊地问道："您是怎么知道的？"

……

福尔摩斯："我的推理过程是这样的：这一位先生，具有医务工作者的风度，但却是一副军人气概。那么，显见他是个军医。他刚从热带回来，因为他脸色黝黑，但是，从他手腕的皮肤黑白分明看来，这并不是他原来的肤色。他面容憔悴，这就清楚地说明他是久病初愈而又历尽了艰苦。他左臂受过伤，现在动起来还有些僵硬不便。试问，一个英国的军医在热带历尽艰苦，并且臂部负伤，这能在什么地方呢？自然只有在阿富汗了。"

——柯南·道尔，《（福尔摩斯）血字的研究》

数字信用如同肤色和姿态，即将与人融为一体，成为个人特质的一部分。作为数字信用基础的个人数据，产生于数字化生活的每时每刻，随着长年的积累，变成人们验明正身的背书。功能强大，却举重若轻。

数字信用融合了一个人的金融信用、职业信用、性格特质、社交位置等特质，若具备公信力，需通过个人数据加工得来。它既相当于盖章的介绍信，也相当于征信记录和银行账单，但更丰富翔实。

20 世纪 60 年代，美国科尔曼教授使用职业、教育、居住区域、家庭收入评定当时一个美国人的社会地位。社会地位的划分虽功利性过强，但相关数据却是数字信用的基础。目前，这些数据通过“用户画像”的形式被大量用于精准营销。测算数字信用与精准营销类似，但要求更严格，结果更精准。

个人数据通过如下过程转化为数字信用。

（1）确认数据有效性，发现个人数据中的亮点、行为数据的随机性与一致性，辨别可能的作假与欺诈。

（2）结合全景数据，依据特点和细分标准，划分人群，确认样本所属群体及群体情况。

（3）研究个人身份、财务及创富能力。通过可靠的算法，将个人数据转化为数字信用。

数字信用帮助人们低廉、便利地获得资本支持、身份认可、免押等通用资源。从信用到货币存在转换成本与风险溢价，随着数据的存储和计算成本越来越低，数字信用将促使各类欺诈无所遁形，引导各类金融交易的费用和利率更加合理化。

第 8 章 时空位置与个人身份

电幕到处都有。不论你是在家里吃饭、睡觉，在街道上行走，还是在单位上班，墙上的电幕时刻在监视着你，它们不仅能观察你的每一个动作表情，也能监听你的每一句话，甚至一声叹气。

——乔治·奥威尔，《一九八四》

8.1 苹果手机中招

“一名健美的女子飞奔到屏幕前，抡起了链球一样的铁锤，铁锤划过美丽的弧线，打破‘老大哥’的电幕。”

苹果公司以“为何 1984 不像是《一九八四》”（Why 1984 won't be like “1984”）为主题发布了一则影响深远的广告。1983 年，IBM 个人电脑热销，使苹果计划在 1984 年 1 月发布的麦金塔电脑（Macintosh）承受了很大压力。

乔布斯借此广告为麦金塔的发布会预热，计划打破 IBM 公司 PC“老大哥”的垄断地位。原书中“老大哥”并不垄断，而是借助“电幕”，实时关注每个国民的行为，实施独裁，对国民实行 7×24 小时严酷的高压管制。

讽刺的是仅 30 年后，苹果手机却成为“老大哥”的电幕。2014 年 7 月 11 日，央视用近半小时解读了苹果“隐私门”事件。曝光了苹果手机会存储位置信息这一特性，即使关掉定位功能，位置数据依然会被存储。

iPhone 系统在升级到 iOS 7.1 后，打开设置→隐私→定位服务→系统服务→常去地点，就能看到手机收集并加工的个人位置数据。

根据央视的随机抽访，90%以上的被访人士不知道苹果手机具有这个功能，甚至有些苹果官方零售店的店员也不清楚。在报道中中国公安大学的专家表示，他们可以根据记者提供的手机中用户的位置情况，推测出手机用户的身份，这可能危及国家安全。

这不是个案，所有智能手机目前均可以做到位置信息的搜集与记录。不仅仅是手机本身，绝大多数手机应用也会记录并读取这些信息。一旦使用智能手机，就无法避免位置信息被记录。

8.2 位置信息决定信用卡额度和保险费率

不可否认，机构判断个人信用存在一定的“地址歧视”。传统征信中的住宅位置很可能影响银行的授信额度。

在一个公司工作的王先生和赵先生一同申请信用卡。两个人都在城郊租房，经济情况也基本一致，可王先生拿到的信用卡额度却比赵先生高 40%。据分析，很重要的原因是王先生填的是镇上的老家住址，而赵先生填的是租房地址。

通过对位置数据和时间等更加细致的分析，能推出速度、距离等复杂的信息，被广泛利用在各个方面。UBI（Usage Based Insurance）被称为保险行业的新生动力，是一种根据使用量定价的保险。通过对信息综合分析后，对用户提供差异化保险费用与服务的形式。UBI 车险是建立在对用户、汽车进行综合评价基础上的。

通过 OBD（On-Board Diagnostic，“车载诊断系统”，是监控汽车诸如发动机、尾气等运行状况的系统）等置于在汽车内部的物联网设备可以采集车辆位置数据。

收集的地理位置数据与驾驶的时间数据，会被转化为地点、里程、活动范围、瞬时速度、行驶范围内的路况等内容。

这些信息就构成了 UBI 精算的原材料，是确定车险价格的重要依据。这与 Zopa 的差异化的 P2P 贷款利率本质是相同的，UBI 的精算本质，与英国、美国的征信局结合数据为用户订制征信分相同，是对保险购买者的评级和鉴定。

个人活动范围是一个人身份的重要体现。经历的丰富程度，与其所处地理位置和所到过的地理位置是正相关的。

如同苹果手机能根据一个人的位置数据画出个人的位置地图，根据去往时间与频次，很容易绘制出个人位置的热力图，根据其经常到访的地方与频次，将大量的人物信息与结果进行匹配，重合度较高的人，信用评价结果所处区间应该类似。

基于地址的征信本身具有歧视性，这很难避免。但依据个人位置数据的信用证明，远比工作地址和家庭住址两行干巴巴的文字更加生动和具体，也更加可信与公平。

近些年，大量 LBS 业务（Location Based Service，简称 LBS，基于位置的服务）走进人们的生活：地图类的如百度地图、高德地图等；运动类的如咕咚、Nike+等；服务类的如大众点评、美团网等。它们都拥有用户使用服务时的位置数据，但这种服务的位置数据很早以前就开始使用了。

8.3　前互联网时代的位置数据

生活中有大量基于个人的固定地址信息。比如各类预留地址：快递地址、外卖地址、银行账单地址、水电缴费单地址等，包括政府部门预留的公民信息：身份证地址、户口本地址、社保地址、医保定点医院等。这些固定地址的组合，是身份评定的重要组成部分。

除家庭及工作单位的固定地址外，人们与其他一些固定地址的互动，也会产生大量信息。20 世纪 80 年代，美国某地区安装了一台 ATM 提款机。安装后几周内，每天 0:00～2:00 有大量的现金被提取。很快侦探发现在距离 ATM 机不远处，有一家色情俱乐部。到访者为防止“不体面”的交易记录留在银行账单上，一般不使用信用卡付款，而是到附近的 ATM 机中提取现金。一篇报道很快发布在当地的报纸上，声称“××银行知道谁光顾了××俱乐部”。

每家银行都有自家 ATM 机的位置列表。通过罗列一个人提款的 ATM 机位置，可以大致了解他的活动范围，这是现金时代个人留给银行的重要位置信息。经常在 ATM 机提款、办理转账的位置，基本可以透露一个人的活动范围。配合他办理业务的网点位置，可以强化对其活动区域的判断。一个人的这类位置越分散，说明他的活动范围越大；在一个 ATM 机上提款两次以上，说明这个人与这个位置的关系比较紧密。

综合这些位置并参考其他方面的信息，包括资金流水、取款金额等，就可以对一个人的信用进行更多维度的判断。

现在，大量的支付采用了线上、信用卡、移动支付等方式，现金时代的位置信息正在消逝。POS 机、移动支付时代的位置信息对于银行来说更加复杂和不可控。

8.4 GPS：由冷战带来的位置变革

GPS 随着车载导航与智能手机进入人们的生活。与大众认知相悖的是，GPS 并不是移动互联网时代的产物，而是冷战时期的伟大的技术发明。GPS 实际上也是前互联网时代的位置工具。

20 世纪 50 年代，美国开始通过卫星进行定位和导航。1974 年，GPS 系统开始初步工作。1993 年，GPS 建成地球空间 6 个平面共 24 颗卫星的定位星座。每个接收 GPS 信号定位的点，就像听广播一样，收听天上卫星的无线信号，并根据传输速度（光速）与传输时间计算自己距离不同卫星的位置，再根据测绘学原理推算自己在地球表面的位置。

2015 年以后发布的智能手机中 95%以上均支持 GPS 或其他卫星定位功能，几乎 100%支持基站与 Wi-Fi 定位。很多手机在进入工程模式后，可以进入 GPS 的测试，能够查阅 GPS 位置。一旦手机可以实现 GPS 的定位，GPS 状态就可以同时输出时间、位置、速度等数据。

8.5　互联网时代的位置数据

即使没有 GPS，也有很多获得位置数据的方法，一般基于互联网或传感器。

1．手机基站位置

手机连接到运营商网络，基站本身有自己的位置信息，每一个移动基站都有自己的基站小区号（Cell_ID），和 ATM 提款机一样，手机在享受移动通信服务的时候，自然而然就把基站号记录下来，也就可以了解用户大概的范围。

2．Wi-Fi 位置

与手机基站类似，当你搜索到 Wi-Fi，就表示你在 Wi-Fi 附近。谷歌通过智能手机，将搜索到的 Wi-Fi 的物理地址用手机的 GPS 数据进行标记，于是很多 Wi-Fi 就有了一个大致的地理位置。一旦手机能搜索到这些 Wi-Fi 信号，也就离之前记录的 GPS 位置不远。

3．IP 地址位置

连接上网的 IP 地址也具备位置属性，IP 地址与实际地理位置有对应关系数据库，所以接入互联网也会暴露位置。

4．传感器定位

海拔越高、气压越低是常识。几千米的高原空气稀薄，会使得很多人产生高原反应。气压和高度是一对可以互相推算的参数。

现在，很多气压传感器可以做到 $5mm^2$，比米粒稍大，可以做进手机电路，确定手机高度。气压传感器当前可以做到厘米级的精度，通过去噪和纠偏，高度测量的偏差在 10cm 左右。通过位置和准确高度，可推理出更多位置信息。

5．室内定位技术

在室内导航的解决方案上，目前有 Wi-Fi 指纹定位、地磁室内定位技术等正在兴起，它根据不同位置磁场的变化来确立所在的位置。百度投资的 IndoorAtlas 室内定位精度在 0.1～2m。室内定位技术作为 GPS 等室外定位技术的补充，可以三维还原人所处的位置。

6. 融合定位技术

除了单独确定位置数据的方法，还可以将不同的定位技术组合起来使用。融合定位方式可以更精确地确认一个人的位置。更准确的位置意味着能够更精确地推断一个人的情况。

8.6 通过大量位置信息推论人群身份

每个人的位置数据都是大量的散点，单独看起来毫无意义。如何能对在不同地方活动的人们进行区隔和划分？

聚类算法（K-means）是一种归类算法，可以理解为计算机判断一些点的中心位置算法。一般通过计算机迭代计算，得到一个可能的最优解，如图 8-1 的（b）中的三角、圆和十字三个中心点。通过对个人位置数据的归类分析，基本可以归纳出一个人家庭住址、工作地址、常去位置等几个点。

冯 • 诺依曼图（Voronoi 图）是几何中的一个基本概念，由图中的 *N* 个随机点组成，每个两点的垂直平分线相交，画出一块块区域图。每个区域内的点，距离 *N* 个点最近。水立方的外观就是一幅冯 • 诺依曼图，如图 8-1 的（a）中虚线组成的图案。

如何通过一个人位置数据确认其个人特质？可以先使用 K-means 算法，算出这个人所有位置数据中的几个中心点。同时，通过使用冯 • 诺依曼图算法分析人群特点，将不同特质人群的典型位置中心点汇聚在一起，通过冯 • 诺依曼图切割出不同的区域。标记活动在不同区域人的特点。最后，计算用户在每块冯 • 诺依曼图驻留的时间、到达每块的频率等，推理用户属于哪类人，由此定位用户的身份特质。

目前已有大量针对用户地理位置的含义分析的论文。除本文提到的冯 • 诺依曼图算法、硬聚类（K-means）算法外，还有以计算运动路线为核心的 DP 算法等各种算法，都可以从用户位置数据中提炼出更多有用的信息。

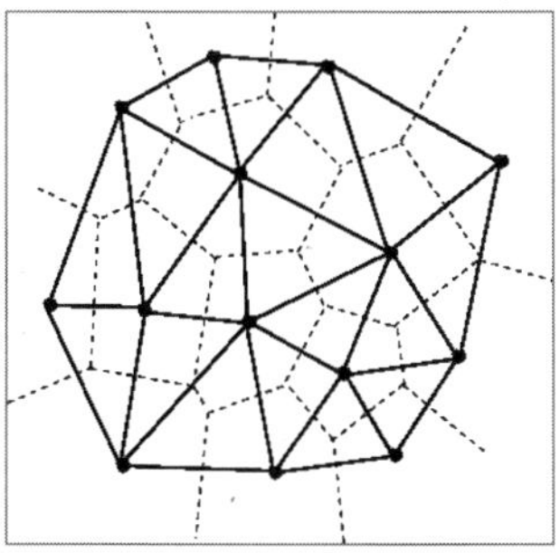

（a）冯 • 诺依曼图

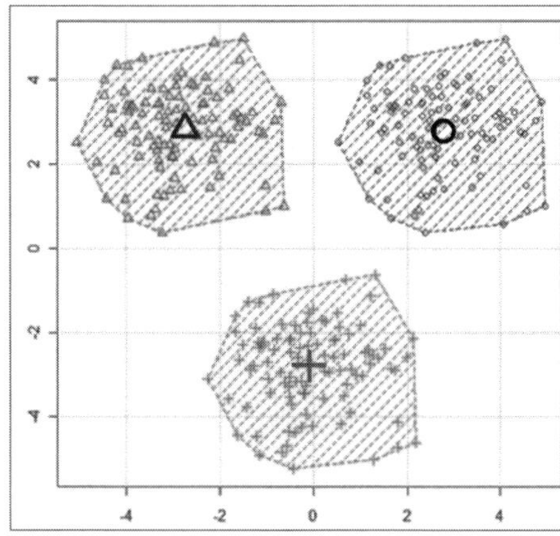

（b）K-means 算法确定中心点

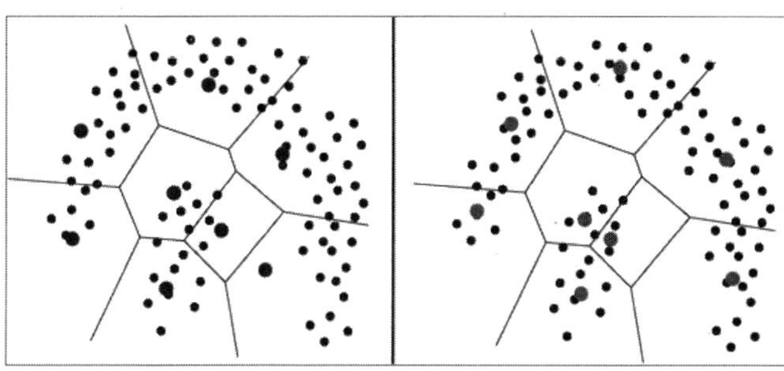

（c）K-means 算法与冯 • 诺依曼算法的叠加使用

图 8-1　用户地理位置分析的算法

8.7　亟待加密的位置数据

位置数据应该是个人可以选择保留的隐私，为保证其不被非法应用，并在用户授权下有效地利用，急需推动个人的地理位置信息加密，通过个人的授权进行解密。

不仅是 GPS 或其他位置数据，还包括传统的地址信息，快递单、信用卡账单、ATM 交易记录等信息均应使用加密、解密机制。

目前我们所有使用的导航地图数据信息，都是“假”的位置信息。出于国家安全考虑，不泄露某些机构的真正位置，在电子地图中对所有位置均进行加密。手机或设备 GPS 得到的经纬度信息，经过同样的算法后会得到对应地图的“假”位置，两个“假”位置匹配实现“真”定位。

但这个“假”与此处所说加密有些不同，本书认为，用户数据应以暗文的形式存在于各类数据库中，加密后的位置信息对于无法解密的人来说，应全部为乱码，用户的加密密钥由用户保管。

对于地址信息的加密也采取同样的思路。2015 年 11 月，快递“实名制”开始执行。为了避免隐私泄露，也可以使用类似的方法。

位置是隐私的重要部分。不过作为普通人，大可不必杞人忧天，怕过多的隐私被泄露到公开的平台。一是有巨量的用户隐私信息都在平台中，关注到某个人的可能性太低；二是每个人的信息都是个例，只要不是对你有特别目的的人对数据进行深挖，也无法通过位置数据直接牟利。工业化的算法、数据分析无法精准地盗取特定人的隐私。

8.8 数据安全与隐私保护

不仅是位置数据，稍后几章中讨论到的各类数据，目前都是借助计算机算法进行分析和判断的。合规的算法并无牟利和诈骗的心思，即使对人工智能来说，它“有目的和功利心”地利用用户隐私数据，也是遥不可及的事情。

保护数据安全核心是阻止别有用心的人，国家安全或核心商业相关工作者应予以重视。但保护安全绝不是阻止数据的生成。没有数据的支持，就判断不出个人的数字信用，也就无法享受数字信用的红利。此处建议做好对数据的掌控，以及对数据隐私理念的理解，而不是抵触数字服务、做数字信用时代的原始人。

能够准确地产生数据、保证数据的安全，也是保护自己的财富。要做到这一点，就得搞清楚数字时代的规则。

首先，在使用各类数字服务时，要阅读各类软件与互联网服务的隐私保护说明。其次，设定好手机与电脑系统的功能权限、了解数据存储方对数据处理的手段、方式等。同时，做好自己账号的管理与密码保护，备份好重要数据，做好防护工作。

隐私小窍门

（1）在手机“设置”中，关闭不必要的程序获取位置的权限。

（2）在不使用定位功能时，保持手机的 GPS 关闭，关键时关闭 Wi-Fi 功能，甚至关机。

（3）避免在敏感的地方发生任何与人和物的交互。比如带手机、刷卡、提款等行为。

（4）Windows 10 系统及平板电脑中也可以开启位置，这些设备应与手机一视同仁。

（5）及时清除有使用位置 APP 中的临时数据。

第 9 章

变换的位置：个人出行数据与信用

读万卷书，行万里路。

——董其昌，《画禅室随笔·卷二》

9.1 从远方到内心深处

出行，将个人不停变换的位置与人在食、住、行等不同层面的马斯洛需求与差异化服务串联在了一起。

有意义的旅程和经历，同知识一样，可以提升人的视野与精神境界，增加个人创造价值的潜力。“行万里路”，已经伴随着科技进步、服务升级与交通工具的发展，成为寻常百姓家的日常需求。

今天，很多人不仅在乎到万里之外的地方，还在乎出行的方式与深入的角度。行万里路的“行”，不再仅仅是乘坐某种交通工具、去一个地方、在那里转转这样简单了，还包含吃、住、游、购、娱，是关联多种信息的集大成者。

随着旅行服务预订的电子化，乘坐的交通工具、享受的住宿、饮食服务等预订数据，也成为个人数据的一部分。以不同维度展开分析这些数据，就可以立体地看出个人的消费能力、旅行偏好、兴趣方向、职业情况、人际关系等，这些数据甚至是性格与人格特质的表现。

9.2　常旅客计划

航空公司的常旅客计划是指航空公司向经常使用其产品的客户推出的以里程累积或积分累积奖励里程为主的促销手段，比如大家熟知的国航发行的凤凰知音卡、南航发行的明珠卡等。国内航空又与世界航空的星空联盟和天合联盟两大联盟对应，使常旅客计划具备世界范围的认可性。

很多运营企业使用RFM模型判断客户价值。RFM指的是最近消费（Recency）、消费频率（Frequency）、消费金额（Monetary）。国内外大量的航空、铁路等运输方式，都在 RFM 模型上增加了距离和距离平均单价两个维度，以对客户价值进行分析。

根据 RFM 模型，将用户依据这三个维度值的高和低，划分为 8 个或者更多个细分象限。一般 8 个象限对应为企业的经济、效益、利润的贡献等不同角度的不同用户。从营销角度分析，航空公司更注重单程里程数、总里程数、航段数与每千米单价的分布情况。

（1）单程里程数：即单张机票的里程距离，数值越大代表里程距离越远。但里程数对航空公司来说是用户价值，对个人信用来说，则是数值越大，对人的阅历改变可能越大。

（2）总里程数：飞行的总距离。这个数字在这里是按照所有的飞行距离计算的，表明一个人到过所有地方的距离总和，还可以从侧面反映一个人去过的地方、旅行的阅历。应该强调的是，影响阅历的个人信用更应该看重真正的里程数，与航空公司常旅客计划的实际计算不同。因为打折机票的里程数在积分积累上是缩减的，而商务舱、头等舱的里程数是翻倍的。

（3）航段数：也就是乘坐航班的次数。飞行的次数越多、频率越高，可能到过的地方越多。但短距离、高频次地到访同一个位置，并不能说明一个人阅历丰富。航空公司的这个指标与上文所讲的 RFM 模型中的“F-消费频次”有关，目的只是增加客户乘坐的机会。

（4）每千米平均单价：每千米单价分布可以通过总机票价格除以飞行距离计算得到。简单来讲，一位总购买打折机票的人，与一位经常购买全价票的人信用差别很大。同样是出行，购买机票的价格不一样，从侧面反映了其经济实力。以目前国内的航空定价来看，一般每千米定价约为 0.85 元，商务舱约为它的 2～2.5 倍，头等舱约为它的 2.3～3.2 倍。因此，所购机票总价格除以全价机票可得出一个数值，这个数值为 0.1～3.2（即 1 折机票到头等舱全价票）。可以从每千米单价评价一个人对待出行的态度，或所在组织对待差旅的态度，从另一个侧面判断个人或组织的财力与地位。

航空公司关注的数据更多的是为了提升客户黏性、增加航班销售，方便航空公司用简单、易操作的方式来为吸引优质用户，这对于个人信用评估也有参考性，但 RFM 模型较关注用户近阶段的消费行为。在数字信用评定中，应该更加关注整体的情况，尽可能包含更多的航空公司数据。对于近期消费的分析，更多的是分析行为变化的趋势。

除了与 RFM 相关的数据，还有很多延伸的数据信息可以进行数字信用分析，它们更加值得关注，可以使用这些数据信息补充一个人的征信维度。

（1）目的地位置的离散度：如果一个人长期仅飞往一个目的地，更多的是因为差旅或是在工作地与家之间奔波。目的地离散度越高，则说明其去过的地方越多，业务开展、个人见识可能越广。

（2）目的地与用户关系：将地址分为根位置、目标位置两类。

（3）目的地属性特点：去掉根位置，为所有航班起始地、目的地打上标签。一个人对地点的到访原因可分为工作型、旅游型、综合型；属性上可分为经济型、文化型、政治型、娱乐型、科技型、工程型、冒险型、综合型等。根据目的地不同属性占比，可以判断一个人从事的职业特性、行业属性。后面章节有对个人职业爱好等更详细的分析判断，此处的数据可以作为一个佐证。

（4）飞行时间特点：比如一个人工作日经常飞往大城市、在节假日经常飞行到度假地，对机票价格敏感度较差，基本上可以确认他是一个“工作族”，属于

“有钱没闲”的人。反之，对机票价格很敏感，对航班时间段不敏感，且目的地多为旅游地点，则他可能是一个价格敏感者。

9.3　延伸的常旅客计划

不仅是飞机，高铁启动常旅客计划也已不是新鲜事。2000年后，欧洲各国高铁也开始了常旅客计划。我国进入高铁大发展阶段后，在2012年年初开始了全国火车票实名计划，将人与出行联系在一起。2013年后，高铁票价打折、分时计价等也开始逐渐出现，可以预见在不远的未来，中国的铁路常旅客计划也会上线。

2010年上线的12306网站和订票系统，后台也存储了很多个人的“旅历”数据。稍加分析，就可以得到一份较完整的旅客出行报告，及出行者在铁路出行方面的数字信用。

时至今日，不仅运输巨头拥有出行数据，互联网出行平台也拥有更多数据。2016年上半年用户规模达2.64亿人，全年预订金额达3180亿元。携程、去哪儿、阿里旅行合计占比超七成。不仅仅是航空公司和铁道部门，大量机票数据也可以从订票网站获取。在交通出行方面的信用评价，在线预订平台很可能与航空公司平分秋色。

城市化进程的加快，让普通的大众也开始“行万里路”的日常模式。对于家与单位地铁距离十几千米的上班族来说，一年里工作日乘坐地铁的里程，就算得上“行万里路”。其所乘地铁站的“根位置”基本可以确定一个人工作与生活的位置。

区域性的交通出行开启了里程累积与特权模式。2006年5月，北京市市政交通一卡通上线；在2014年12月，北京地铁价格从2元上调至3～9元。同时，对每张卡在地铁出行中月累计消费100元以上的金额实行8折优惠，消费150元以上的金额实行5折优惠，400元封顶。这可以看作以里程数、乘坐总金额为核算方式的一种地铁常旅客计划。航空常旅客的分析方法，也适合给月消费额100元以上的地铁族使用，分析他们在城市内的出行情况。

与地铁的“常旅客计划”相互支撑的，是以日常小额支付为目的、具备身份辨认功能的小额预付卡。与现金实现的匿名交易不同，小额预付卡可以实现对支付人的记录。到目前为止，北京市的小额预付卡是匿名的，无法确定使用者的信息，但在办理如共享自行车等业务后，就会变成实名。

早在 2005 年 11 月，中国香港的“八达通”预付卡就推出了“日日赏”计划。“八达通”卡 1997 年就在香港上线，使用它不仅能乘坐公交车、地铁，还可以享受超市购物、停车等多种服务，甚至可以刷大厦门禁。实质上，“八达通卡”是以出行为核心的生活大杂烩。“日日赏”计划要求用户实名注册，以姓名、电话、身份证号为注册信息。“日日赏”通过对使用数据的分析，为商家提供数据挖掘及未来的产品营销等服务。2010 年，“八达通”预付卡推行“日日赏”用户就达到了 240 万人。

各类小额预付卡，一旦实名制，会使得大城市内的普通居民的“出行”数据不断地被积累，成为个人数字信用体系中的一部分。

9.4 从出行数据到数字信用

旅行是一个多种关系的集大成者，其中包含往返交通、旅行消费、旅行餐饮、兴趣爱好、人际关系等几部分内容。通过对不同数据的解析，可以了解一个人到千里之外的地方是为了工作还是为了娱乐。

在线旅游在近几年来处于年增速在 30%以上的快速增长中，2016 年全国交易规模超过 6000 亿元[①]。其中，携程、途牛、马蜂窝、驴妈妈等平台在线预订已经有很大用户基础。对于一二线城市的旅行者来说，通过线下门店预订的人逐步变少，使用电脑、手机预订的越来越多。同时，旅行的线上线下 O2O 整合正在被加速，这就意味着即使是线下预订，预订的数据也会被同步到网上。

旅行数据的分析可以从如下几方面入手。首先，通过预订数据的时间、出行目的地、人数、年龄差别、性别、订房状况、娱乐项目等判断旅行者的状态，是差旅、游玩，还是工作拜访或短暂游玩等，如表 9-1 所示。

---

① 易观智库及艾瑞数据。

表 9-1　旅行订单预订数据分析

分析项目	数据分类
出行日期与假期	重合度（0、10%～30%、30%～50%、50%～80%、80%～100%）
出行时间天数	1～3 天、3～5 天、5～8 天、8 天以上
目的地属性	综合型、经济型、政治型、度假型、海岛型、内陆型、购物型等
旅客间年龄差别	10 岁以内；10～24 岁；24～35 岁
订房情况	大床、双床、三人房；每人一间、几人一间；同性一间、异性一间；情侣型、家庭型、伙伴型等
旅店属性	市中心；景点附近；商务型；快捷酒店；休闲度假型；特色型
旅店切换度	同一个旅行目的地，每家旅店住店时间占比（10%～30%、30%～70%、70%～100%）
娱乐项目覆盖率	每天一个项目；几天一个项目（商旅型、纯玩型、混合型）
娱乐项目类型	休闲、极限运动、游玩、大型表演、水族、博物馆、游乐场、特色项目等
旅行属性	商务出游、自由行、跟团游、半自助游等

通过出行的次数可以判断旅行者对旅行的态度。可以通过出行时间、旅行花销、出游档次等，间接判断出旅行者对旅行的热衷度与价格的敏感度，据此判断其工作情况与收入情况；并可以根据其所住酒店水平、娱乐项目消费等判断其消费能力。同时，可以结合附加的接送机服务、全球购账单、特色饮食、团购等情况，综合考查其各个层面的消费偏好与实力。

确定旅行属性后，还可对数据进行一系列的深入分析。如旅行中的社交关系，对于一同出行的两个人，假定他们为家庭成员，比如是异性，年龄差小于 9 岁，则两人可能为配偶，将两人信用评定结果拉近。如果是父母及子女关系，也可以对他们的数字信用进行调整。

而对于同时出差的多人来说，如果几人所处行业相近，可能信用等级由于职务级别不同而有所差别。可根据差旅预订，如预订房型、机票舱位等差别，确定两人属于平级或上下级关系；由于两人同处一个行业，可以以个人信用确定性高的人为参照物，对另一个人的信用进行调整。

如果不属于亲人、同事的几个人多次共同旅行，则他们会是人生中的强连接，可能属于亲密好友。还可以根据这些人多次预订的出行情况，以及同行的人等信息来判断小社交圈子情况。

9.5 旅行与性格

“仁者乐山，智者乐水”，旅行方式的选择反映了人的性格。从 20 世纪 70 年代开始，研究者就根据旅行者的不同旅行偏好等对旅行者的心理进行研究。加拿大政府旅游局在 1969 年对成年人进行的抽样调查研究显示，不度假者的个性倾向于忧郁。同样，日本媒体也揭秘了独自旅行者的人格特征：个性独立、可单独行动、对环境适应力强、适应不同的文化、有一定知识和教养、具有判断力、为人直爽、对人和善、不随便歧视别人、对未知事物有好奇心等。

可以根据目的地特点、旅行人数、游乐项目、自由行还是跟团及运动项目的极限程度等，对旅行者的心理与性格进行分析。可使用程序算法，对个人出行数据进行自动化的分类、辨别、挖掘、分析等工作。

卡特尔 16 种人格因素测试是分析旅行者心理的一种方式。它根据项目属性、旅游内容、交通方式、出行时间、旅行目的地、旅行人数、旅游的景点等，对人格因素进行打分。这 16 种人格包括：乐群、聪慧、稳定、好强、兴奋、有恒、敢为、敏感、怀疑、幻想、世故、忧虑、实验独立、自律、紧张。每一项人格分为两个极端，分别为高分、低分，可以根据不同的分数分布，了解旅行者的大致评分范围，进而分析旅行者在环境适应、专业成就和心理健康等方面的表现。

然后依据这 16 个因素的得分，通过公式，推导出 8 种次级人格因素，包括焦虑情况、内向与外向、感情与机警、怯懦与果断、心理健康程度、专业成就、创造力、新环境适应力的情况。

在旅行心理学中，会研究旅行类型和旅行者的性格关系（表 9-2 所示为不同的旅游类型与对应的人格因素因子）。旅行者的态度反映出其性格特点。

当然，不能依据性格断定一个人的数字信用，只能将性格因素作为一种参考来辅助判定其他信息，如后续章节探讨的其他个人信息。

表 9-2 不同的旅游类型与对应的人格因素因子

度假旅游	乐群、忧虑、稳定、世故
国内旅游	激进、独立、稳定、兴奋、敏感、聪慧、怀疑

续表

国外旅游	乐群、敢为、聪慧、幻想、好强
飞机旅游	乐群、忧虑、敢为、幻想
火车旅游	乐群、独立、紧张、怀疑
观光旅游	乐群、兴奋、敏感、幻想、自律、聪慧、世故
探险考察旅游	乐群、独立、敢为、有恒、兴奋、聪慧、好强
冬季旅游	乐群、敢为、好强
春季旅游	乐群
秋季旅游	稳定、自律

9.6　信用采集：万里之外“无差别”

如今 O2O 服务与共享经济大发展，顾客虽然在万里之外，但是享受到的服务体验却是统一的，我们的社会已步入在异地与本地一样生活的年代。对于一部分人来说，早已没有了定居的概念。

各类服务业都在提供跨地域的服务，这些一盘棋式的服务以个人的“行”为主线，成为一套关联的数据。地图类、餐饮类、景点门票类、租车类等在线服务平台正在利用自己的优势通过提供当地交通、当地景点、当地饮食、当地酒店、当地娱乐等服务，将用户数据记录到自己的数据库中，不断构建数据的门槛。

除了各类旅行的标准化服务，共享经济也开始成为“行万里路”的重要组成部分。比如 Uber、Airbnb 等，它们不仅可以在国内使用，到了美国、欧洲、日本，使用方式也相同。同样，还有很多民宿共享、私厨共享、共享单车等全国范围的共享服务。

一个人在对应的地理位置对景点、美味、人文等信息的检索及服务享用，更能体现出他身临其境与这个地点的信息互动。

这些数据的存在，是企业在个人数字信用方面的一大笔资产。“行万里路”的本质是一种阅历经济、账单经济、信息经济、交流经济。这些都是一个人财力和创富能力的重要体现。

隐私小窍门

（1）减少办理各类常旅客计划和会员计划。

（2）减少线上预订，或在多个平台分散预订自己的旅行计划。

（3）尽可能多地分散飞行的航空公司。

（4）尽可能多地分散出行交通方式。

第 10 章 流水与账单：过往的金融实力

大部分成功的创新者在现实生活中都是不浪漫的。他们宁愿花几个小时进行现金流的预估，也不愿匆匆忙忙四处寻觅"风险"。

——彼得·德鲁克，《创新与企业家精神》

10.1 银行流水：金融数据档案

一谈到账单，生活似乎就少了些浪漫。由每一笔收入和支出汇总成的账单，是个人现金流情况的证明，是他过去创造和消费价值的体现，显示了个人在社会经济活动中的活跃度。健康的个人财务，如同健康的资产负债表，账单中的收入与花销对应着借与贷。

以银行为背书的银行流水有验明身份和真实财力的作用。

由于隐私原因，仅允许本人持有效证件到银行打印流水。非本人不可办理此业务。由于资金安全需求，银行具有较强的反欺诈技术，所以，能够查阅、打印银行流水，相当于通过了银行验证用户身份。这个流程也是对公安机关身份验证的一个有效补充。

这里要强调的是账单流水与财产并无确定性关系。只要周转率高，关联账户多，即使流水很多，也无法直接证明财产规模。流水额可以靠信用扩张、加杠杆等方式做出很漂亮的流水。

但一般来说，流水账目可以要求查阅 6 个月以上或更长期的来验证。同时，关注账户的季度结息金额，可以代表流水的留存金额。还可以通过查看资金往来的额度、摘要，以及对方账户的开户行等信息，了解资金的来源、支出方向等。如果能够提供多家银行的流水，综合比对会更可靠。

但对一家银行来说，从你的第一笔账单开始的每笔流水进行加和，结合在银行留存资金的投资收益（如流水中的存款、理财金额与收益率相乘），就可以估算当前在本银行的资产情况。在不能使用存款信息进行征信的条件下，自家银行的流水显得尤为重要。

从银行角度看，目前账单分析还大量依赖人工。分析工作枯燥乏味，远不如分析个人位置数据有趣。但通过分析个人账单来授信，却是银行立足本职，在主营业务上创造收益的最佳方式。

10.2 信用卡账单

银行流水只能凭本人身份证和银行卡现场打印，但信用卡账单作为负债信息，很多金融机构都有权在征信系统上看到简要信息。目前，绝大多数银行已提供了信用卡电子账单，通过邮箱或短信息发送给用卡人，高效又环保。

很多人拥有多张信用卡，经常忘记还款，由此带来了征信、滚动计息等各类问题。

近几年，帮助持卡人处理信用卡问题的账单类应用，满足了用户管理信用卡账务各方面需求，受到大量用户认可。如图 10-1 所示，通过 51 信用卡电子账单衍生出来多种功能，包括还款提醒、自动还款、账单分期、消费行为的分析等。

通过分析账单的每一笔记录，方便用户了解自己的消费情况，分析自己的消费行为，汇总购买的商品与服务，优化消费结构，并及时准备好还款资金。

而账单应用运营方可以借此了解用户消费行为，增加对市场形势的判断，了解用户喜好；为用户推荐其喜好的商品与服务；为商家找寻匹配的客户；为银行提供办卡渠道。

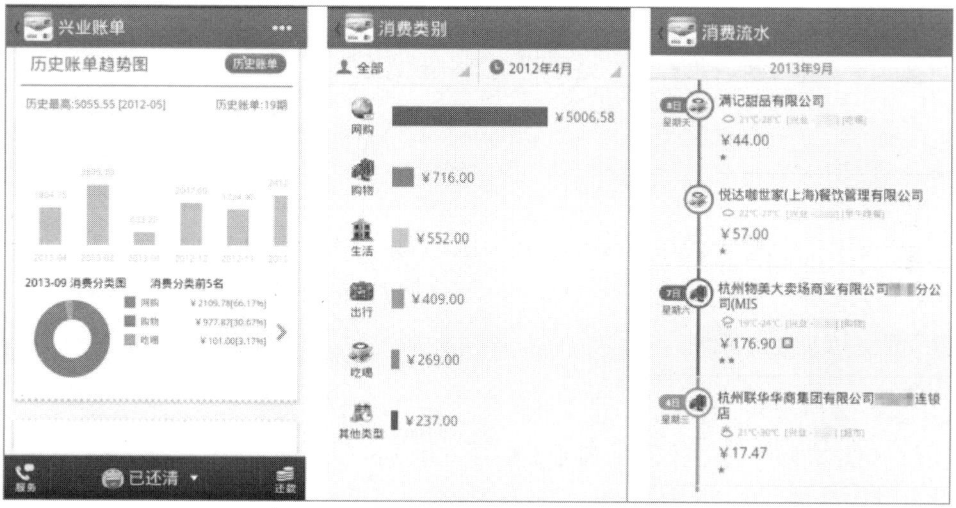

图 10-1　51 信用卡的账单分析截图

在信用卡授信审批时，提供其他银行的资金流水往往对信用卡的申请额度无直接影响。但对账单应用运营方来说，由于间接地了解了用户的多家银行信用卡账单，对用户信用情况了解更充分。

51 信用卡、卡牛等，都是围绕账单分析业务做大的创业公司。支付宝、融 360 信用卡、挖财等也具备类似的分析功能。传统的信用卡账单从挂号信到互联网，成为个人数字信用的组成部分。

10.3　从账单分析到授信

资本一刻不停地找寻那些有信用的人，并千方百计让其有偿使用自己的钱。

在帮助用户计算账单的时候，一些 APP 成为用户信用最具发言权的知情者。

在帮助用户计算账单的时候，这些APP还可以直接算出不同银行的分期利息、手续费，给用户更多的个人金融决策空间。

大多数银行的信用卡延期利率、分期利率都不低。

比如，目前多数银行信用卡分期 12 期利率为 7.2%。即 10,000 元 1 年收取 720 元利息，每月还款 893.33 元。虽然看似不高，但因每月还款，实际上每个月计算利息的本金在变少，折合为有效年利率，实际为 13.8%。

所以，在某些借贷平台上借款还信用卡，再偿还平台借款，一般比使用银行的信用卡金融方案更划算。

当用户这样思考借钱还款时，这些出谋划策的账单应用服务商就处在了有利位置，可以选择优质客户进行授信，并为用户提供低于信用卡利率的金融方案，帮助用户及时偿还信用卡。

2014 年，51 信用卡推出了首款信贷产品“瞬时贷”。产品主打：不需要央行征信中心的报告，不需要银行流水，也不用单位的收入证明，只需要手机 APP 就可以完成借款，最快 5 分钟放款。

他们并不是不需要对客户征信，而是早就从用户的账单历史中分析了用户的信用。再通过电商、社交关系交叉验证与防欺诈技术，实现授信的在线申请、在线审核，以及在线放款。

贷款项目最初与 P2P 平台合作，在用户借款时，拿用户信息在 P2P 平台上发起一个 P2P 贷款项目，实现资金的快速筹集。这种借贷模式实现了线下不见面、无财产证明、无抵押物，完全在线完成信贷。而这一切都基于对信用卡账单数据的准确挖掘。

10.4　电子账单时代

当信用卡账单在庆幸终于绕个弯子来到互联网时，却发现在互联网早已有了土生土长的电子账单。

随着天猫、京东、淘宝等电商开始大量占据人们的生活，大量的线下消费信息向线上同步。2016 年线上购物市场交易规模达 5 万亿元，网购用户占网民比例达 60%。线上销售额占社会销售品零售总额的渗透率从 2011 年的 4%上涨到 2016 年的 15%左右。网络购物促进支付行为向网上支付和移动支付转移。电子账单接过银行流水的接力棒，继续在互联网世界里飞奔。

作为电子账单的主要内容，线上购物使得过去分散在不同商业实体中的纸质账单被不断地向线上集中。通过对线上购物内容的分析，可以判断一个人的财力、收入、品位等。与银行流水分析不同，电商的账单天然就在线上，在设立之初就大量地调用接口，对商品内容、商家、价格等系列内容可直接提取和分析。

征信与营销一体两面，营销类数据可以被用来进行征信分析。通过对用户维度的消费历史、月均花销、商品种类，分析用户的消费行为，进行此用户的身份推测、社交关系推测等；再通过分析商品订单分布、消费频次、最高单价与平均单价、商品档次等推测用户的日常购物支出的现金流情况，确定用户的经济实力。还可以通过用户的浏览、最终购买等行为，对用户数据进行更深入的挖掘。

结合对整体人群的聚类分析，分析其所属的群体，确认这类人群在整体人群里的平均情况，实现对用户个人情况的推断。目前各类数据库分析工具、云计算产品已经可以支持这类分析。

对于个人来说，电子账单可能较分散。比如分散在天猫、京东、淘宝、苏宁易购、1 号店、当当等不同电商平台。订单数据涉及消费者的个人隐私，也属于企业机密的一部分。

同时，一个人在线上线下的购买比例也不同，因此，每个网站可以基于自家数据对用户进行内部的评价，给予用户一个在本网站合理的评级。比如，淘宝会员、天猫会员、京东会员等，都是单个主体针对用户的评级。

随着第三方支付的不断整合、集中度提升，信用评定的数据共享，电子账单将越来越全面地覆盖一个人的生活。它不仅提升分析的效率和精准度，在个人征信中的地位也会越来越重要。

10.5 从 O2O 到线下移动支付

电子账单除了不断地覆盖个人商品采购外，还在缓慢地向大量服务与线下移动支付等内容蔓延。

从 2011 年团购网的“千团大战”，到 2013 年 O2O 服务（线上到线下）随智能手机的大发展，购买的服务也被越来越多地纳入电子账单里。

团购和 O2O 通过把服务在线上、线下打通，使得用户可以在线上选择并预订线下的服务。比如送货上门、外卖上门、大厨上门、上门洗车、上门美容理发、上门保健等，O2O 服务在改进服务方式的同时，也将服务变成了可以量化的数据，丰富了电子账单的内容。

除了 O2O 服务外，传统的线下服务也正在通过移动支付不断地被收罗进电子账单，实现了电子账单对人们日常生活的全覆盖。比如餐饮娱乐、酒吧 KTV、洗衣改衣、擦鞋修鞋、停车缴费等，大街小巷都摆上了各类移动支付的牌子。就连庙会上插着糖葫芦的麦秆架，都绑着微信支付的二维码。

与现金支付无法被记录不同，当大量的支付行为向线上转移的时候，这些支付行为变成一条条记录，记下了时间、地点、人物、金额等数据，成为用户个人数据的一部分。

O2O 与线下移动支付也可以使用冯·诺依曼图算法，根据用户接受服务的位置和频率，推测用户在不同地点接受的服务、账单的地理分布等。结合服务的内容、类型、档次、频率，更细致地确认一个人的数字信用。

10.6 由电子账单到消费金融

第三方支付平台正逐渐体现出拥有各类账单的巨大威力。2014 年 11 月，支付宝推出十年账单。很多人都惊讶于自己曾经花过的钱；1 个月后，赊账服务“蚂蚁花呗”上线，额度最高 30,000 元，额度判定就来源于用户的网购行为与支付习惯的大数据分析。2016 年年初，蚂蚁金服又推出“借呗”贷款，芝麻信用分 600 分以上即可申请，额度为 1000～30 万元，日利率是 0.015%～0.05%。

由于阿里巴巴坐拥淘宝、天猫两大电商体系，加之近些年不断接入的各类平台，让支付宝具备分析用户账单及相关数据的强大能力，这也成为蚂蚁金服的一大杀手锏。与其类似，财付通、PayPal、银联在线、拉卡拉等平台同样具备这样的潜力。

除了大型支付平台，电商也逐渐依靠电子账单数据为用户提供信用服务。以京东为例，其使用自家的账单数据体系建立起“京东白条”，实际上也是一种赊销服务。由于京东主要是自营，所以用户账单数据更加可靠。当然，除电子账单外，配送地址、退换货记录、购物评价等内容也是重要参考因素。

在额度的设立上，京东会考虑一个安全线。从风险因素考虑，比如 1.5 万元的赊销额度，需要近一年在京东消费约 1.5 万×（1+6%）=1.59 万元。即需要平均每月消费 1325 元[①]。

隐私小窍门

如果你暂时不希望自己的账单数据被其他机构获取，而是想让自己在各大机构数据库里一片空白的话，有如下手段降低数据泄露风险。

（1）不使用信用卡、银行卡、网上支付及移动支付，直接使用现金。

（2）纸质账单：确保地址准确，及时领取，如方便通过网银、短信查阅，也可直接取消纸质账单投递；电子账单：保证信用卡电子账单的邮箱安全，或者选择直接关闭电子账单服务。

（3）不在线上随意授权机构查阅电子账单，保护好电子账单接收邮箱的用

① “京东白条是根据什么给用户限定额度的？”作者：梅珊，知乎。

户名和密码。

（4）减少在电子支付账户中绑定信用卡，如微信、支付宝、拉卡拉等，尤其注意提防那些小机构。

（5）有选择性地使用某几家银行的对账单。拿办签证来说，银行对账单仅仅是为了证明流水或财产，如果一家银行的对账单可以满足要求，就不必把名下所有银行的对账单全部都打出来。

第 11 章 图谱中的数字信用

我思故我在。

——勒内·笛卡儿

11.1 网络搜索与知识图谱

2010 年，全国大约有 4 亿名网民，百度年搜索数量达 30 亿次。2015 年 9 月，百度活跃用户约 6.43 亿人，每天搜索量达 60 亿次。CNNIC 报告指出，2015 年年底全国使用搜索引擎的比例达到 82%，用户规模约 5.66 亿人。同时，手机 APP 中的购物、团购、新闻、视频等社交软件中搜索功能的使用率，已达到 70%以上。如此庞大的用户规模，与拥有征信报告的人群是相同量级的。

互联网上的信息以指数的速度增长，中国现在每天大概产生数据 500PB（5 亿 GB），全球每天约 1000PB。大量的信息不断地聚集、组合、重构，链接成一张巨大的知识网。

知识图谱（Knowledge Graph，谷歌将其翻译为知识图）作为工具，被用来分析和处理问题，通过将这些内容用数据化方式进行关联，构建计算机的拓展思维，但与所谓植物图谱、鸟类图谱不是同一概念。

谷歌的知识图谱在 2012 年已具备 5 亿条事实与 35 亿条链接。2014 年 8 月，上升到16亿条事实；同年12月，谷歌宣布将在2015年把所有信息迁移至Wikidata。2016 年年底，谷歌的知识图谱超过 700 亿条事实。

知识图谱主要的作用之一是更智能响应搜索请求。比如，搜索“特朗普的女儿”，可以直接得到如图 11-1 所示的搜索结果。同样，也可以试试搜索“奥巴马的妻子”或“居里夫人的丈夫”等，搜索引擎已借助知识图谱，对呈现结果进行了优化。

图 11-1　百度搜索“特朗普的女儿”前两项反馈结果的截图

知识图谱的另一个作用是推荐内容。比如搜索“中国高铁”，会在网页右侧显示推荐，这些内容在图谱中与词条的联系紧密。对于未收录到知识图谱中的“事实”右侧无显示。如图 11-2 所示。

图 11-2　搜索“中国高铁”后网页右侧推荐内容

百度描述知识图谱为构建宏大的知识网络，包含世间万物以及它们之间的联系，以图文并茂的方式展现知识的方方面面，让人们更便捷地获取信息、找到所求。

知识图谱的理念已深入金融应用中。借助对不同事实之间的关系连接，比如人与社会关系、地理位置、手机设备等事实，用来进行反欺诈、洗白人员识别等。

11.2　从知识图谱到兴趣图谱

过去的知识体系存在于人的头脑和书本中，通过口口相传、图书、传媒等不断延续和壮大。但某些知识和技能由于失传，从整个知识体系中消失。

随着知识图谱的出现，人们正在将整个知识体系转移到计算机可认知的知识图谱中，并随着互联网的发展变得越来越完整。目前存储在互联网上的知识图谱可以近似为全人类知识体系的“倒影”。

对于单个人来说，每个人的世界观、价值观及潜在认知就构建成为个人的知识体系，个人的知识体系只是全人类知识体系的一部分。知识图谱按照计算机的架构而形成，伴随着互联网的大发展而越来越完善。

伴随着整个大知识图谱的成型，个人的知识体系也在转换为计算机可认知的个人兴趣图谱。如图 11-3 所示，兴趣图谱可以认为是个人在大知识图谱中扎过后“留下的窟窿”。

百度百科解释兴趣图谱是，以人与人之间的共同兴趣为线索，表明“我喜欢这个”图谱。由用户关注的订阅、购买的产品、进行的评级、尝试的搜索或者喜欢的评论所产生的。

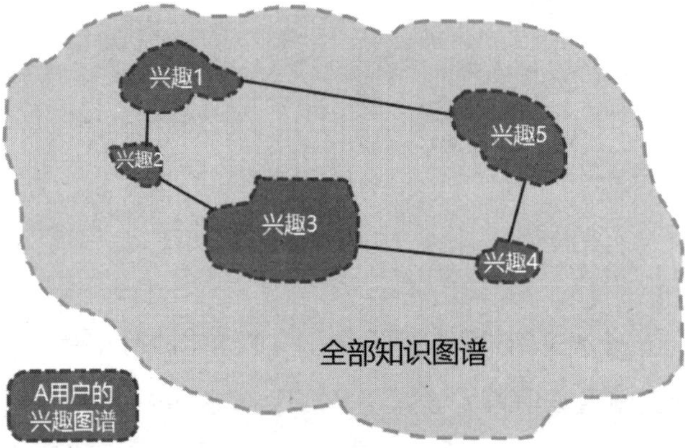

图 11-3　知识图谱与兴趣图谱的关系

由于人们使用互联网的频次增加，当人类的知识体系向知识图谱转移的时候，个人的兴趣图谱也不断地向互联网迁移。各类互联网工具像探针一样，在帮助人们获取信息的同时，也记录下搜索和点击的内容。如果将这些内容对应到某个具体用户，就拥有了其兴趣图谱。

在百度个人账户中，有过搜索记录的人都会有如图 11-4 所示的“我的兴趣图谱”。百度对用户搜索内容有一个基本的判断，目前还未对外展示更详细的分析。

根据百度网友反应，80%以上的用户都以科技占第一位。综合来看，主要是因为网友利用互联网搜索的科技问题较多，其次是因为百度没有把“科技”这个分类进行更详细的划分与拆解。

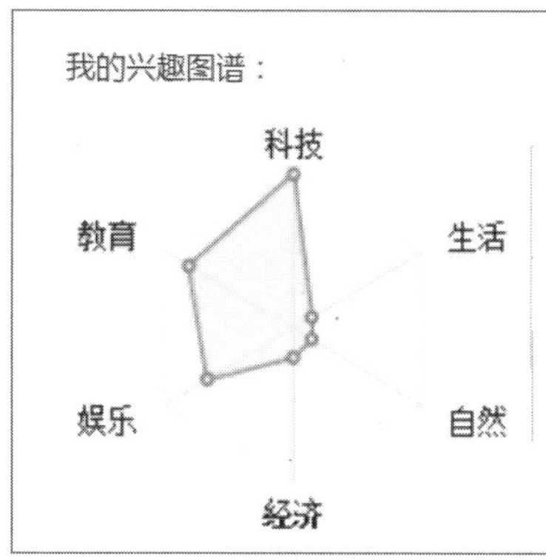

图 11-4　百度个人账户中的兴趣图谱

兴趣图谱不仅应用在搜索引擎中，也体现在其他各类网站。其中包括：通过用户关注的内容（新闻资讯的订阅），购买的产品（电商平台上的购物记录），评级的影视剧（视频网站的评价），或者思考的问题（问答网站的关注）等。

兴趣图谱只展示结果，不展示原因。并只分析人们对不同事实认同的重合度，所以只有相关程度，而没有因果性。两个素昧平生的人可能兴趣图谱十分接近，而同住一个屋檐下的两个人兴趣图谱可能会有较大差异。

根据兴趣图谱的重合关系，又衍生出发现图谱的概念。发现图谱是以图谱内容为维度，推断出相近兴趣图谱的人喜欢的内容。比如在亚马逊买书时网站的荐书、优酷上依据观看记录推荐新内容等功能，这就是发现图谱所起的作用。

如图 11-5 所示，A 用户的兴趣 1、3、4、5 与 B 用户的兴趣 1’、3’、4’、5’重合度十分高，则可以推断 B 用户有兴趣 2’。这种手段在金融中被用来进行行为挖掘，通过特征样本挖掘出更多类似用户与交易。在互联网金融中，“兴趣”也被作为特征点，用来身份识别和防诈骗。

在进行信用评价的时候，在图谱重合度很高的情况下，可以推测这些人属于同一类人。但仅凭几个兴趣的重合就断定一些人的归类是很不严谨的，要结合多个维度。比如，从工作、生活、阅历、兴趣等多维度判断。通过多维度、多层次地解析和比对，才能更好地区分足球迷与足球从业者的身份。

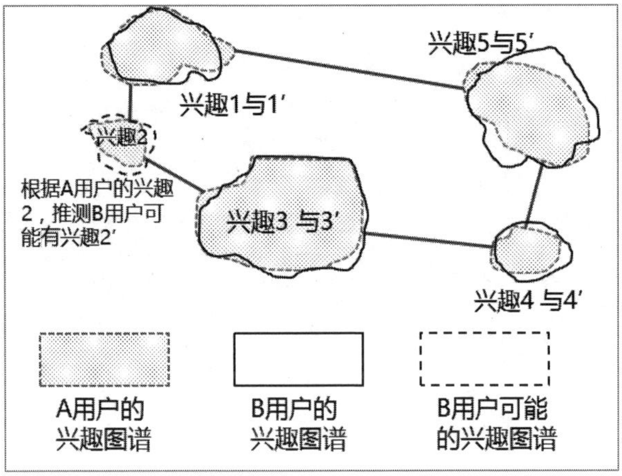

图 11-5　依据用户兴趣图谱推断 B 用户兴趣 2'的发现图谱

11.3　解析个人图谱数据

将总量信息与个人信息相结合，侧面分析个人的知识体系与职业水平，可以更好地定位一个人的身份。

在移动互联网时代，搜索引擎、兴趣社区、金融 APP 或其他类似工具，都可能拥有一个人的图谱数据。作为构建个人数字世界观的数据基础，拥有图谱信息的公司能够对身份做出更精准的判断。

个人的兴趣图谱，比征信报告中简单的文化程度、职业情况更能精确地判断一个人，可以看成文化程度与职业评价的升级版。但要对图谱进行更细致的划分，对知识图谱增加“深度”的维度。如图 11-6 所示，可以通过了解用户对某些“兴趣”涉入的深度与不同兴趣之间的联系，来判断他的职业、兴趣、爱好等情况。

如图 11-6 中所示，兴趣 3、兴趣 4 的兴趣图谱深度较深，很可能是 A 用户的职业与研究内容，兴趣 1 图谱深度中等，可能是 A 用户的重度爱好，兴趣 2、兴趣 5 图谱深度较浅，可能是 A 用户的业余爱好或短期关注内容。

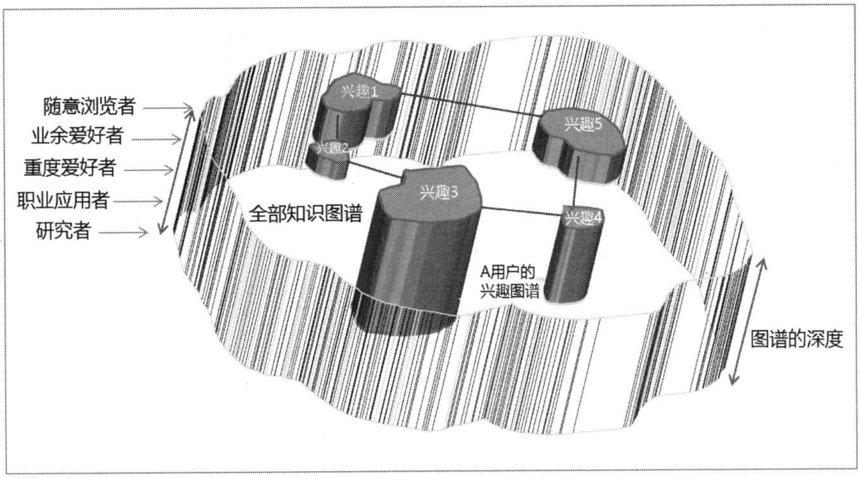

图 11-6　根据不同的兴趣图谱的深度，来判断用户的职业与爱好等

一般来说，判断一个人知识图谱深度的方式有内容深度机制、检索领先机制、词条生命周期机制、内容交叉机制这几种，主要来判断用户实际所处的位置。

（1）内容深度机制，如果个人图谱中只有“牙齿酸痛”“牙齿治疗”“牙龈肿痛”“拔智齿”等内容，则此人可能是牙病患者。而若图谱中有“种植机”“涡轮钻”“下颌水平阻生”“邻牙阻力”“劈冠”等词语，则此人更可能是一位牙医。

（2）检索领先机制，检查某项图谱信息的逻辑顺序。比如 iPhone 6s 发布中增加了压力触控（Force Touch/3D Touch）的技术。如果一个人在 iPhone 6s 上市一年前即开始搜索“形变传感器”“矩形电容器网格”等相关论文或专利，则此人可能是压力触控技术研发人员。在 iPhone 6s 上市几个月前频繁搜索“压力触控”以及“TDK”（苹果压力触控供应商）“电容式压力触控”“压力传感器”等“压力触控”技术应用和生产的图谱节点，则此人可能就业于 iPhone 或竞品相关产业链。而若在 iPhone 6s 上市后只查询“Peek（轻压）”“Pop（重压）”等产品使用的图谱节点，则此人可能仅是 iPhone 粉丝。

（3）词条生命周期机制，比如电影《小时代》，以电影首映为节点，对于同一个兴趣图谱的内容和词条，划分其时间节点位置。在电影上映 3 个月之前检索图谱相关内容的可能为制片方、圈内人士或重度粉丝，在上映前 1 周检索可能为影迷或追星人；在上映后两周检索可能仅仅是电影的消费者。

（4）内容交叉机制，比如同时检索两个不相关领域，但两个领域的交叉组合，可能属于某个新领域。比如游戏主播是一个近期比较热门的职业，这个职业群体的专业性和收入相比于游戏人士和其他类主播都要高。比如，一个人的图谱在“魔兽”和“主播”技能两个方面交叉紧密、深度较深，那么对他的评价要有特殊性。

11.4 兴趣图谱数据的智能解析

普通人可能无法记住上亿条事实信息，但能结合个人的兴趣图谱给出大致合理精准的评价。由于科技计算能力的不断提升，可以靠一种机制对各种事实信息做出评价，也就是一种算法，而不是博学的人。

虽然没有针对图谱评级方面的具体应用。但已有多种工具通过组合可以实现对个人图谱的评级。主要通过以下几个环节。

（1）对知识库定期进行机器学习，对图谱的“事实”进行分类和贴标签。一个事实往往具备多标签属性。比如“树”这个事实，可能具备“植物学”的科学类标签、“绿化”的环保类标签、“木材”的经济或材料标签、“拓扑”的几何学标签等。

可使用如随机游走算法来解决这种多标签的分类。通过把数据映射成多标签随机游走图，对未分类的“事实”在标签中随机游走，得到它属于不同标签的概率。选择高概率的标签作为“事实”的类型。

（2）对图谱中事实的连接与智能理解。实际就是对知识图谱中不同的事实进行连接，通过计算机使用程序算出哪些事实连接的可能性最高。

计算机可以利用知识体系数据库进行遍历和检索，利用设定好的算法，对不同的事实进行连接构建，从而使计算机“懂得和理解”知识。目前已经有 DBpedia、Freebase 等知识体系的小组或项目，依靠对维基百科、百度百科等体系的学习，形成某种意义的智能图谱理解。

（3）依据用户在多家服务网站中的行为，构建用户兴趣图谱。Gravity 公司通过基于 Freebase 和 DBpedia 等多个数据集的大型数据引擎，确定用户在单击某篇文章或发表某个评论时的实际兴趣点。当用户在登录其他任意网站时，都能自动获得网站给用户推荐的特色内容。通过如图 11-7 所示可以了解到网站构建一幅图谱的具体流程。今日头条的推荐机制也使用相似的技术手段。

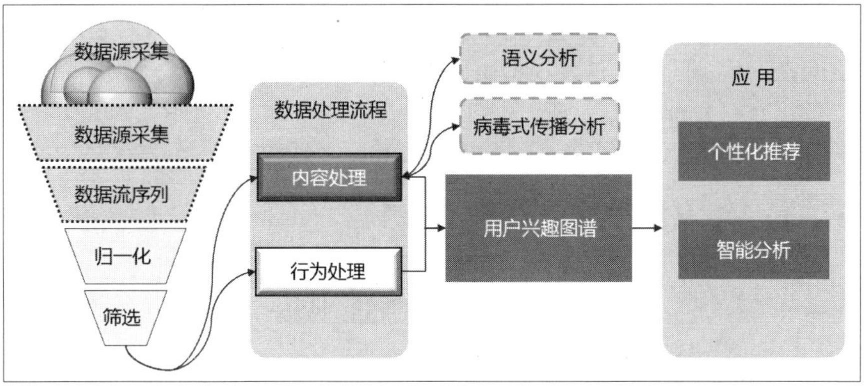

图片来源：陈小蒙

图 11-7　创业公司 Gravity 对个人兴趣图谱的处理方式

分析数据时，可以通过图谱确认用户属于爱好者还是行业从业者。爱好者多是行业的消费者，从业者则依靠行业生存。

11.5　从个人图谱数据到数字信用

一位老师，可以根据学生提问的内容，了解他对知识的理解。与之类似，一套评价机制算法，也可以根据用户的兴趣图谱，确定这个人的数字信用情况。

但计算机并不能真正“理解”兴趣图谱与个人对应信用的关系，其特长不是“理解”职业，而是通过对样本的比对来分析一个人的数据。

评定个人数字信用的“智能”就是一套数据库，加上一系列检索和比对的判断算法。先告诉计算机不同特征样本具备什么样的兴趣图谱，计算机依据数据解析方法，去比对一个新的兴趣图谱与哪个特征样本最相近，然后确定其和这个样本相比较是稍好还是稍差，从而得出一个人的数字信用情况。

可以依据律师、医生、白领等不同职业与级别的兴趣图谱，得到不同级别特征的样本兴趣图谱。在评价某人时，只要将其兴趣图谱与特征相比对，就可以得到判断。

如果某些特殊职位受到社会的追捧，那么其就是职场新贵，计算机基于已知某个职业样本去分析和构建这类事实内容的图谱，并构建出图谱的时间维度和深度，再以这类人的图谱为样本，挖掘类似的图谱数据，找出对应的人群，方便用人单位搜索人才。同时，可以根据深度检索等机制，寻找那些领先于样本图谱的人，提升这部分人的数字信用。

11.6 受约束的传统职业评级

国家劳动与统计部门在 2015 年更新的《职业分类大典》中，将职业分为 8 个大类，共包含 1481 个职业。

职业在征信评定中占有很重要的地位，但随着经济发展与分工变细，职业正在差异化、市场化。不能简单凭统计学中的职业来确定一个人的身份。

有些职业在交叉和演化。比如，网贷平台的 P2P 产品设计者，在工作中涉及贷款期限、利率、条件、流程、风控、催收流程的设定等，也涉及互联网网页设计、网络安全等工作。

最近兴起的电竞行业，影响力已然很大，但在职业分类中，却并未被划入运动员分类中；类似地，游戏主播的职业属于“社会体育指导员”还是“播音员及节目主持人”，也很难下定论。

俗话说“三句话不离本行”。用类似“三句话”的个人图谱评判一个人的信用情况，远比职业的几个字内涵要深。而且，在变革加速的时代里，各行业都在被快速颠覆。行业对从业者的要求、社会贡献都在发生快速变化。

传统行业变革加剧，如图 11-8 所示，同样是废旧物品回收，蹬着三轮车收废旧物的和打着“互联网+”创业旗号的，肯定不是一类人。

职业分类的更新速度已落后于时代变化。对职业的评定，可以根据网络的实时信息变化，动态优化职业的图谱信息，实时更新职业内涵或形成新职业。职业不再限定范围，而是将分类方向与兴趣图谱进行组合。这种职业定义的方法，能够领先于媒体与民间传播，提早发现那些诸如试睡师、旅行达人、营养健康规划师等交叉行业属性的新职业。

图 11-8　上门回收与废品 O2O[①]

职业对征信的影响还可以继续提升。在职业方面，目前主要关注个人负面信息，对造假文凭、虚构履历、商业泄密等行为进行失信管理。如果仅看当前职业分类、职称和岗位，同一公司的两个人，虽然职业分类十分接近，但可能在公司里发挥的作用不同，而所具有的社会价值也就不同。因此职业分类缺乏量化标准，可以通过以上的分析方式来补充。

11.7　兴趣图谱的局限性

许多专家对于其所在领域的领悟很深入，但在互联网上并不会有他们个人兴趣图谱的痕迹。第一个在互联网上将这些深度兴趣图谱留痕的，可能是媒体记者、相关专家的学生或朋友。对于这些专家来说，他们的兴趣图谱的相关评价很可能不如那些传播他思想的人。

对于这些人的评价，可以通过人工评定，或者说，他们本身可能已是领域内的佼佼者，声名远播。除此之外，这部分人的数字信用也可以通过其在人群中的社交位置来进行识别认定。

① 谭飙：上门收废品的价值远超过 O2O 入口，股城网_财经，2015-11-07。

隐私小窍门

如果你不想自己的上网行为信息被网站详细记录，可以尝试以下方式。

（1）尝试请教别人或从书本中查找答案，而不是使用网络。

（2）使用不同的搜索引擎，如果使用同一个搜索引擎，则使用不同浏览器操作。

（3）不要注册搜索引擎、新闻资讯、推荐阅读等各类账号。同时不要使用账号的各类服务，比如百度贴吧、微软 Onedrive 云盘等。

（4）及时清除浏览器中的 Cookie，或选择停用 Cookie。以百度为例，进入百度账号，在“个人中心”最下方单击“使用百度前必读”，进入后选择“隐私权保护声明”，在文中的“个性化配置”链接中，勾选“选择停用”浏览器 Cookie。

第 12 章 浏览器：从上网行为到数字信用

（手机 UC 浏览器）实际上是推动手机用户上网的一个通道或平台，它具有成为谷歌、百度、腾讯的这种可能性。

——雷军

12.1 浏览器：通往互联网之门

操作系统让用户可以简单地控制计算机硬件，浏览器则为用户打开互联网的大门。

与搜索引擎和输入法的数据全部由用户主动创造相比，浏览器数据基本来源于外部。随着浏览器的发展，用户进进出出这扇门的数据在电脑端得到保存，而这些数据是征信领域的无价之宝。

浏览器程序作为互联网信息的“看门人”，能够记录的信息量极大，凡是用户关注和浏览的内容，都会被记录下来。同时，很多不是用户关注的广告、链接也会随着网页一同被下载下来。浏览器的入口地位不可撼动，控制了它，就可以掌握进入的一切数据。如图 12-1 所示。

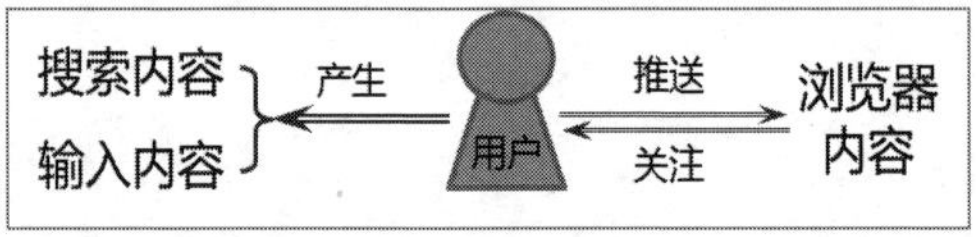

图 12-1　浏览器内容、搜索和输入内容的关系

浏览器作为本地与远端服务器内容交换的载体，有机会接触大量的用户上网数据信息，包括书签、浏览记录、搜索记录、拓展应用、缓存信息等可以判定个人数字信用的重要数据。这些数据可以用来判断用户的职业、兴趣、爱好等信息，并对上网时间、高频网站等重要信息进行量化分析。

某些数据具有来源的基础。比如，由谷歌公司开发的 Chrome 浏览器，涵盖了大部分谷歌服务。登录谷歌账号后，如上所述的各类用户数据即可同步。一旦登录，这些数据记录就会被保存在云端，无论你使用公司电脑、家中电脑，还是使用手机端、Pad 端，所有的信息都可以方便地同步。

若要使用这些数据，首先要确定数据真实有效，所以锁定用户十分关键。浏览器的登录功能就可以实现对用户的锁定。除了传统的用户名、密码，目前还有大量简单且可靠的手段可以实现快速登录。

除了传统的浏览器数据，很多浏览器为了提升使用的便利性，还配备各类扩展插件。比如 360 浏览器，具备游戏、搜索、微博、翻译、网银等多种功能，一旦用户在浏览器上惯性地使用各类应用插件，就会不断地在浏览器上留下大量的行为痕迹。这样，数字信用评定方可以通过这些数据的蛛丝马迹，更好地判断某些维度的数字信用，防止欺诈。

12.2　Cookie：浏览器的“脚印”

Cookie 的字面含义是“小甜饼”，实际是网站为每个来访者访问浏览器提供的数据标识，可以被认作是“浏览器的身份证”。

Cookie 是网站为了辨别用户身份、进行会话（Session）跟踪等功能，而由网站生成，并储存在用户本地的数据文件。由于 Cookie 包含用户大量的浏览与搜索信息，本身性质十分敏感，一般会加密。被加密的 Cookie 被用来分析，可认为分析主体是经过 Cookie 网站授权的。

在默认状态下，Cookie 会被浏览器默认存放在某个文件夹内。在下次访问网站的时候，将 Cookie 与 URL 一同提交给网站服务器。通过这种方式，网站就会知道访问用户的概况，以及之前是否已访问过网站。并对用户的访问时间、频率、页面停留时间进行记录，从而完成对用户行为的分析。

Cookie 本身是网站分析用户行为使用的，具备信息量大、真实、易分析的特征。目前 Cookie 更多地被用在营销领域。你可能注意到网页里有推送的广告和链接，大多基于近期浏览或搜索过的内容，这功劳要归功于 Cookie。比如你使用某个浏览器在网上搜索过备孕、孕期、叶酸这些词，相应就会有大量的母婴用品广告在网页上露面。

如果将 Cookie 的应用从营销换作信用分析或防欺诈，借助仔细改进的算法，就可以通过用户在某个网站的检索、浏览、选定等信息，确认用户自身的情况和真实性。

虽然使用 Cookie 核实用户身份是一种惯例，但即使用户禁止使用 Cookie，网站运营者也可以通过浏览器的“描述”，为用户的浏览器建立身份证书。比如，浏览器的系统默认字体一项，如图 12-2 所示，一般有“22.37+”个标示位，对应 540 余万种可能；而浏览器插件的标示位，也对应超过 43 万余种可能。对于网站运营者来说，这两部分字段内容的组合，相当于一个 37 位的浏览器身份证，最多对应 2345.75 亿个不同浏览器。加上代理、HTTP 邮件头、时区、屏幕尺寸与色深等标志位，基本可以确定唯一用户。

不论是 Cookie 还是浏览器描述，其缺点都是只对应浏览器，不对应人。也就是说，一台电脑里的不同浏览器，网站可能将其认定为不同的个人。在公共电脑中，同一个浏览器但不同的使用者也被看作同一人。现在虽有各类改进的 Cookie 方案，让运营者借助 Cookie 识别设备，但同一个设备并不一定对应同一个人。

当设备和用户个人能够强捆绑的时候，通过 Cookie 判定一个人就很可靠。这种想法终于在手机这种私人设备普及时得以实现。HTML 5 协议中也对 Cookie 进行了改造和拓展，使得用户浏览留痕的能力得到增强。

Browser Characteristic	bits of identifying information	one in x browsers have this value
User Agent	14.34	20667.85
HTTP_ACCEPT Headers	8.57	380.75
Browser Plugin Details	15.4	43319.81
Time Zone	4.04	16.46
Screen Size and Color Depth	4.47	22.09
System Fonts	22.37+	5414976

图 12-2　浏览器属性与标示位数及其值对应的可能

12.3　用户行为与数字信用

用户在畅游互联网时，使用了大量浏览器的基本功能。如果这部分数据可以被用户授权进行个人数字信用分析，则可以发现大量有用的信息。下面介绍几个浏览器的基本功能。

（1）收藏夹。收藏夹是浏览器最早出现的功能之一，初衷是方便用户存储需要多次访问的网址。添加收藏是用户主动行为，可以获知用户对哪个网址和哪些内容感兴趣。

根据用户收藏的网站、IP 地址、网址链接、父节点、子节点、网页文本注释等信息进行计算与分析。通过网页排名算法（PageRank）与 CF 算法（Collection Frequency）等对网页的质量、访问概率等进行分析。此类技术相当成熟，早在 2010 年前后就已被机构、院校等使用。

除此之外，还有爬虫技术。网络爬虫是一种自动获取网页内容的程序，爬虫技术是搜索引擎的重要技术基础，能对不同网页的内容进行分析。首先对其中的关键词、作者、数据等进行智能解析；其次，可针对收藏网址内的子链接，进行二次解析；最后，还可以根据收藏网址的组合，确认用户的兴趣图谱。

除了浏览器默的认收藏功能，好用的收藏夹软件也有很多。比如好软件 Fav-links，可以管理多浏览器下收藏的书签。此软件可以获取用户的大量收藏网址，并自动分析与归纳。如图 12-3 所示，软件会将收藏夹内容进行标签分类，单击标签时，则显示对应的收藏网页。用户可以方便地收藏网页，包括喜欢的商品、浏览的汽车、账单、新闻等。再通过关键词、价格、图片、网址等多维度找到已收藏的内容。

图片来源：http://fav-links.org/Bookmark_Manager/Home。

图 12-3　Fav-links 截图，具备自动划分收藏页面类别的功能

除了针对网址的收藏夹，对收藏的内容进行标签化管理将是下一步发展方向。Taguage 就是这样的管理工具，网页可以通过多标签被记录下来，还支持收藏夹、新浪微博、RSS 博客等内容导入功能。

（2）历史记录。经常使用浏览器的用户，会有大量的浏览网站网址及内容数据的记录。早期大量程序员开发应用程序帮助用户进行这种分析工作。比如 Surfkollen，他们通过用户一周的浏览记录，结合访问时间与时长、访问频次等数据，分析用户行为和使用偏好。

Mozilla 浏览器借助于类似的技术，开放了推荐磁贴的功能。当用户打开浏览器时，会根据用户使用浏览器的历史记录数据，贴出用户最可能浏览的网址。这

些历史记录数据会被首先提供给网站的广告商，在方案获得批准后，其就会出现在 Mozilla 磁贴中。由于涉及用户隐私，目前数据被匿名收集且不共享，不使用用户的 Cookie。

历史记录数据可以作为用户的数字信用参考，但不是决定因素。因为在用户浏览不同内容时，注意力、兴奋度等数据目前还难以量化；但可以确定的是，用户主动打开了这个网址，驻留了一段时间，以及是否点击了网页里面的其他链接。

（3）用户名和密码表单。对用户来说，这部分数据是用户最高级别的隐私。但就分析用户的数字信用来说，不管用户名和密码是什么都无所谓，只要了解用户在哪些网站进行了注册和是否经常登录等，就有很重要的参考意义。通过对用户登录网站后的历史记录分析，可以侧面反映出用户与网站服务的互动情况，具备很强的识别度。

除了这些标准化的浏览器工具外，很多浏览器为了提升用户体验，还为用户提供花样繁多的功能。在方便使用的同时，用户也将大量的浏览数据留在了对应的文件夹中。以上这些用户数据，均可以通过爬虫技术进行各级解析。如图 12-4 所示，通过文本分析、关键词搜集等技术，可以确定用户关注的关键词、兴趣图谱等内容。

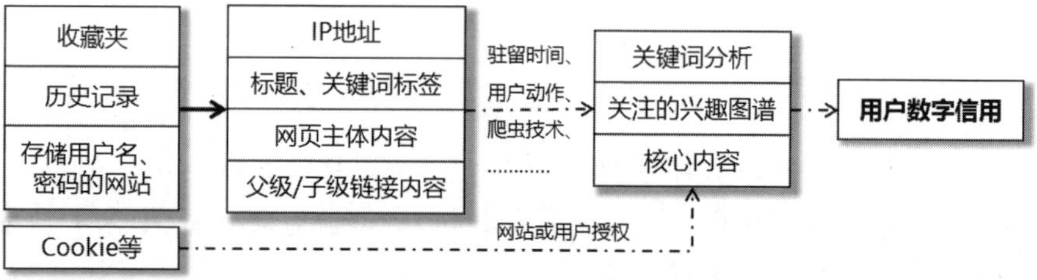

图 12-4　通过用户浏览器使用行为判断数字信用

12.4　浏览器的移动化涅槃

浏览器经历了 20 余年的发展，伴随智能设备的不断升级，3G/4G 网络大发展，浏览器也逐渐迁移到手机中。

在智能手机刚刚问世，APP 大爆发之前，手机浏览器是移动互联网初期的重要互联网桥梁。手机与 PC 不同，手机私人使用的特点，使得手机浏览器与使用者之间形成了强捆绑的关系。同时，除了具备 PC 浏览器的很多能力外，手机浏览器还有很多 PC 版不具备的新能力。

智能手机在安装 APP 时，会要求读取大量系统信息。手机系统安装浏览器（如 UC 浏览器）的时候，目前版本的手机 UC 浏览器会申请读取手机日志敏感信息的权限，如图 12-5 所示。除此之外，还包括读取手机识别码（IMEI）、地理位置信息、短信、Wi-Fi 连接等权限。

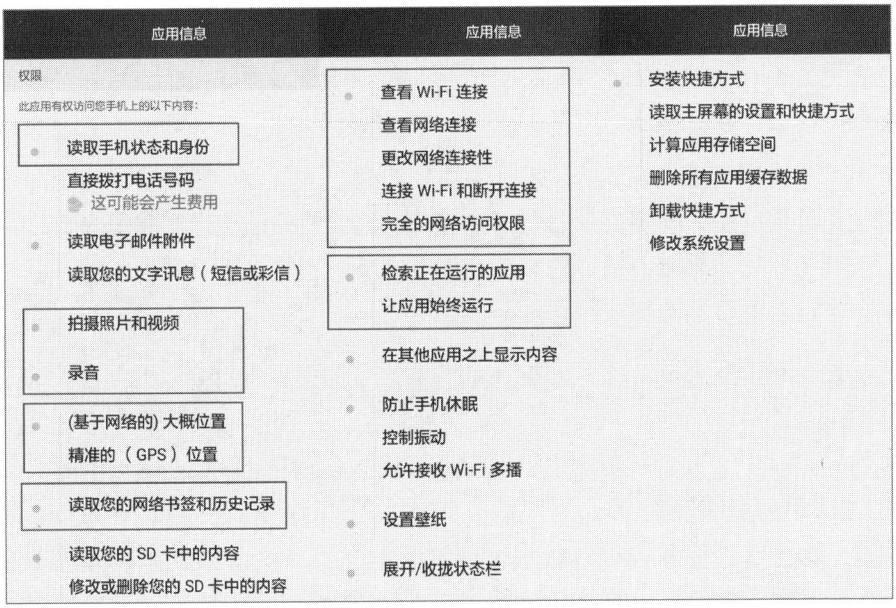

图 12-5　UC 手机浏览器（版本 10.9.0）APP 手机权限截屏

结合这些数据，浏览器能够分析更多维度的用户信息。如在哪些地理位置浏览网页，浏览内容与短消息内容是否一致，何时更换过什么手机等。

不仅如此，手机浏览器正在与其他移动端（如 Pad）、PC 端进行结合。通过浏览器账户云端同步功能，将书签、历史、浏览器配置等个性化设定同步。这就使得浏览器可以获得用户更长时间段里、不同设备中连贯的浏览记录数据。关注的内容就不会因为更换设备而受到影响，经常阅读的内容就都被浏览器记录下来。

这些数据和第 12.3 节叙述的浏览器数据共同被分析、确认和评价，可以得到用户更准确、更可靠、更具演变特性的评价，为数字信用做更精确的推断，如图 12-6 所示。

图 12-6　手机浏览器在信息分析维度方面的增加

浏览器在不断进化，但浏览器的入口地位，如浏览、客户端、音视频搜索浏览等多项重要服务，却在被更专业的 APP 进行分流、瓦解。移动 APP 已经改变人们接入移动互联网的方式。

就浏览内容来讲，为了给用户提供更好的阅读体验。大量阅读、知识内容正在从浏览器向移动 APP 迁移。比如聚合类阅读、社交网络、兴趣圈子等 APP，很多好内容正在抛开域名与网址的束缚，用更直接的入口方式提供给用户。手机浏览器正在失去重要的数据来源。

但换一个角度来说，这些 APP 中的各类内容的集中度更高、更专业。过去浏览器中记录的网址信息，包括图片、文字等内容，更多地被 APP 后台通过数据标签（Tag）的方式，进行了更加细致地搜集与概括。比用鼠标点击网页中的链接和手机屏幕中图标的效率更高。这些点击都会被认作用户的关注点和行为数据，写入后台的数据库。很多 APP 还提供付费的服务，用户的行为数据结合交易数据，被更加细致地存储在不同的 APP 运营者手中。对比过去的运营者，这些运营者显然更了解自己的用户。

今日头条就可以根据用户各微博中的社交关系、内容、标签、群组、好友的评论等信息先对用户进行分类，对每个人的“兴趣图谱”进行构建，并以此向用户推荐内容。再结合用户使用软件后的行为数据，如阅读不同内容时驻留的时长、阅读的评论、发表的评论内容等行为以及二次点击的内容结合判断，推送用户可能喜欢的内容。这样不断地循环往复，去逼近用户真实的“兴趣图谱”。

移动 APP 也在和浏览器进行融合。大量的 APP 都将浏览器代码作为重要组成部分，集成在自身。比如新浪微博在 2012 年年初发布的版本中就增加了内置浏览器，用户在使用新浪微博查阅信息时，可以直接使用浏览器打开。微信也内置了 QQ 浏览器（安卓版微信内置 QQ 浏览器 X5 内核、iPhone 版则内置 Safari 浏览器内核）。

移动互联时代，浏览器并没有消失，而是涅槃为沉默的记录者。它幻化了外形，成为 APP 的一个重要组件，继续存在于手机里。它在数据搜集、内容分析、信用评定等方面具有更大的潜力。

12.5　浏览器的另一条进化之旅

在浏览器刚出现时，只是查阅互联网超链接文本的工具，从本质上讲与文本阅读器没区别。随着个人电脑与互联网的发展，1994 年，Netscape 浏览器成功地将网景公司推上风口。1995 年网景公司登陆纳斯达克。这让比尔 • 盖茨察觉到浏览器对操作系统的威胁，从而加大了在浏览器方面的研发、推广、竞争力度。

后来，微软借助 Windows 免费捆绑 IE 的方式，将网景公司付费的 Netscape 浏览器从神坛上击下，被认为是商战历史中的典型案例。这场竞争创造了收藏夹、Cookie、Java 插件等各类“武器”，也让浏览器成为稳定好用的互联网工具。

2000 年以后，在很多浏览器中都出现了搜索栏。很快，大量浏览器将地址栏与搜索栏合并。在见识了微软干掉网景公司的惊悚一幕后，谷歌通过在浏览器中增加搜索插件的方式，在微软的强压下生存。

在做过微软 IE 浏览器插件、火狐浏览器插件之后，谷歌决定不再依附于别人，而是推出自己的浏览器。2008 年，谷歌自家的 Chrome 浏览器问世，极简风格，通过安装各类插件可拓展为灵活又强大的浏览器。

被认可的 Chrome 模式促进了插件数量的快速增长。目前已有 70 万扩展插件，并仍在快速地增长。这使 Chrome 在安装完插件后的功能可以和操作系统媲美，于是谷歌又开发研制出以 Chrome 为操作系统的智能设备。近期，安卓系统近百万个 APP 也可在 ChromeOS 中使用，使得它开始与微软、苹果站在了同一条线上。

在 IT 界都倾向于认为个人电脑时代必过渡到网络信息时代的事实之后，

Windows 10 系统再次利用捆绑的手段推荐自家 Edge 浏览器，可在电脑和手持终端中使用。Edge 浏览器的特色功能是浏览器在用户信息的搜集与评级的优势上增强，具体有以下几点。如图 12-7 所示的各种能力均可以用在数字信用的评定中。

（1）地址栏、搜索框合并。输入网址或关键词后，Edge 可以直接访问目标网站，或者提供搜索建议、浏览记录、收藏夹内容等多项信息。

（2）统一中心。Edge 的收藏夹、阅读列表、浏览记录和下载记录被放在同一个菜单下，这样，查看保存内容和执行操作的逻辑更加统一、清晰。

（3）阅读界面。去除 Flash、网页广告等无关信息，只呈现核心文字内容。同时可以记录笔记并分享。内容收藏后，用户还能在离线条件下阅读。

（4）Cortana 智能机器人。将用户语音和文字作为一种输入工具，根据输入，返回检索内容的简单解释及相关内容链接。当关键词涉及“电影院”“餐馆”等内容时，还会返回周边影院、餐馆的电话和路线等信息。

还有很多网站运营者正在结合自身特点，打造具有独特优势的浏览器。比如 360 的安全浏览器、百度浏览器等。这些浏览器更多地集成了企业网站的服务，方便用户使用，也留下了与企业网站服务互动的的大量数据。

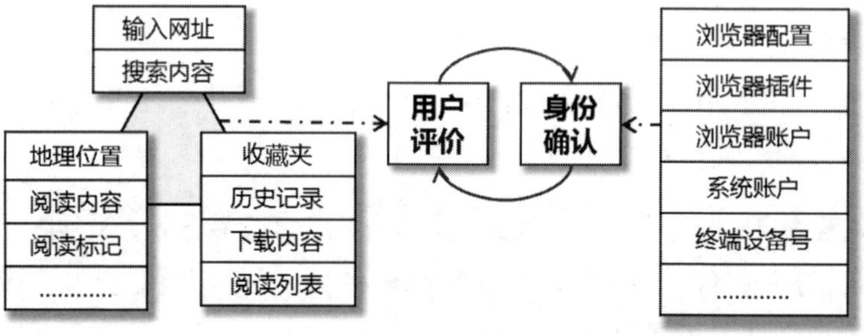

图 12-7　Edge 浏览器功能判断个人数字信用

12.6　HTML 5：智能化交互内容

HTML（超文本标记语言）是网页内容的主体，其决定了浏览器中显示的是什么内容。2014 年 10 月，W3C 联盟重新定义完成了 HTML 的第 5 次重大修改，即 HTML 5。

在 HTML 5 的文档头部，具备针对搜索引擎、关键词、标题和更新频度的描述等内容的元数据信息。通过简单处理浏览器中保存的数据，可以很容易地筛选出所有数据构建的一个图谱。

HTML 5 中集成了声音、图像、视频等复杂的媒体特性，同时具备更高级的 3D 和图形特效等能力。它能创造出各类效果，使信息的交互更加丰富。过去网页中的 Flash 可能会由 HTML 5 语言本身性能实现。同时，仅需开发和维护一套 HTML 5 内容，就可以在安卓、iOS 等多平台使用，并让用户具有相同的体验。这意味着 HTML 5 语言对移动端的支持，使得移动 APP 开发为主导的进程，可能重新返回 HTML 5 内容和浏览器的开发。

Cookie 在 1994 年 HTML 标准开始时，仅有 4KB 的空间，能存储的内容很少，安全性一般。HTML 5 通过使用 Web Storage 方式，使容量变为了 5MB，并取消了 Cookie 关于时间的限制。使用户端可以存储更多网站的信息，以及网站记录的用户信息。这部分信息能帮助记录更多的用户信息，方便更立体化地解读用户。

HTML 5 也增强了对移动终端的支持。比如地理位置相关信息，就在 HTML 5 标准中直接提供了 API 接口，方便用户与系统端进行地理位置的交互，并可以获得 IP 地理位置、GPS 位置、Wi-Fi 地址、运营商基站地址等。HTML 5 也可以调用手机通讯录，一旦用户授权，就能获取用户的静态通讯录。

随着 HTML 5 智能内容的二次崛起，浏览器作为入口可能会二次崛起，成为个人信用数据的交互枢纽。

隐私小窍门

目前除 Cookie 文件有被黑客劫持等问题外，大量的浏览器文件仍只存在于本机，一般不需要过于担心隐私的外泄。

哪些信息会被用来记录与分析，与网站的隐私策略有关，如果关注这部分信息，可以查阅浏览器服务条款里的隐私条款。其他关注内容：

（1）使用可靠的浏览器工具。

（2）时常清除历史记录。如设定浏览器在退出时清除浏览记录。

（3）关闭 Cookie，一般路径是：浏览器→设置→隐私，选择关闭。

（4）使用浏览器的无痕/私人浏览/无认知浏览模式。

（5）不浏览非正规网站，不从非法网站下载内容。

第 13 章

"人"-"机"-"人"交流衍生的数字信用

> 语言是生活的化身。
>
> ——古希腊，德谟克利特

13.1 从符号产生到互联网言行

人类几千年的文明借助文字这种符号来承载。通过文字符号，人类将共通的情感、历史、事物、逻辑等进行量化和统一，并通过媒介记录下来。

数字符号从结绳记数开始进化，到筹码计数，再到罗马数字、玛雅数字等，最终到阿拉伯数字。文字符号则从甲骨文、金文到楷书，记录形式从刀刻、笔写，到雕版印刷、活字印刷，再到古腾堡铅活字印刷和激光照排。

又经历近几十年的电子化、数字化，数字与文字都变为 ASCII 或各种编码，成为了键盘输出的一部分。

同时，这些符号所表达的信息也越来越丰富、规范。通过技术革新的方式，使信息用最小的创造成本得到最广泛的传播。

今天，当你轻轻松松敲打键盘时，一段思想就能得到保存或传播。而键盘输入作为接入互联网的主要入口，一言一行都需要通过键盘输入。汉字的特殊性使其一直通过笔画、结构等方式用字典检索。随着拼音、五笔、手写输入法及Unicode等字符集编码的发展，使汉字和计算机键盘连接起来。

当前，除了中文输入法外，英文也有类似的智能输入方式。照理说，键盘本身就是英文的，英文输入法本不需要智能输入方式，但英文输入法可以通过用户较少的敲击键盘次数，输入用户期望的信息。

比如自称最快的英文输入法 Fleksy，能够帮助用户进行智能补齐、错误纠正、联想输入等，极大地提升了输入效率。

互联网也可以让社交等软件中的文字信息瞬间传遍全世界，或被长久地保存在网络中。

13.2 输入法的数据库：可以量化的人类言行

人们在互联网上聊天的口头禅、办公文书的书写、生活信息与感悟等，借助各类输入法都被记录了下来。所有输入数据，都被上传到输入法公司的服务器中。后台通过对这些数据的分析，提升输入效率。

通过分析输入数据，可获取大量的信息。比如这一天里，哪些词汇被大量地输入电脑、手机中。只要收集的人群规模够广，每天有哪些热词、哪些事件正在被关注，甚至连全国用户这一天的情绪，也可以通过输入数据分析出来。

在登录输入法的通行证后，归属于个人的词库数据就会被同步到网络。以搜狗输入法为例，官方隐私保护声明“个人信息”部分第 5 条这样说明：“如果您选择使用通行证同步功能，包括自动/手动的配置和词库同步，而且您已经登入您的通行证账户，您的个人词库和词库使用习惯将会传送至搜狗的服务器，并结合您的通行证账户信息储存。”

因此，不管是哪种输入法，最终输入法后台都可以通过词频分析、超级词库、热点分析等技术，对个人词库的数据进行搜集与整理。

从隐私的角度来看，由于输入法本质上与键盘记录器[①]差不多，只要使用输入法，其就能了解你所想要输入的信息。由于输入法竞争十分激烈，不同用户会选择不同的输入法，没有谁能垄断行业。否则，某输入法公司将会成为人类数字化言行的“老大哥”。

13.3　从输入内容到个性化词库

根据大量的用户输入数据，可以对用户输入的内容进行多维度地解析。比如，根据输入内容之间的联系与时序，词汇之间也将存在类似的图谱关系。如图 13-1 所示，输入法通过对用户的输入内容进行内在逻辑的分析与判断，构造出超级词库。

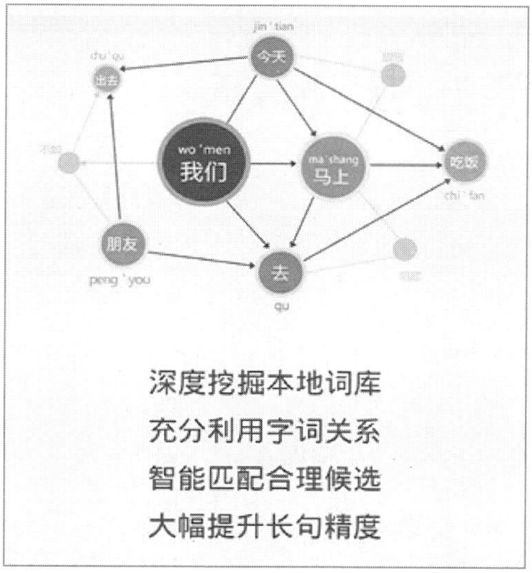

图 13-1　搜狗用户的超级词库（来自于搜狗输入法手机客户端截屏）

在超级词库出现之前，词库只是所有词基于经验的松散组合；而随着大规模用户使用输入法，输入的字词量逐渐积累，字与词、词与词之间的连接不断强化，

① 一类木马，黑客记录被黑对象键盘操作的间谍软件。

松散组合变为紧密组合。

再回到个人词库来看，每个人词库里的字与词也不断产生并强化连接。由于个体的特殊性，每个人的词库中词频与字词联系的特殊性，恰恰能反应出此人的特点。

通过这种方式，可以将个人信息记录与全体信息进行分析和比对，洞察更多的个人背景与情况。将个体情况从总体中抽离出来，就可以了解用户的生活、职业、谈论的地域、兴趣关注、惯用语等大量词汇信息。再借助对这些词汇的分析，观察某个用户与全量用户的词汇差异，辨别出其属于哪类人，属于哪类组织及所处地域。

输入法数据关系到用户核心隐私，需要用户严格地授权进行计算、分析。经用户授权后，由智能化的算法对用户词库数据进行评价，评价结果可为征信与信用评价提供更可靠的支持。

13.4 从输入数据到数字信用

词与词之间具备内在的逻辑。以搜狗输入法为例，输入“今天”后，再输入“xw”两个字母时，排在首位的是“下午”；而输入“晚间”后，再输入“xw”，排在首位的则是“新闻”，这是很容易预测的词库逻辑。

用这套逻辑分析个人词库，词与词之间的联系可能会体现出个人习惯与性格。比如在输入“今天晚上”词组之后，对应的“话唠者”词库的连接首位可能是“干嘛了”，而对应的“工作狂人”的词库首位词是“要加班”。

针对不同人的字库连接进行分析，通过字词紧组合的归类，发现用户的行为习惯、表达性格、生活爱好等，并对用户的行为进行归类和评判。

除了以上提到的前后联系外，输入的时间段也有较大关系。如图 13-2 所示，一个在工作日的上午、下午日常工作时间段输入专业词汇较多的人，基本可以确定是职业白领人群；而全天大部分时间的输入均匀分布的人，且词汇集中在某个商品领域，那么可能是微商或淘宝卖家。

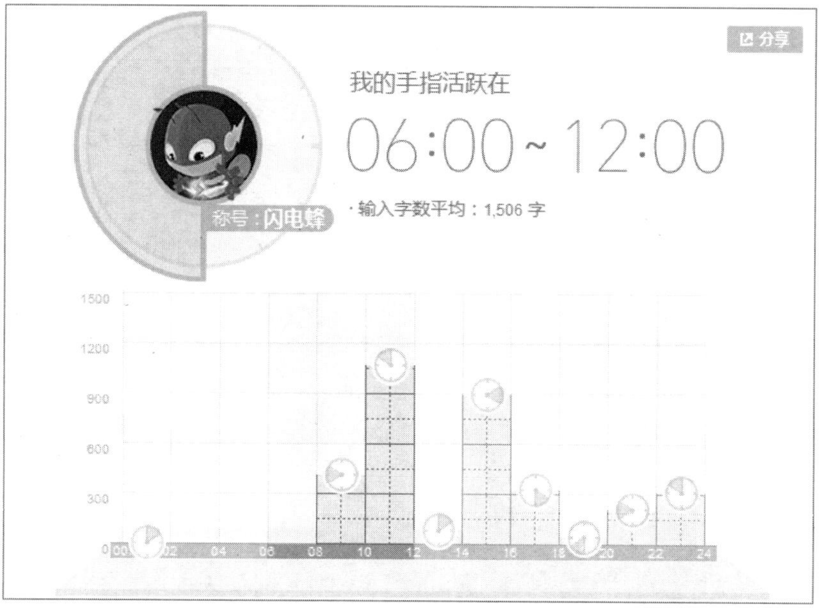

图 13-2 搜狗用户的输入活跃时间（搜狗 PC 端截图）

不仅如此，将输入的时间与内容进行整合，可以更好地了解一个人的职业背景与爱好情况。比如在白天输入的专业词汇更能证明他的职业情况，而晚上输入体育词汇多的人，可能是他钟爱体育活动。而日常工作时间+每月固定几次在午夜，且大量输入专业医学词汇的人，基本可以确定为一名医生。

除了对词频和词汇的分析外，对于词库内容的分析，传播学中还有一种信息分析方法——“内容分析法”。这种分析方法源于二战后期，是由新闻传播学、政治学、图书馆学、社会学等领域的专家学者与军事情报机构一起，研究出的多学科研究方法。就是通过量化分析的方法对大众的传播做研究。

对个人词库的分析，可以借鉴“内容分析法”的思路，用计算机程序实现。对于使用输入法的普通人来说，词库中大量的词应该集中在“的”“一”“是”“了”“我”“不”“人”“在”等几百个汉字中，以及它们所构成的词组。借助计算机程序，除去日常高频的字和词，并抽离出用户使用词频较高的用语。那些符合其职业身份与行业相关的词语，就能够判断一个人的身份特质。

与搜索图谱相类似，这些词就构成了输入图谱，如图 13-3 所示。这些由平时大量输入字词所汇聚的图谱，更能体现这个人的职业特征、生活、工作、兴趣与关注点。

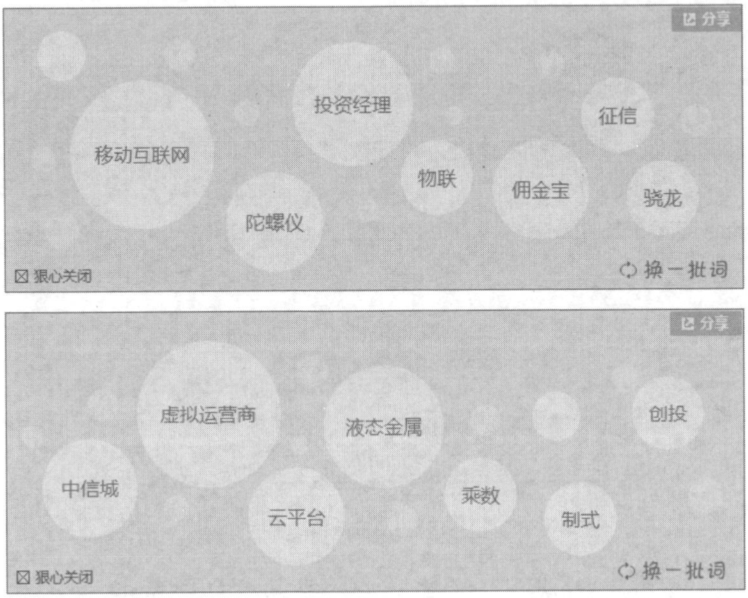

图 13-3 搜狗输入法 PC 客户端个人信息截屏

而借助图谱中的核心内容的不同侧面，来为用户打标签，通过自动化程序，判断其职业属性与行业所属范围。使用输入法能够比知识图谱更好地推测用户身份，在这个时代，一个人不可能不输入任何内容。

目前输入法都可以同时实现中英文混输，所以中英文都可能成为统计对象。

不仅是输入法，市场上已有大量的词频分析软件和工具，可以对整段的文字进行分析。比如在线的词频分析工具“图悦”，在其网站 http://www.picdata.cn 上，可以分析大段文字，并将重要词转换为图像或量化的分析结果，如表 13-1 所示。对本地词库的分析，也可以使用类似的工具。

表 13-1 “图悦网”对本章前 3 节文字的分析结果

排序	关键词	词频	权重	排序	关键词	词频	权重
1	输入法	21	1	5	词汇	5	0.7796
2	词库	15	0.9694	6	英文	5	0.7751
3	数据	9	0.8338	7	搜狗	4	0.7689
4	符号	6	0.8172	8	人类	4	0.7576

续表

排序	关键词	词频	权重	排序	关键词	词频	权重
9	通行证	4	0.7565	18	数字化	2	0.6905
10	互联网	4	0.7554	19	逻辑	2	0.6882
11	数字	4	0.7548	20	编码	2	0.6869
12	言行	3	0.7391	21	汉字	2	0.686
13	特殊性	3	0.7324	22	组合	3	0.6824
14	印刷	3	0.728	23	传播	2	0.679
15	智能	3	0.7198	24	保存	2	0.6785
16	活字	2	0.7188	25	账台	2	0.6753
17	连接	3	0.7153	26	效率	2	0.6719

13.5　从文字输入到意识与心理

一个人对文字和语言的使用，不仅会展示出背景、职业、爱好、惯用语等这些信息，还会展示出一个人的意识状态与心理情况。

心理学家扎荣茨（Robert Zajonc）曾在1968年专论中探讨词频和词义的关系，以及它们对心态的影响。这种心理现象称为曝光效应。扎荣茨认为，美好词语的使用频率和这些词所代表的事物和事件之间存在着任何对应，就可以庆幸我们生活在一个美好的世界之中[①]。扎荣茨通过对英文“幸福”“不幸福”“财富”“贫穷”等诸多词语的词频对比，来分析人们的认知、情感和个人心态。

依照这个原理，除了最高词频、专业词频外，还可以依照心理学理论，通过个人词库判断其用词偏好，以此推断个人的性格与心理状态等信息。这概念在心理学中也被称为精神词典或心理词典。

同样可以应用“内容分析法”对个人词库进行深入研究。通过心理学与内容分析法，在个人词库和他的精神状态之间构建一座桥梁。借助个人的词库特征，通过整理、分析、抽丝剥茧，构造出个人的情绪关键词图谱，从而判定一个人的精神状态、心理情况、文化背景、性格特点等。除了对职业和个人背景的判断外，

① 《用字频统计验证单纯接触效应浅尝》，华东师范大学，2010硕士毕业论文，权大勇。

这部分内容将成为重要的分析方向。

通过词语输入之间前后联系构成的超级词库，可以构成共性+个性的词库紧组合；而通过对一个人不同词的使用习惯和频率的分析，可以构成精神状态+文化背景+性格特点的个人评价。

此类研究也将成为人工智能的研究重要基础。这些分析可以使机器分析和了解情绪，随时间和大量数据的积累，建立对不同人的认知和学习。

13.6　文字输入的局限性与富媒体化交流

文字是人类为了交流和记录标准化，将类似的事实归纳成的一个个符号。既然是文字符号，它被划分的细致程度取决于人对事物的认知。词语所涵盖的范围与人对事物的划分细致程度以及人对事物的理解有关。这种文字符号中所蕴含的固有偏差，在判定个人行为时会也出现偏差。

比如爱斯基摩语中有几十个表示雪的词语，而在夏威夷，雪的表述词语则寥寥无几。即使是相同语言，普通人和有色盲的人使用“红色”传达的意思也会不同；同样，不同情感内涵的人，对“惆怅”的感知可能也不同。

虽然文字有这样的局限性，但互联网发展至今，受制于带宽、应用等原因，人们在互联网上的沟通仍主要靠文字、字母这些标准化符号。

随着当今技术发展和流行事物的快速切换，输入法的输入内容对一个人的判断会出现偏差，还有如下几方面原因。

（1）大量信息分享化，很多内容可以借助分享键或复制粘贴完成；

（2）摄像头、麦克风、图片等都成为重要的输入方式；

（3）交流方式转变，语音交流、图片交流、表情图案交流、视频交流等占比不断提高。

输入法的文字输入判断个人数字信用的窗口正在逐渐变小。例如语音输入，语音识别技术带动语音输入蓬勃发展。语音识别就是将人类的语音词汇输入转为计算机可识别的机器语言。国际著名公司 Nuance、国内上市公司科大讯飞早已在此项技术上走得很远。目前，百度输入法自称可以实现语音输入 96%的识别率。除了语音以外，其他输入方式正在从黑科技走进生活，比如眼球输入、手势输入、拍照输入等，如果这些输入最终以文本的形式呈现，以文字为基础的分析不会改变，但这类输入信息更倾向于口语化和简单化，对个人判断缺少层次感。

同时，随着技术的进步与各类媒体形式的丰富，越来越多的输入信息转向个性化，不再拘泥于同一种文字，而变成多语言、声音、图片、表情、视频等方式，并以此传递信息与情绪。各类代替文字的广义输入法正在快速涌现。

图片、表情可能会更接近人们想表达的情感与信息，不受约束。同时，形式更加丰富，含义更加精确和贴切。并且，这类信息的创造和标准化，不必像文字那样受各种标准的管束，因此可自由产生与消失。

目前基于图片、声音、视频等内容的输入对人本身数字信用的影响情况还是空白，且有大量的开拓空间。前沿的研究方向可能包括：使用文字与使用其他方式沟通的占比；表情符号自动化的归纳、分类，以及表情符号的字典；不同的符号与内容之间的联系；对语音信息的语气分析、情绪判断等。

隐私小窍门

（1）直接通过电话、见面等方式进行沟通。

（2）使用早期的、无复杂功能的输入法软件。

（3）不要注册、登录输入法。

（4）进入输入法的设置菜单，定期清除词库内容。

（5）经常换用不同的输入法。在不同的环境下，使用不同的输入法。

第 14 章 Web 2.0 时代：从微博内容到数字信用

> 人类是天生社会性动物。
>
> ——亚里士多德

14.1 有人气的互联网“市井”

当谈论互联网发展时，一般会将其划分为几个时代。Web 1.0 时代的互联网是孤立的，只有知识和内容维度。以门户网站为主，上网主要依靠浏览器，人与信息缺少互动。进入 Web 2.0 时代，人的维度被加入互联网，并每天编织着这张大网。于是，这张大网不仅内容丰富、信息量庞杂，而且包括用户与用户之间、用户与内容之间的连接。

微博类型的社交网站缔造了这些伟大的连接。在微博火爆的年代，每人每天不发送几条微博如同过了不完整的一天。Twitter 的出现，还带着古老的移动通信的基因，1 条推特 140 个字节（Byte），相当于 1 条短信息（SMS）的字节数，即 70 个汉字。最开始 Twitter 可以使用手机短信发布，而它“移民”到了中国，从饭否到微博，全部改头换面变成了 140 个汉字。

微博（本章的微信朋友圈、Twitter 等类似的社交网络平台也涵盖在此概念中）可以通过时间和用户两个维度进行分析。分析某一个时间节点，整体用户的状态；也可以分析一个用户长时间的微博，观察用户的兴趣图谱、心理字典、职业情况、社交网络等。

14.2　字里乾坤：从微博内容到国民情绪

人们用语与个人心态之间存在一种“心理字典”的关系，目前已经有大量的分析方法和案例，借助微博分析整体用户及个人的情绪状态等。情绪分析工具简单的分析方式如下。

首先将情感进行归类，如图 14-1 所示分为积极 P（Positive）与消极 N（Negative）类。再按乐好怒哀俱恶惊 7 大类的不同情绪进行小分类，再对每一个类情感进行详细划分。然后，将符合这些情感的词装到相应的情感中去。

通过对大量情感词的统计，可以对大量内容中情绪的正负能量进行判断。如果能够对上下文进行逻辑和条理分析，就能得出精确的结论。比如“那些幸福、高兴、开心都远去了，与我再无关系”这句话，就是一句负能量很高的句子，如果在进行数据分析时无法判断其中的否定关系，那么分析这部分内容得出的情绪结论就会相反。此外，情绪能够左右不同事件的发生，而特殊的新闻事件将主导大多数民众的情绪。

分析整体用户的情绪可以判断整个社会的国民情绪。比如群体性的快乐感、幸福感、恐惧感等。若分析特定群体情绪，可以实现预测金融市场的能力。比如，使用微博对金融群体人员的分析，就能分析金融市场的走势与股票指数的关系。并且可知金融群体人员的情绪与股票指数的相关性十分高。

编号	情感大类	情感类	例词
1	乐	快乐(PA)	喜悦、欢喜、笑眯眯、欢天喜地
2		安心(PE)	踏实、宽心、定心丸、问心无愧
3	好	尊敬(PD)	恭敬、敬爱、毕恭毕敬、肃然起敬
4		赞扬(PH)	英俊、优秀、通情达理、实事求是
5		相信(PG)	信任、信赖、可靠、毋庸置疑
6		喜爱(PB)	倾慕、宝贝、一见钟情、爱不释手
7		祝愿(PK)	渴望、保佑、福寿绵长、万寿无疆
8	怒	愤怒(NA)	气愤、恼火、大发雷霆、七窍生烟
9	哀	悲伤(NB)	忧伤、悲苦、心如刀割、悲痛欲绝
10		失望(NJ)	憾事、绝望、灰心丧气、心灰意冷
11		疚(NH)	内疚、忏悔、过意不去、问心有愧
12		思(PF)	思念、相思、牵肠挂肚、朝思暮想
13	惧	慌(NI)	慌张、心慌、不知所措、手忙脚乱
14		恐惧(NC)	胆怯、害怕、担惊受怕、胆颤心惊
15		羞(NG)	害羞、害臊、面红耳赤、无地自容
16	恶	烦闷(NE)	憋闷、烦躁、心烦意乱、自寻烦恼
17		憎恶(ND)	反感、可耻、恨之入骨、深恶痛绝
18		贬责(NN)	呆板、虚荣、杂乱无章、心狠手辣
19		妒忌(NK)	眼红、吃醋、醋坛子、嫉贤妒能
20		怀疑(NL)	多心、生疑、将信将疑、疑神疑鬼
21	惊	惊奇(PC)	奇怪、奇迹、大吃一惊、瞠目结舌

图片来源：大连理工大学信息检索研究室整理标注

图 14-1　被分为 7 大类 21 小类的情感表

早在 2011 年就有根据 Twitter 情绪预测股票走势的论文发表于当年的计算科学期刊。作者通过使用意见搜索器（Opinion Finder）与 GPOMS（情绪状态的谷歌模型，Google-Profile of Mood States）[①]来辨别 Twitter 中内容所表达的情绪走势。其中，意见分为积极的和消极的，情绪分为冷静、警觉、确信、活力、友善和幸福 6 个类别。并根据工具分析得出结论，再使用 2008 年总统大选与感恩节这两日进行情绪的交叉校正。然后，使用格兰杰因果分析法（Granger causality analysis）与自组织模糊神经分析法（Self-Organizing Fuzzy Neural Network）来分析和假设公众的情绪。最终发现通过对公众情绪的测量，可以预测道琼斯工业指数的收盘值。这种预测精准度达到 86.7%（误差在 6%的范围内）。

① 意见搜索器是一个开源工具，可以将每条 Twitter 文章中的积极态度与消极态度区分开来；GPOMS 是谷歌在临床上使用的情绪状态量表（POMS）基础上开发出来的工具。

知乎网友也在 2012 年通过 Twitter 对证券交易群体的情绪进行分析。如图 14-2 所示，可以看出指数和情绪是一对相关度很高的匹配曲线。

国内心理学与软件分析专家共同对微博 2242 个情绪词进行研究，发现其中 993 个词与上证指数有显著的关联。以此构建出一个微博情绪综合指数，并使用计量经济学方法探索情绪与股票指数的关系。

最终目的就是精确找到哪些人正在引导情绪走向，或是哪些事件在影响国民情绪。已有开发者提供微博内容的 API，方便使用者对微博内容进行调用和分析。

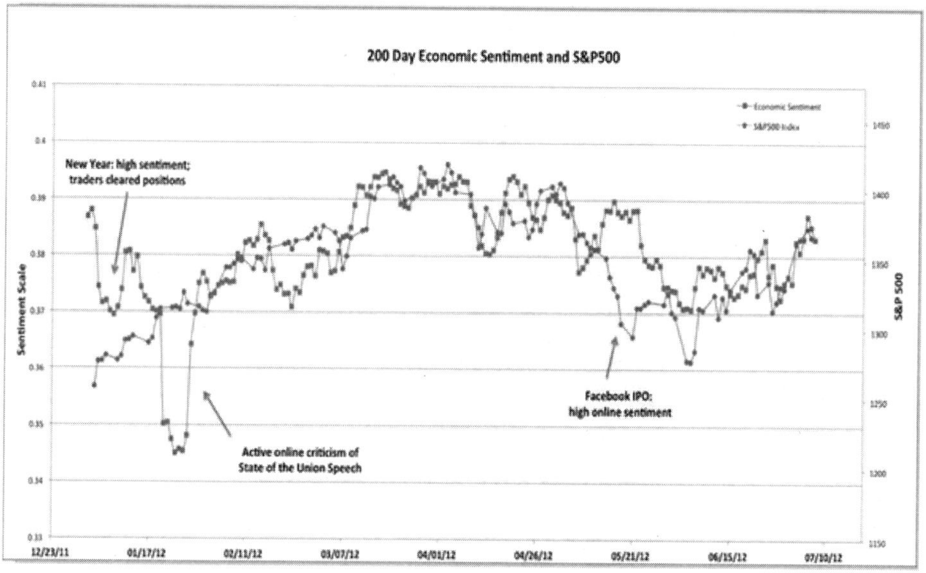

图 14-2 Twitter 对交易员群体的情绪分析曲线与标普 500 指数

14.3 字里乾坤：从 Twitter 到个人职业

不仅有分析大众情绪的工具，也有分析个人兴趣图谱的工具。同时，结合群体与个体的内容，还可以判断一个人的职业，并分析其职业地位，推断其是否为行业里有话语权的人、还是受他人影响的人。

Prismatic 公司就提供这种 API 调用，方便构建用户的个人兴趣图谱。公司通过杰卡德指数（Jaccard Index）分析所有 Twitter 中关联度较高的内容，忽略一些无用词的干扰，最终得出用户的关注热点，并以标签的形式为用户贴上个性标签。“今日头条”也用类似的方法，读取用户的新浪微博，评估其兴趣图谱后再为用户推送内容。

如表 14-1 所示是 Prismatic 对三位人物的分析，他们都是很典型的三句话不离本行的人。

表 14-1　Prismatic 公司对美国三位著名人物的 Twitter 信息抓取分析表

分析对象		个人 Twitter 兴趣图谱及关键词分析
美国总统：巴拉克·奥巴马		工资与薪水、劳动力、美国劳工部门、经济、移民、医疗改革……
加州州长：阿诺德·施瓦辛格		举重、力量健身、CrossFit 健身训练、健康体态、环境、配额贸易、温室气体排放、共和党、加州政治……
天体物理学家：奈尔·德葛拉司·泰森		天文学、空间与宇宙、太阳系、行星、天体物理学、娱乐消遣、新闻学、X Prize 基金会……

14.4　从个人职业到数字信用

一个人的价值需借助其在社会人群中的价值来实现，分析个体的数字信用可以借助其与行业整体的比较来实现。

借助尽可能全的内容做行业整体分析，如图 14-3 所示是对某个行业内容图谱的获取。通过爬虫或其他搜集数据的方式，发现行业内来自于重要媒体、网站、意见领袖等处的关键词。不断优化抓取方式，提升效率、准确度，确认对应的行业领域边界，并对行业关键词进行分类、为其贴上时间序列标签。再进一步捕捉行业情绪，利用情绪分析方式，找出那些引导行业情绪的行业领袖和先觉媒体，为关键事件、行业情绪、行业发展等内容确定时序与逻辑关系。随后整合这些信息，并设立行业整体内容图谱的基准线。

完成行业分析后，对个人数字信用的分析和评估流程如下：借助个人兴趣图谱的分析工具，挖掘个人信息并与行业基准线进行比对，内容包括图谱和关键词与行业整体的时序关系、关联度等。分析一个人是领先、同步还是滞后于行业。结合这些结果，对个人数字信用给出客观的评价。

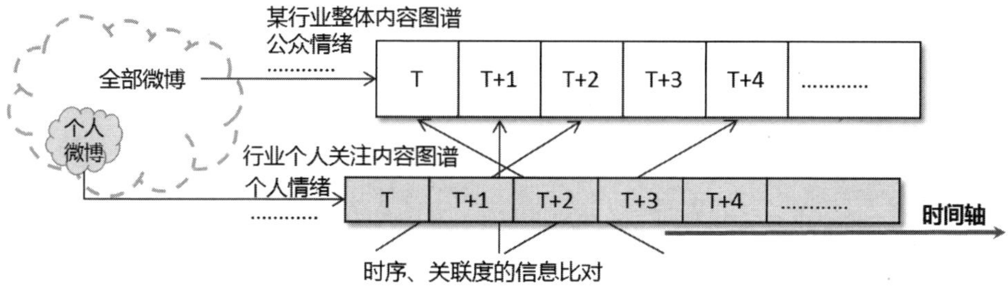

图 14-3　个人微博内容比对整体的评估流程

进行评估时需考虑如下可能影响结果的因素。

（1）行业的整体评估是动态的，甚至实现实时跟踪，这样才能提升准确率。

（2）社交媒体上发布的事件和消息可能先于主流的传统媒体、门户网站。主要原因是核心人员在微博上进行自媒体的分享，多数快于媒体的机制。比如 Elon Musk 会优先发布一些科技事件的进展、新技术名词等。

（3）关注先于名人发布的事件、关键词和情绪的人，他们可能是一线的项目执行者与直接管理者。

（4）职业的边界正在模糊，清晰判定某个行业的边界十分困难。这种方法对于较固定的传统行业的判断要优于新兴行业。

（5）由于职业特点或个人喜好，有些人不愿意在社交网络上分享自己的职业内容，仅分享自己的兴趣、爱好等。对于这类人需要更多地关注他发出的评论，并对其社交关系进行分析。

（6）用这种方式评定年轻人或社交网络高频使用者效果最佳，作为互联网的土著，他们分享的内容很充分。相信随着移动互联网的普及，各类人群都在不断地积累更多可供分析的有效数据。

14.5　内容分析：发现相近的内容

管理不同领域和专业深度的内容，实质上与 Google 后台管理新闻信息、论文重复率查重类似，这种管理本质其实是很简单的余弦定理。

在初级几何中，余弦是直角三角形中的一个锐角的直角边与斜边之比。内容相近的计算方法较烦琐，简单来讲，对每篇新闻报道中的词语进行分析，把其中一篇标准文章定为参考（把这篇文章看作斜边，斜边的长度=词的个数）；拿一篇对比文章（将其看作直角边），若对比文章中有一个词出现在标准文章中，则直角边的长度+1，对不上则+0。相似度可以简单看作直角边与斜边长度之比。

因此，计算两篇文章内容的相近程度，如同计算余弦一样，如图 14-4 所示。若两篇文章内容完全相同，则相关度=1；若两篇文章内容完全不同，则相关度=0。如以 b 为斜边，a 为直角边，则 a 对于 b 的相关度为 3/6，即 0.5；如以 a 为斜边，则相关度为 3/5，即 0.6。当然，有时两个词含义的差别并不是 0 与 1 这样绝对，比如“微博”和“博客”，这两词的关系值应介于 0 和 1 之间。

这种技术可以分析一个人的微博内容主要分布在哪些不同的领域，可以发现同行中谁最先使用或发布相关词汇、案例、技术等，这些能判定个人在某个行业或兴趣领域的地位。

通过对大量内容的相似度比对和分析，可以形成不断积累和动态更新的内容库。内容库中典型的关键词、经典句等内容可以更好地判断一个人微博内容的所属领域和专业水准。

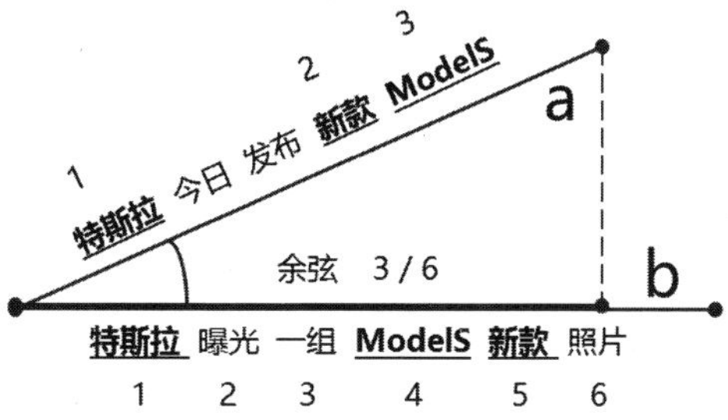

图 14-4　余弦定理与内容相关度

不断地发展先进技术可以对文字，图片、视频等多媒体内容进行更好的相似度分析。很多社交网站也上线各类多媒体内容的搜索与匹配。比如 Pinterest 中已经开始提供相似图片搜索（Visually Similar Results）的能力，方便搜索或发现与样本图片整体或部分类似的图片。目前很多搜索引擎都使用这种技术进行图像比对、识别、搜索等。

因此，浏览过的图谱和视频也将会被记入兴趣图谱。更智能化的内容将会是计算机模式识别、神经网络以及人工智能等新的技术方向。这些技术的成熟与应用，会使个人数字信用跨入新时代。

14.6　基于内容建立的社交圈子

Web 2.0 时代中的内容创造与人际互动实现了有机的融合。对于那些不关注职业、行业内消息的人来说，由于微博中增加了人的关系维度，这个小圈子的职业、行业以及日常关注的内容等，就成为了这个圈子的一部分。一段内容由于被某类人认可和追捧，显示出内容本身的价值和属性。

只要人的关系存在，且在微博上有互动、有交流、有好友关系，那么你的情况就可以通过你们公开发布的关注、互动、转发、评论等行为进行推理和计算。通过将互动行为变为人与人之间的联系，就不难根据这些联系将一群人分为不同的小圈子。根据圈子整体的内容分析，就可以为不同的圈子贴上标签，并确认圈子的关注领域、关键词及主导人物。

这部分基于内容的社交关系的计算，可以通过计算机自动计算实现，关键在于设计算法。算法大致如下：做一个假设，我们的朋友中，每个人都属于一个或多个圈子，即这个人可能是你的同事，也可能既是同事也是同学，或者既是同学又是兴趣伙伴。如图 14-5 所示，图中 1、2、3、4 为 A 圈子，5、6、7 为 B 圈子，圈内的人的交互比圈外的人的交互要多。再将这些人联系的紧密程度用数字来表示。

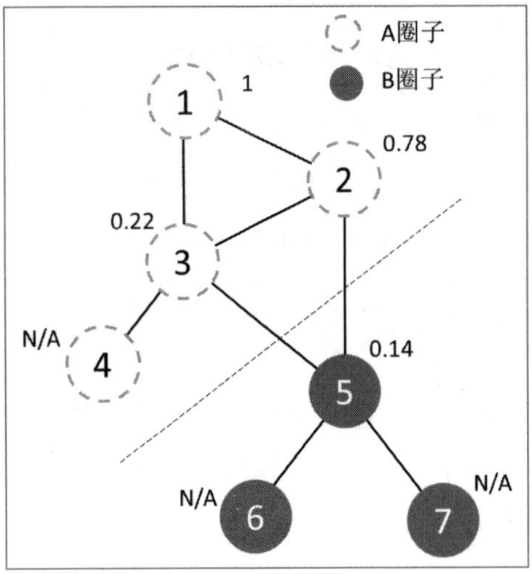

图 14-5　抽象化的社交网络图

下面将"自己"作为种子，来探索人际关系这棵大树如何长成。首先，依据沟通频率、回应时间、交流字数等条件，选出相互沟通最密切的一群人加入小圈子，并将各种小圈子进行归类。接着，通过算法将这些小圈子进行切割，将其归纳为不同的圈子。可以使用最大团问题（MCP-Maximum Clique Problem）的解决方法与谱聚类的图分割算法进行归类。这些涉及图论的知识与算法的内容可以查阅相关资料。

第一步要确保这些小圈子里的人的关系足够稳定，比如这个圈内的任何两个人都互动过。但这里存在一个问题，很多小圈子，有可能属于一个大圈子，就如同冰山露在水面上的几块孤岛，而这个冰山才是真正需要关注的对象。

第二步就是探索这个冰山，即这个大圈子，探索其是不是具备共性的人群。通过对小圈子进行扩大、探索、好友汇总，去发现由小圈子组成的大圈子。当然，这个大圈子不可能无限扩大，因此要确定圈子的边界。

判断一个人是否属于这个圈子，先设置一个关系密切度的效用函数，并确定一个阈值，将某人与圈子的交互数据代入效用函数后，如果大于阈值，就属于这个圈子，反之不属于。然后，从第三个人开始，与前两个人进行紧密度计算，如果结果高于阈值，那么这三个人就成为一个圈子；再计算第四个人和前三个人的紧密度，看是否属于同一个圈子；以此类推，一直到其他人与圈里人的紧密度计算结果都小于阈值，则这个圈子被确定，如图 14-6 所示。

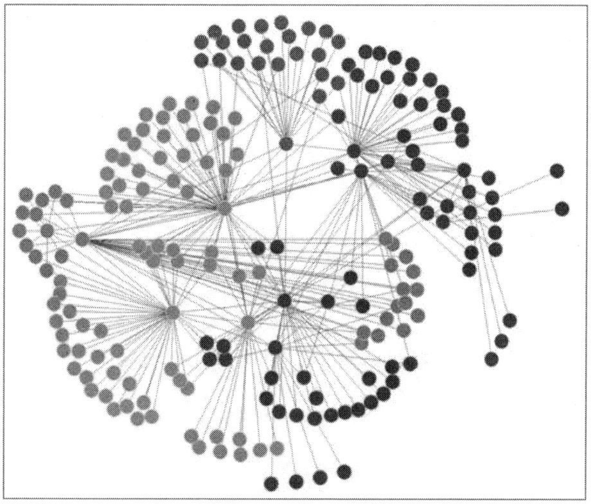

图片来源：http://blog.itcilo.org/social-network-analysis/

图 14-6　抽象化的社交网络图，将人群分为 5 类

然后，再对不同圈子人的内容进行分析，对同一个圈子里每个人的关注内容进行分析、贴标签，并对其最关注的内容贴标签，每人取前 50 个标签。最后再对圈子里所有人整体的标签进行归纳、总结、合并。

一个人与圈子的互动，以及圈子中其他人发布的内容可以增加其数字信用；其与别人的互动，也增加了其他人的数字信用。

14.7 从草根到大 V：无冕的内容之王

微博火爆的几年里，如同古希腊的议事厅，大家七嘴八舌，却秩序井然。不管是富贵还是贫穷、专家还是小白、明星还是路人，大家都在同一个平台上造就另一个“社会”。

通过对这个可以被数据量化的“社会”的研究，人们发现一旦圈子形成，一个人在圈子里的地位也随之形成，有的人成为圈子的中心者，而有的人则成为边缘者。

从量化和评估方式来说，能通过较少中转的人而接触到整个圈子的人被认为是“近中心者”；好友不多，需要很多中转的人才能接触到整个圈子的人被认为是“边缘者”。“意见领袖”“大 V”“草根”等字眼也随着这些社交概念走进人们的认知。

网络虚拟社会中的中心者和边缘者并不能分别对应真实社会中的精英和平民。在同一平台交流，在观念的对立冲突、相互转化、缓慢统一过程中，产生了很多虚拟平台的平民意见领袖。

内容数据的量化评价，不仅为某些行业精英的数字信用锦上添花，更为很多平民意见领袖雪中送炭，用自己在 Web 2.0 时代创造的内容和社交积累，帮助他们获得更高的数字信用。

社交领域中人际关系的量化与计算将是数字信用领域中一个极其重要、有趣、待探索的内容，这部分将在本书第三篇中深入探讨。

隐私小窍门

（1）仅仅做一个潜水者。只看不说，少与朋友及其他人互动，如果需要沟通，尽量采用私信或打电话等这些不会公开留痕的方式。

（2）不要注册平台账号，仅仅使用“随便看看”等功能。

（3）不使用社交网络平台。

以上可以保证你的信息不被其他人或平台获知。但在大家都使用社交网络的时候，你却要转而使用电话、短信，甚至是写信的方式吗？在移动互联网时代，你愿意抛弃高效简单的沟通方式，转而使用略显古老的方式参与当下的分工协作吗？

第 15 章 即时通信：可量化的人际关系数据

按照“蓝血十杰”的管理哲学，事实都是可以度量的，不能够度量的事情就不是事实，只是一种现象。他们要求从经销商的销售能力，到广告的效果，每一件事情都要有数据，每一个问题都要有一个数字作为答案。

—— 任正非

15.1 地位“崇高”的群主

在微博还需要通过内容和人际互动来计算圈子数据之前，2003 年腾讯 QQ 就推出了群功能，当时一个群最多可容纳 50 人。如今，QQ 早已推出 2000 人的大群。

群的功能与早期的网络聊天室类似，但又有显著的不同：聊天室是大家随机加入，很多关系无法沉淀。而 QQ 群与之相比有很大不同，一方面，很多 QQ 群本身就是现实中社交关系的映射；另一方面，QQ 群使得基于 QQ 号的社交关系得以维系，使群里的人可以通过留言、互动、聊天等方式，使群内的社交关系得以逐步发展。

2013 年，微信在上线两年多后，开始支持群聊功能。微信在智能手机上运行，还增加了位置发送、内容分享、发红包等功能，使得微信群中的人际关系，在 QQ 群的基础上得到进一步的升华。

一个群就是一个关系圈，群里人关系错综复杂、形形色色。有活泼的群主、热情的群众、偶尔讲冷笑话的开心果，也有很少说话却总抢红包的潜水者。

在以团体协作为特点的人类社会中和以群为代表的社会关系中无疑蕴含了无数的资源和信用背书。但在严肃的网络科学研究中，科学家和学者们判定一个人的人际背景，却不是用“群主”“潜水者”“活跃分子”“社交达人”等这些名称来断定的，而是依据目标样本与整个圈子中每个人的连接情况，科学地计算出他的社交位置。

15.2　发现社交位置

随着微博、知乎等这类公开的社交媒体的出现，大规模社交的关系数据可被直接利用和分析，也使前期大量基于社交位置的科学研究得以应用，并将经过科学计算得出的个人社交位置，应用到数字信用的评定中。

在社交的科学计量中，如图 15-1 所示将一个人际网络抽象为点线图。每个点代表一个人，每条线表示他们之间的联系或交流。一个人与其他人有直接联系，联系数量被表示为“度”（Degree），根据关注别人与被人关注又细分为“出度”与“入度”。如图 15-1 所示，在这个人际网络中，任意两个人之间能够构建出来的连接被叫作“路径”，通过最少的人连接的路径被称作“最短路径”，也被认为是“距离”（Distance）。

评价一个人是不是某个人际网络中的重要人物，“中心度”是一个很重要的指标。中心度有很多种评价方法，比较重要的有两种。一种是“近中心度”（Closeness Centrality），如果一个人与这个人际网络中其他所有人的距离总体最短，则他的“近中心度”就很高。另一种是“媒介中心度”（Betweenness Centrality），如果这个人际网络中，很多点的最短路径都经过这一点，那么他的“媒介中心度”就很高，甚至这个社交圈子能够沟通和运转都靠这一点。在图 15-1 中，A 的“近中心度”最高，而 B、C、D 的“媒介中心度”较高。

两个中心度指标有些类似，但也有区别。如果把铁路网想象为一张人际网络，那么北京的“近中心度”最高，而石家庄、郑州、西安、山海关等城市的“媒介中心度”很高。

由于“群主”一般会与群里大多数人互动，是这个群形式上的“近中心者”。因此群主与群里所有人的“平均距离”都会比较低。当群不断扩大，新的群成员大多是由群主的粉丝们拉来的。哪个粉丝拉来的人更多，则其“媒介中心度”就会更高。有些人进群后，可能仍只与拉他进群的那个人有沟通，则其就被看作是这个群的“边缘者”。图 15-1 中的 Y、Z 就是这群人中的边缘者。

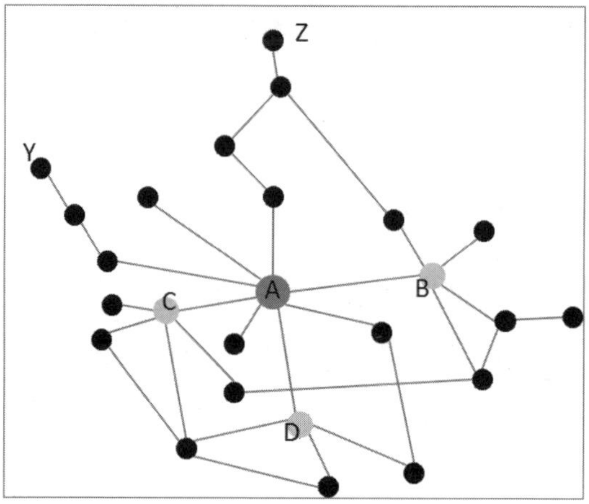

图 15-1　抽象的人际网络图

一个人在某个圈子里的社交位置，是其在协作组织中地位高低的重要参考。在现实情况中，每个人都有自己的社交位置，这些位置早已形成的，只是由于社会关系太庞杂，联系众多，量化起来所需要计算的资源极其庞大，同时也缺乏一个精确的数据测量机制。

15.3　社交位置的不确定论

人们组织协作的历史告诉我们，处于任何社交位置的人都发挥了巨大的作用。在一个协作体中，不可能全部都是“近中心者”与“边缘者”，不同类型的人都为整个协作体贡献了力量，也在相互转换，很多边缘者也因为埋头苦干，做出了成绩，不断地从人际网络的边缘走向中心。当然，也有人随着年龄的增长和阅历的丰富，逐年积累了大量关系，从而不断地接近“中心者”。

所谓的边缘者、中心者，只是一个相对的概念。比如在项目组进行技术方面的头脑风暴时，市场营销人员可能发言寥寥，或者说他是整个“技术讨论圈子”里的“边缘者”；但当项目组讨论营销方案时，市场营销人员就可能变为当之无愧的“中心者”。所以，片面地判定一个人是“边缘者”还是“近中心者”，无法真正判断其社交位置，而与选取圈子的范围有关。因此，只有确立整个大社会网络的全部情况，才能大致确立一个人的情况。

由于整个社会网络很复杂，在目前的实际情况下，只能将选定人群和一部分人设为一个圈子，并以选取的这部分特征群体作为参考系，去确定圈子里每个人的社交位置。

这就意味着，在没有全景的关系网络之前，很难判定一个人真实的社交位置。同时，动态变化的社交关系也让社交位置瞬息万变。很可能由于两个人的关系发生变化，使得圈子里每个人的社交位置发生改变，所以每个人的社交位置也存在不稳定性。

同时，很多沟通、尤其是重要的沟通，可能并不通过数字化方式完成，而是通过面对面、拜访、写信等方式完成的，这些信息无法被量化为可以计算的数据。

另一个不可忽视的问题是，社交位置计算量会随着网络人数的增长呈现指数级增长。这就意味着，想了解一个人在全景的人际网络中更准确的社交位置，还受制于计算机运算资源的瓶颈。

近年来，随着即时通信的极大普及，移动互联网时代社交网络与人们的生活捆绑越来越密切，全民上下用微信、微博、陌陌、钉钉这些社交工具，使得大量线下的社交关系不断地迁移到线上。社交关系和交互数据全部具备数据化基础，计算能力和各类算法也在近些年得到长足的发展。虽然测算结果仍存在误差，但测算社交位置已成为可以商业化的能力。

15.4 不可阻挡的社交位置计算

QQ、微信等这类社交工具，账号内社交关系与群关系不对外公开，属于个人隐私，这与微博的关注与被关注不同。

虽说是个人隐私，却不等于没人知道。大量黑客对于 QQ 的数据极为着迷，甚至有黑客利用系统漏洞，获取 QQ 号的群关系数据。国内知名安全漏洞监测平台“乌云”于 2013 年 11 月 20 日公布报告称，当月 18 日腾讯 QQ 群关系数据被泄露，网上很快就有了数据包的下载链接。根据某个 QQ 号可以查询到相关社交关系网、个人信息甚至从业经历等大量个人隐私。此事涉及 7000 万个 QQ 群，共 12 亿个 QQ 号。除了大量用户的 QQ 群关系被泄露外，就连马化腾自己也没能逃脱。网友对其进行了分析，并依据既有信息，挖出了很多腾讯内部的团队协作关系网络。

被泄露的数据使得 QQ 群数据也可以像公开的人物关系列表一样进行社交位置的计算，但由于数据本身来源的不合法，并未能见到以此为研究基础的论文、社交网络各类猜想与定理的真实论证。但这次数据库的泄露，就如同一个时代的背景音在广播：“全社会的社交位置测量，关系数据已不是问题”。

作为用户较敏感的个人非公开的交往数据只有用户授权后，被授权方才可以进行计算。应该强调的是，即使作为服务的运营方，如腾讯、阿里等机构仅具有用户数据保管权，也没有直接使用用户数据的权利。

即时通信庞大的数据内容和容易计算的数据结构，无疑具备了社交位置测算的事实基础，也兼具成本和效率优势。但并不只有即时通信工具可以获知人际关系网络。

通讯录、通话记录、短信记录、E-mail 收发列表、公开历史文献、活动名单、影视演职人员表、各类申请表（联系人、直系亲属等）等内容，均可以对人际网络进行计算。只要有人名和人物标记的数据，都可以被用来进行社交位置计算。

社交位置从可以被计算的那一刻开始，就不再以身份显赫、背景深厚、盘根错节、圈子复杂等华丽的辞藻评价一个人，而可能是“此人的社会关系信用值：152，处于人群中 30%～35%的位置”这样的表述方式。

隐私小窍门

（1）减少使用或不使用即时通信软件。

（2）不加现实中的真正好友为即时通信好友（此方法目前已很难做到）。

第 16 章 政府数据：全体公民的信用背书

> 真正的和唯一的政治社会是，在这个社会中，每一成员都放弃了这一自然权力，把所有不排斥他可以向社会所建立的法律请求保护的事项都交由社会处理。
>
> ——约翰·洛克，《政府论》

16.1 透明的公民

前面讨论了很多数据，都来自于个人的主观活动。而个人的一切客观情况，从出生到死亡，政府不仅使用行政和法律手段保障社会的正常运行，也为每个人提供了各方面的公共服务。在提供服务的过程中，相关信息都存放在政府的各管理部门。

人们一直认为拥有的隐私、背景、财产、婚姻、疾病等，这一切都完好地保存在政府管理部门。本章讨论的大部分类型的个人数据都在政府不同管理部门有记录。

- **个人身份信息**：从个人呱呱坠地开始，就要到医院开具出生证明、上户口、办身份证。个人身份从一出生就被固定在一个家庭和社会中，被确定了家庭关系和出身背景。个人身份作为政府社会动员力的基础，是其他机构管理公民的基础。2014 年 6 月，国家开始建立统一信用平台，公民身份证号被作为统一的社会信用代码。

- **职业与学识：**教育部拥有高等教育相关的学籍学历、毕业去向、阳光高考、硕士录取等信息。地方教育部的学籍系统中，记录了个人从小学到高中各个阶段的信息。人力资源和社会保障部系统中，记录有个人的专业职称信息。
- **社会关系：**血缘关系，包括父母、子女及兄弟姐妹直系亲属的信息，户籍管理系统中包含这些信息；伴侣关系，民政局婚姻登记系统记录所有人的婚姻情况；邻里关系，根据户口系统中邻近的地址信息，可以搜索到个人和家庭的住所临近的人；同学关系，学籍系统可搜索到学校班级、系所等信息，搜索到中小学同班同学、大学同系同学等；师生关系，个人档案里有人生各个阶段的老师、教导人员等。
- **个人财富：**由证监会主管的中国证券登记公司每天都会进行股票债券及资金信息的结算，所有个人名下的证券类资产每天都会有清算价值。在各地的房管局系统中，记录了个人名下的房产信息。车管所拥有个人名下的车辆信息。公积金中心拥有个人公积金每月缴存、余额或公积金贷款信息，可以侧面反映一个人的收入与房产情况。人力资源和社会保障部系统中有个人社保和医保信息，也可以侧面推测个人收入情况。
- **财富贡献：**在税务系统中，记录了你作为公民自然人所缴纳的个人所得税等税款，可以通过税务部门系统查询。作为社会财富的主要贡献者，企业和组织纳税是首要者。企业纳税额应按比例分散到法人代表、重要股东、董事及高管的名下，工商局拥有企业的这些信息。所以，每个人为社会贡献的财富，是这两部分的累加，并且财富贡献在国家公民信用评定中，可能比个人财富更重要。
- **旅行与阅历：**铁路购票实名制，进站也是实名制验证，同样航空公司在安检前也会会实名制验票检查，出入境数据也在这套系统中。除此之外，住宿信息也被要求实名制，同样会记录在公安系统中。这些信息目前主要用于保障社会安全，但这是个人阅历和流动情况的核心数据。

- **身体健康情况**：居民健康档案包含个人的健康情况、体检信息、挂号及诊断信息、医疗影像信息、医疗项目与费用等，这些都反映了个人身体健康情况。
- **黑名单**：2013 年 10 月最高人民法院发布《全国失信被执行人名单》。被刑事拘留会在公安局留下记录，被治安类拘留也会留下记录，个人身份信息会留下所犯案件的时间、内容。交通违章信息也会记录个人驾驶证信息，因此严重和频繁地违反交通规则的人很容易就被筛选出来。

16.2 政府信用管理：从公章到数字化

早期的档案管理工作都是通过书写形式记录并通过编目方式进行管理和检索的。

政府管理也是基于信用规范。公民的信用管理分布在不同部门，为了证明个人信用可靠，传统的方式是利用流程保障+个人证件+加盖公章。

政府公务员退休金会参考职级、工龄与职称等内容，而企业员工则参考社保基金缴纳及职称等情况。办理户口需要个人身份证、房产证、结婚证等一系列证件。在办理签证时，则需要护照、存款证明等，为了增加信用，还可能要使用机动车登记书、房产证复印件、以往签证信息等。

随着政府各类数据信息的打通，很多办事流程在不断简化。2016 年 4 月前，办理生育服务证需要男女双方单位盖章，拿着户口本、身份证、结婚证等证件到人事部门盖章，最后还要拿着这些证件和材料在街道办事处盖章才能办理完成。但随着各类信息联网，如今办理生育服务证可以直接在网上登记办理。

网上登记并不是各管理部门没有验证，而是所有的信用信息验证都通过数字化方式完成，验证信用不再通过盖章而是以网络传输的方式审核。

数字化信用时代，这些信息可以通过数字化管理，以数据授权等方式实现，而不需要拿着证件或复印件四处奔波去为了获得认可或盖章等。随着 IT 系统成本降低、互联网技术越来越发达，如今政府各管理部门基本都已经进入数字化管理阶段。

但现阶段还存在着大量的 IT 系统之间不兼容、无法实现数据链接等问题，不能通过某个统一代码遍历个人所有数据，实现快速确定一个人的数字信用。但数据信息的打通工作正在开展，数据间链接的趋势不可逆转。2014 年 12 月，上海 38 家医院的医疗档案互通互认，患者可以通过就诊卡，实时调阅患者在这些医院就诊的既往病史、门诊与用药记录、影像资料等，减少重复检验检查。

传统的档案也在通过数码扫描、识别等数字化手段，不断地将尘封已久的历史信息翻开，与已有的数据信息产生联系。许多标准的印刷体内容，可以用文字识别方式转化为计算机编码，并进行词义理解。目前计算机直接识别手写体内容还存在一定困难，但随着人工智能技术的发展，通过对算法的训练，可以使计算机理解手写字体。相信不久的将来手写的档案也可以被编码和理解。

在许多公司都想从事互联网时代的信用供应商的时候，没有任何一家企业能比政府更有权评价一个人的信用。

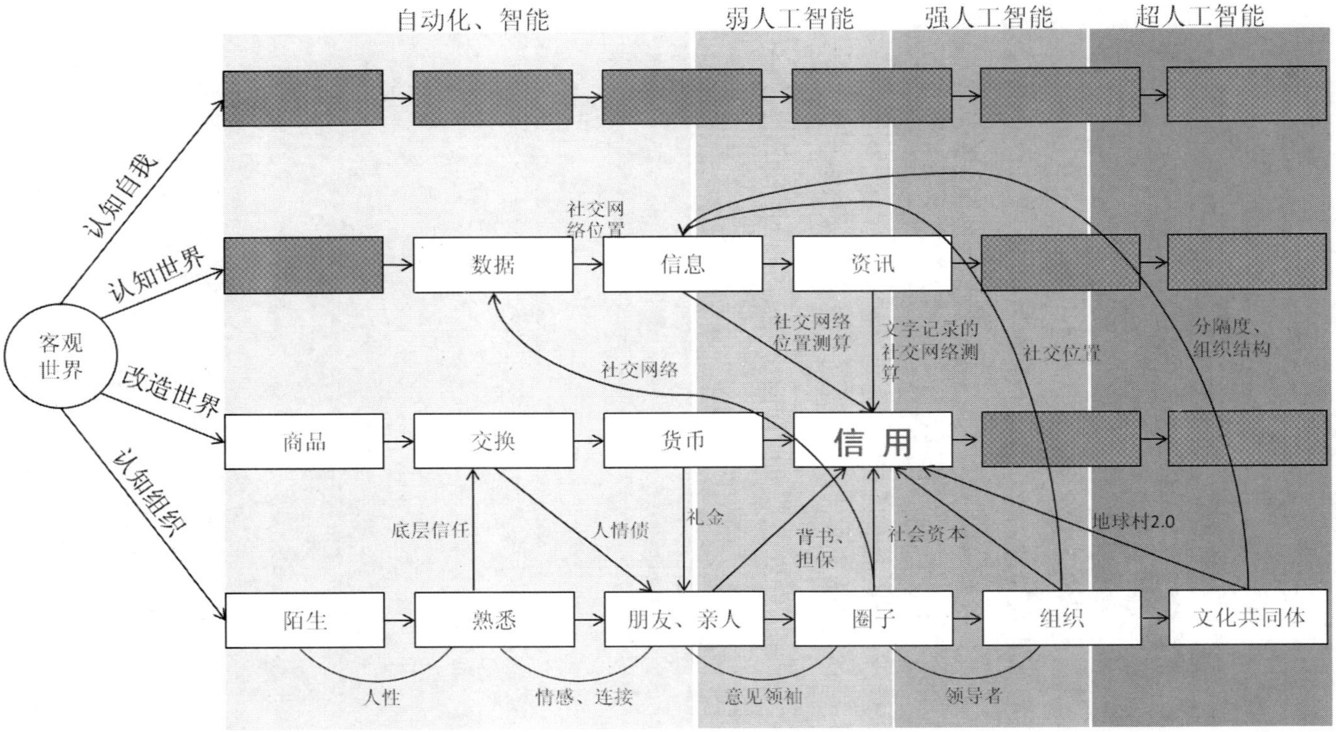

自动化、智能
弱人工智能
强人工智能
超人工智能
客观世界
认知自我
认知世界
改造世界
认知组织
数据
信息
资讯
社交网络位置
社交网络位置测算
文字记录的社交网络测算
社交位置
分隔度、组织结构
社交网络
商品
交换
货币
信用
底层信任
人情债
礼金
背书、担保
社会资本
地球村2.0
陌生
熟悉
朋友、亲人
圈子
组织
文化共同体
人性
情感、连接
意见领袖
领导者

本篇知识背景图

第三篇

蕴含在社交关系中的数字信用

引言

“这个星球上的任意两人，仅隔了六个人。也就是说，我们和这个星球上的其他所有人，都只有六度分隔。美国总统、威尼斯刚朵拉船夫……你能想到的，无论圣人还是阶下囚，我们如此紧密。不只是这些大人物，而是所有人，包括雨林土著、火地岛上的居民、爱斯基摩人。虽然难以置信，但只需要六个人的串联，我就能和地球上任意一个人联系起来，这是一个伟大的想法。每个人都是一扇门，开启我们进入另一个世界，六度分隔后，这扇门背后就是全世界。只要恰好找对这六个人。”

——约翰·格尔（John Guare）·《六度分隔》

1967年哈佛大学教授斯坦利·米尔格拉姆（Stanley Milgram）做了人类连通性的著名开创性研究，他通过将信件投递给陌生人的实验，计算中转次数，得到中位数为5.5次。1990年，约翰·格尔在他的影片中，正式提出了“六度分隔”

的概念。

上一篇讲述了个人数据背后蕴藏的价值，本篇将探索不同社会关系背后的价值。人们从未否认人际网络蕴含着价值，但却从来没有人能精准预测。

在以前的中国村落，没有标准的会计准则和银行账目，大家靠规矩+关系+记忆来衡量这种价值。随着电话网络、互联网的飞速发展，全球化不断从商品和人的简单流动，变为了人与人的充分交往。这使得“六度分隔”不断降低，人类即将进入“地球村 2.0”时代。

随着互联网社交网络兴起，每个人都将自己的人际网络映射到网络。通过社交网络数据了解一个人的社交网络位置，可推测一个人的社会资本。由社交网络数据测算的“社交网络位置”将成为个人数字信用的重要部分。

第 17 章
寻找社交网络中的灯塔

> 另一个屋顶，另一个证明（Another roof，another proof.）。
>
> ——保罗·埃尔德什（Paul Erdős）

17.1 保罗·埃尔德什：从图论到社交网络的数学家

在讨论社会关系、连接、图论等本章重要理念时，离不开保罗·埃尔德什，因为他不仅与莱利（Alfréd Rényi）一起提出了随机图论数学，还在自己一生中践行和突破人际间连接的各种可能。他的理论和个人事迹，都蕴含了社交网络与随机连接的精髓。后人通过对其社交网络的分析，得出很多有趣的社交网络中的结论与发现。

如图 17-1 所示，埃尔德什一生中与 511 人合作过，共发表过 1525 篇数学论文[①]，是当代发表最多数学论文的数学家。1996 年 10 月 18 日上午 11 点，匈牙利官方举办了埃尔德什葬礼的纪念仪式，参与者多达 500 人之多。

图 17-1　保罗·埃尔德什

他献身于数学，一生未婚育。他在任何场所都能讨论数学，不管是婚礼、葬礼，还是圣诞假期，甚至是重大手术中。晚年，他在更换眼角膜的手术前，要求在手术中用另一只眼睛读论文，后来医生拗不过他，只能找来一位数学家在手术时与他讨论数学。在其心脏病住院期间，他经常在病房里与三组人讨论数学，一组用匈牙利语，一组用德语，一组用英语。生命末期，他仍在进行 25 国数学巡讲。直至去世的前两天，他仍然站在讲台上；在去世前 1 天，他还独立完成了自己的最后一篇论文。

他对数学充满热情，但对生活细节和物质却要求不多，外表邋邋遢遢像个怪人，但却极富同情心。他曾在一次数学同行的聚会上消失，后来发现他去楼上陪房主孤零零的失明老父亲了。他还曾在 20 世纪 80 年代支持大量有数学天赋的学生，其中包括华裔数学天才儿童陶哲轩。他曾多次与年仅十几岁的陶哲轩讨论数学，后来陶哲轩于 24 岁就被评为 UCLA 正教授，也是继丘成桐后第二个获得数

① 此数字来源于维基百科。另一个数字为有 485 个合作人及 1475 篇论文，此数字来源于保罗·霍夫曼的著作《数学情种——埃尔德什传》。中文版由上海科技教育出版社出版，由米绪军等人译。

学界诺贝尔“菲尔兹奖”的华人数学家。

埃尔德什经常拎着两个旧提箱，在全世界奔波，他是和全世界不同国籍的数学家合作发表论文最多的人。他平均一年要写 1500 多封关于数学问题的信，与所到之处的各类数学家合作研究，每到一处演讲，就能和该地区一两个数学家合作发表论文。

17.2　科学界的参考系

套用《鹿鼎记》中的一句话：“为人不识陈近南，便称英雄也枉然。”在整个 20 世纪，恐怕很多数学家都害怕听到：“如果你不认识保罗·埃尔德什，你就不是真正的数学家。”

数学家不认识埃尔德什和农民不认识他的程度还是有差别的。但数学家有数学家的方法，“埃尔德什数”是数学界流传的一个典故。即给每一位数学家赋予一个埃尔德什数：埃尔德什本人的埃尔德什数是 0；曾与埃尔德什合作发表过文章的人的埃尔德什数是 1；没有与埃尔德什合作发表过文章，但与埃尔德什数为 1 的人合作过的人的埃尔德什数为 2；与埃尔德什合作过的人的合作人合作，则埃尔德什数是 3；以此类推，没有以上关系的人的埃尔德什数就是∞。在埃尔德什活着的年代，任何一位著名数学家的“埃尔德什数”都不会超过 10。

大量数学工作者都以将自己的埃尔德什数降到很低为荣。随着埃尔德什 1996 年的离世，埃尔德什数为 1 的人被永恒定格在了 511 个人。不仅是数学界，在科学界由于与埃尔德什合著过论文，使得大量的其他领域的精英也具有有限的埃尔德什数。如杨振宁的埃尔德什数是 4；计算机与人工智能之父阿兰·图灵的埃尔德什数为 5；微软创始人比尔·盖茨的埃尔德什数是 4。埃尔德什成为了科学界的坐标原点。

如果将与埃尔德什合作过的 485 人画在一张纸上，每个人作为一个点。如其中有两两合作的，则连成一条边，根据合作情况共画出 1381 条边。如图 17-2 所示是 SNA（Social Networks Analysis，社交网络分析）方面专家瓦尔迪斯·克雷布斯（Valdis Krebs）将埃尔德什的合作者画出的网络图。

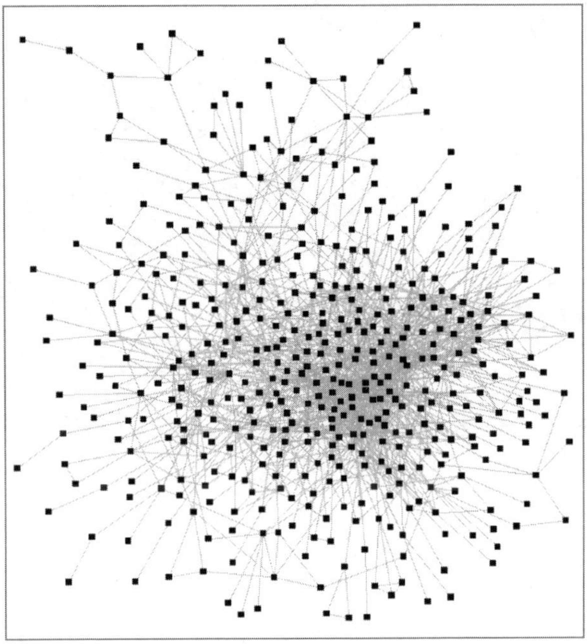

图 17-2　与埃尔德什合作者构成的网络

这幅图还衍生出社交网络在数学研究中的妙用。在分析某类问题时，只需将之前素未谋面、专研于不同方向的两个合作者凑在一起，邀请他们联手，就多半能证明一个定理，而这篇论文填补了数学中的一个空白领域。

由于埃尔德什个人的特点，使其成为了大的科学体系中的一个参考点。他如同是数学思想的布道者，成为了 20 世纪科学家体系中的一个重要的社交“枢纽”（Connector/Hub）。也正是因为这个特点，埃尔德什数以及埃尔德什合作体系，可以囊括数学家甚至科学家社交网络中更多的人，成为了这个体系中可以记录自己社交位置的一个参照物，有了他，这个网络里的个体，就都有了自己的坐标。我们可以用 1,2,⋯, ∞作为分隔度，来表示自己对于参照物的位置。

17.3　不同的圈子，相同的规则

不仅仅是科学论文发表人的签名记录的体系，生活中有大量署名体系可供追溯。比如，在影视剧演员表中也可以找到演员的人际网络参考系。

在电影界，凯文 • 贝肯（Kevin Bacon）一度成为了好莱坞的“中心”。每个好莱坞演员的“贝肯数”一般不超过 3。很奇怪，他不是大牌影星，如果不是资深影迷，恐怕都不会知道他。一位影迷这样评价他：“不管演什么都很到位，可惜主演的影片都不出名；出名的片子都不是主演，万年最佳男配角。”而正是因为这种特点，使得贝肯介入了大量的影片和影视节目。和埃尔德什一样，贝肯的影响力已经不只在美国电影界，有很多你想象不到的人拥有“贝肯数”，比如奥巴马的贝肯数为 2，史蒂夫 • 乔布斯为 2。

对于好莱坞的普通演员，41%的演员的合作伙伴仅为 10 个，而整个演员群体的平均数是 27。但是贝肯的合作连接数高达 1800 多个。有人惊叹，如果不是因为贝肯这样的社交枢纽，可能整个好莱坞的“分隔度”将大大增加。

但根据学者的研究，贝肯并不是好莱坞的“中心”。根据当时的计算，罗德 •斯泰格因（Rod Steigerin）排名第一，他与所有其他演员的平均分隔度是 2.53；而贝肯排名第 876，他的平均分隔度是 2.79。整个好莱坞体系是由这些大的“枢纽”所连接的，如果某些“社交枢纽”突然消失，整个演员体系会分裂为很多的小团体。

同样，真实社会中的“六度分离”也离不开这些“枢纽”，由于他们的存在，使得社交网络整体的分隔度不断降低。

17.4　社交网络参考系

在科技界的网络中，对于爱因斯坦、居里夫人、伦琴、爱迪生、普朗克这样伟大而著名的科学家、发明家们，可能不需要用这样一个标尺进行衡量。但是大量的普通科学工作者，如果想知道其在科学体系中处于什么位置怎么办？这时爱因斯坦、埃尔德什等这些时代里伟大的人，就成为了科学家体系中的灯塔，可以作为参照物，定位其他科学家所处的位置。

与这些参照物的关系就可以更准确、更多维度地判断，比如上节提到的埃尔德什数，就成为了评定一个人在科学家体系中位置的简单指标。如果不考虑一个科学家的科研水平，而仅仅确定他在社交体系中的位置，这种指标就具备很强的参考性。

当然埃尔德什数不能全面地判断一个人的位置，如果可以拓展到一个体系中的一些重点人物作为参考坐标，则可以更准确地衡量一个人在某个领域的位置。比如将体系中的人物增加到几十人，如图 17-3 所示，算出此人在这个体系中，相对于这几十个人的分隔数，就能初步判定他所在的位置情况。其中，地位权重是这个人在圈子中的影响力或权威性；分隔数与连接强度成反比，图 17-3 中的希腊字母为分隔数调整因子，调整与不同人的分隔数，计算结果就是此人的圈内影响力。

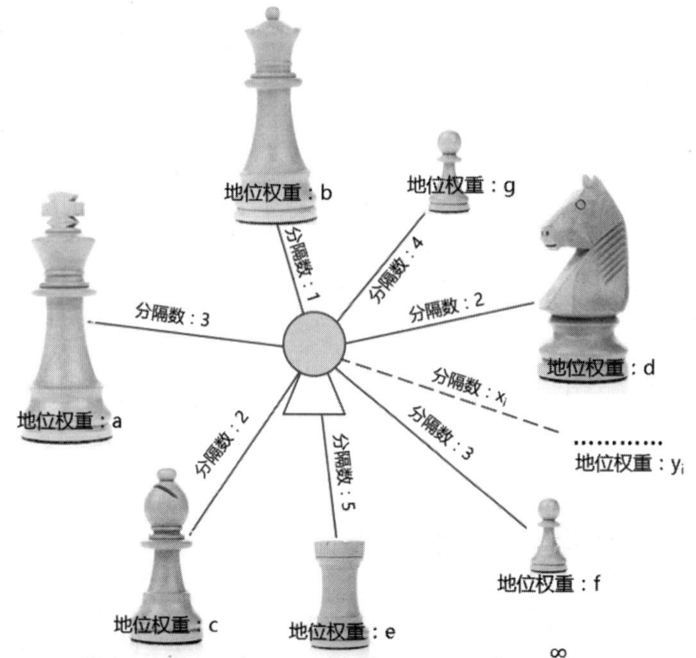

$$\text{圈内影响力} = \frac{a}{3^{\alpha}} + \frac{b}{1^{\beta}} + \frac{c}{2^{\varepsilon}} + \frac{d}{2^{\zeta}} + \frac{e}{5^{\theta}} + \frac{f}{3^{\gamma}} + \sum_{i=0}^{\infty} \frac{y_i}{{x_i}^{\mu}}$$

图 17-3　根据体系内标杆人物与分隔确定被评定人的网络位置

埃尔德什数完全来源于论文体系，通过不同论文的署名情况进行判断，这是一个严谨的科学体系。这套科学体系就像一个坐标系，每个科学家都有自己的坐标位置，可以比较客观地反映科学家的社交位置。

论文署名体系可以很精确地计算出一个人在科学家体系中的位置，但不是完整的社交体系。从论文发表的角度来说，埃尔德什母亲的埃尔德什数也只能为∞。如果埃尔德什数不仅体现在论文体系，而且拓展到整个埃尔德什的社交体系，那么她的埃尔德什数将从∞变为 1。

按照真实的人际网络对一个人的信用价值进行测算，就应该从分析真实的人际网络入手。

第 18 章 世界真小：传统熟人关系网络的信用背书

人的本质是其一切社会关系总和。

——卡尔·马克思

18.1 我们的关系原来这么近

即使在人口流动频繁的今天，从三线到五线城市，往往会有这样的经历：与久居本地的两个陌生人打交道，往往不超过 3 层关系，就会发现双方的人际联系。经常出现这种情形，同学的父亲可能刚好是你妈妈同事的大哥，你的高中老师刚好是你姨当年的班主任等。

以 1950—1970 年出生的人为准，简单测试一下这种现象。中国 1960 年的生育率为 3.8 左右，传统熟人社会的关系网络的基本单元为父母、兄弟姐妹、爱人、子女。

假定一个人传统的社会关系如图 18-1 所示，A 的兄弟姐妹 3 人、全家 5 人；家庭关系亲近的邻居或亲属 3 户；拥有小学同学、初中同学、高中同学、工作同事等 5 个圈子，每个圈子 30 人左右，不同圈子认识的人重合比例为 30%，即每阶段新认识 21 人。其他朋友 25 人。关系密切家庭的共有关系重合比例为 20%。

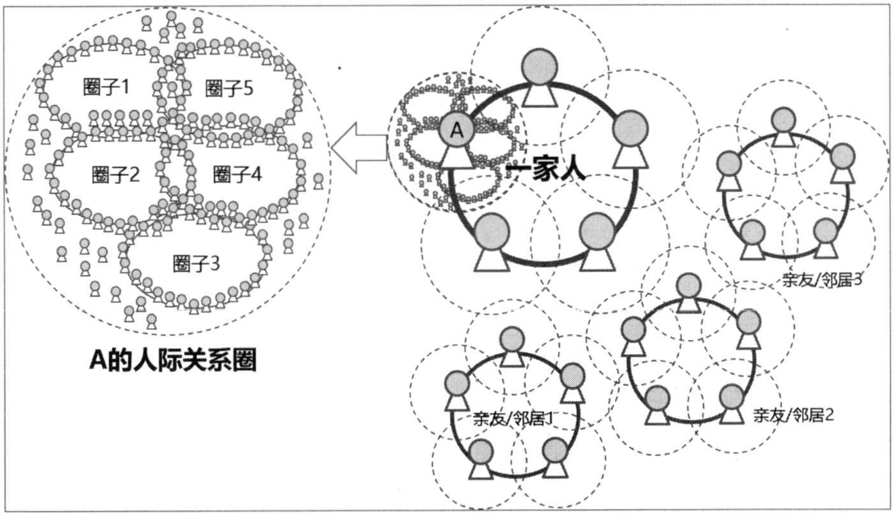

图 18-1　一个人社会关系的组合计算

一家人所覆盖的传统关系如下：

- 每个个体的关系网络人数：5 个圈子×30 人×（1-30%）+25 人=130 人
- 每个家庭的整个社交关系数量：130 人×5 个家庭成员×（1-20%）=520 人
- 亲近家庭总的社交关系数量：4 家×520 人×（1-20%）=1664 人

这是以一个家庭为核心，一个较紧密圈能扩展的熟人关系数量。在这 1664 人中，每个人都具备这样一个圈子。圈子和圈子，就如同雨点打在湖面上产生的涟漪，环环相连而重合。如果能构建两个这样完全不重合的熟人圈，需要至少 1664^2=2,768,896 人，这基本是一个三线地级城市的人口数量。也就是说，以目前的人际网络构成，在中小城市中，你总会发现上文所说的现象。一家人构建的社交圈，基本能覆盖一座城市。

一直以来，人们认同的仅仅是这个大的城市共同体。城市作为国家和民族的重要单元，大规模的人群生活在这块地域，说一种方言，钟爱一类口味，共读一份早/晚报。这使久居一座城市的居民，有身处这个共同体之中的感觉。在大城市里，我们不知道彼此在做什么，然而却被想象为一个共同体。我们曾一贯认为，虽然整个城市的人际网络规模庞大，但能够交往的圈子也仅仅是一小部分的身边朋友。

但依据上述的推算来看，每个人周围的圈子，都是这个大网络的一个重要组成部分。从这种意义上来讲，大家生活在一个共同的人际网络内。两个人实现中的工作生活可能毫不相关，生活轨迹也没有重合，却暗地相连。

18.2 从人情关系到社会资本

在这个复杂的大共同体内，大家分工协作与交往。不仅由于工作、生活、血缘而相连，也因为志趣、情感、理想、追求等相连，组成一张大网。

人的信用便蕴含在这张网络中。中国人尤其重视人情的礼尚往来，使得人情像是一种投资。这些基于人情的你来我往，使得整个大共同体中充满了基于人际网络的社会资本。社会资本分为宏观、中观和微观，大到国家集体，小到家庭个人。如无特殊说明，本章所讨论的社会资本是个人的微观社会资本。

社会资本作为一种资本工具，有几种可能的回报：经济回报、政治回报、社会回报。每一种回报都可以视为行动者新增加的资本。经济回报很简单，就是关于收入、财产等财富的回报；政治回报由他在人群中的等级地位体现；社会回报指个人名誉。社会资本还会有为人带来幸福感的情感回报。除此以外，在当今的信息社会，社会资本还体现出信息回报。由于其回报的效应，有必要对其进行测量、分析，并把其作为一种资产，进行评估和使用。

与以货币衡量的物质资本对比，社会资本更多地存在于一个人的亲密关系、朋友关系、熟人关系的底层信任及动员能力中。个人的社会资本包含两个层次，一层是动员能力的人际关系与网络资源等同的物质资本总价值，比如一共能借多少钱、能争取到多大的资源；另一层是由于个人的存在带来组织效率提升，比如凭借个人经验、魅力、审美、沟通、文化底蕴等，为别人带来的幸福感、互惠互助等非货币化的价值。

这两种层次的社会资本都可以被认为是个人信用，是社会资本的重要参考，也意味着获得可持续可靠的回报。

18.3　无中生有的信用

基于人际网络的信用能够无中生有。从王安石的“青苗法”到穆罕默德·尤努斯的孟加拉乡村银行的无抵押贷款，均有 5～10 户为保的要求。这种无中生有的信用，是其他物质资本的源头，本质是这群人的社会资本与未来生产力。

在中国传统商业思维中，以人的网络为核心的关系价值高于货币价值。传统商业准则的排序是：义、商、利。见利忘义、见利思义、利不亏义、无商不利，从词义褒贬都看得出这个次序。在中国传统的文化基因中，被认可的“利”源于文化中的义气、关系、信用，而基于货币概念的“利”产生在最后。

货币作为价格标尺与清算媒介，涉及交往、礼金、赞助部分，这些用来记录人与人之间的所得和所欠的信用。礼金成为亲情、友情、熟人关系间“人情账”的一种关系计量标准，其本身只能记在各自心中，因此这种“人情账”又存在极大的不对等，没人能真正说清楚自己在对方心中到底值多少“人情账”。

“人情账”的本质也是一种个人信用，实际上，社会的人与生俱来自己这部分信用。不同种类的个人社交数据会记录下不同的个人交往情况，可以将这些社交数据变为数字信用，合理发挥人际网络的价值作用。

18.4　可测算的封闭网络

一个人的信用关系及社会资本是否等同于多少资源、能贷多少款？这是一个很难回答的问题。如果回到相对封闭的、人数较少且相互之间联系紧密的古代中国村落社交体系中，则比较容易估算。

中国的基层社区单位是聚族而居的村落。社会最小的单元是一户人家，但出于合作、安全、互助等目的，一个村落一般由三户到几千户构建而成。

古代乡村是熟人社会，村里并不重视契约精神，而是认同熟人关系与传统的礼制。乡土的信用从来不对契约重视，而只是对行为规矩熟悉到不假思索的可靠性。这种惯性阻碍了向现代社会的进步，因为现代社会是陌生人社会，流动性很强，传统的礼制没有办法在这种环境中生长。

家族之间的经济关系结构，经常随着亲属和邻里之间合作的联系而变化。那个时代的中国，财富体系派生于村落的人际网络。在乡村中，个人没有真正意义的私有财产，财产属于家族、氏族、村落。直到分家或氏族瓦解，财产才算是真正地分割到家庭，但依然不属于个人。

依上所述，村落的社交关系中注定不存在“跑路”现象。一是几代人常年住在村里，谋生方式单一；二是村落的社交体系是封闭的，很难接受陌生的外来关系；三是村落内的社交关系紧密，“跑路”后若与村落人联系动用任何原有的关系，都会传回村子，很难“人间蒸发”；四是产权不归个人且由关系担保，与“跑路人”血缘最近或关系最好的人，注定受到牵连。

一旦欠债无法偿还怎么办？高晓松曾讲过一种可能：通过正式的磕头方式来解决。如在今天，如果磕头可以解决债务，就不会有那么多“跑路”的。但并不是说磕头可以债务抵赖，而是因为在村落社会中，任何信息都得以口口相传，以致于此生磕头认输抵债，相继几代人都无法抬头做人。村落中存在一套口口相传的“负面记录”，磕头抵债算是村落社交信用下的“破产体系”。

综上所述，地缘要素、礼制习俗、近亲血缘、家族关系、口碑体系、儒家文化的结构基础与长老权力构建了村落社交的基础。基于这套体系，使得封闭的村落式社交网络，可以根据村里的资本对每个人的信用进行清算，一个人的社交网络等同于多少资源便可以大致估算出来。

18.5　熟人网络下的信用体系

虽然无法科学地估算自己的社会资本，但是古代中国依此演化出这套信用体系，很好地支撑了几千年的基层组织合作与发展，现在看来也不失为设计精巧的“信用生命体”。

对于封闭的村落社交体系来讲，人际网络变化造成的社会资本变化，影响着每人每户对村里财产的占有情况。虽然村落内部人与人的分隔度很低，但社交体系很脆弱，人际关系也存在矛盾与不稳定性，难以抵御内外部重大变迁的影响，只要某些人际间的连接发生变化，村落也会发生巨大变迁，这种剧烈的波动也成为很多文艺作品的素材。

近些年，中国传统村落体系也遭遇了几次变迁。大量研究报告、新闻报道鲜明地指出，传统的村落中的人际网络正在发生变化。由于文化基础动摇、人口空心化、外界的影响等引起价值观变化，使得传统村落离血缘与熟人社会越来越远。很多村落正在从尊长有序的秩序中退出。对于当前社会，一些县城和小城市，可能更贴近传统的村落社交与熟人社会。

温州人这些年的财富增长可以看作村落社交和熟人社会的写照。熟人网络、地方团结、艰苦奋斗的底层文化因素，以及对人际关系网络与熟人网络不假思索的“信任”精神，作为温州的社会资本，孕育了经济资本的土壤。

温州无抵押的民间金融，都是依靠亲友等社会关系+传统规矩来维持和运转。人际间的社交信用是熟人社会之间可以畅通无阻的通行证。在温州借钱，经常一个电话，说好利息与期限，很快就能到账，有时连字据都不签。一旦存在可信任关系，社会规矩与人际关系的约束远远好过抵押和契约。

这种信用的资金融通高效并可靠，在运转正常时远高于金融市场效率。使温州人在近些年进入了富者恒富的正循环。数字信用的出现，使普通人也可以实现这种高效的转化。随着社交数据的存储和计算成本越来越低，社交信用将成为数字信用的重要组成部分。

18.6　社会资本的传统测量方式

社会资本的传统测量方法如互动法和角色法等，是根据一个人的社会关系估算他的社会资本。在测算中，连接的强度是一个多维度指标，连接强度是概述关系特征的时间量、情感紧密性、熟识程度（相互信任）和交互服务的复合体。强连接代表与生活工作中紧密接触的人的连接，比如重要的亲人、密友、同事；弱连接则代表与接触频率较低的熟人、一般朋友之间的连接。

- 角色法则是根据网络成员与被研究者的角色关系来判断关系的强度，如“朋友”被定义为强连接，而“熟人”则被定义为弱连接。如图 18-2（a）所示。
- 互动法依据如下指标进行评测：

① 关系人的“角色类型”；

② 关系人与被调查者的社会距离；

③ 关系人与被调查者认识的时间长短；

④ 关系人与被调查者的交往频繁程度；

⑤ 关系人与被调查者共同从事社会活动的情况；

⑥ 关系人对被调查者的关心程度。如图 18-2（b）所示。

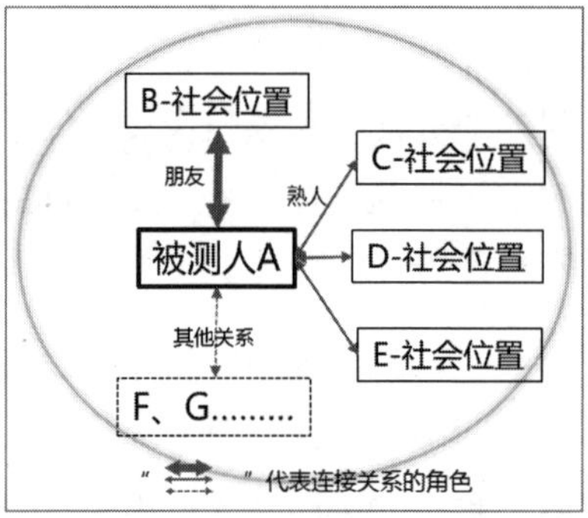

（a）角色法测量社会资本；

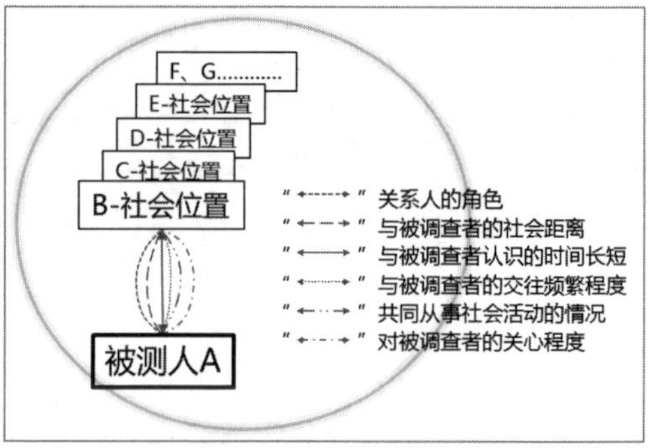

（b）互动法测量社会资本；

图 18-2　社会资本的测量

社会资本在某种意义下的重要度，要高于以货币为核心的物质资本。物质资本作为客观存在，也需要借助人力与人际网络，进行加工、生产、交易才能够变为被人认可的资产，真正体现出物质资本的价值。

目前社会资本的很多成熟研究结果主要应用在人才选拔、组织招聘、产品推广等。通过衡量不同的人和群体的社会关系，判断不同人的价值，并做出符合组织利益最大化的决策。

以关系测量方式为基础、利用社交类数据讲述社会资本的网络测算方式，以此得出的结果更符合实际的个人社交类数字信用。这种测算只适合运用在有限范围、关系已知、封闭的网络中，如公司、团队、社区等社交体系下。

古代村落的封闭社交体系中的社会资本很容易测量。但对于当前的开放城市甚至全球化的大经济体中，社交网络十分庞杂、瞬息万变，社会资本的测算和量化较难。但随着社交网站和工具、移动互联网与智能设备的发展，全球正在变为一个连接更加紧密的网络，进入一个人与人连接更加简单高效的“交往时代”，本书将其称之为“地球村 2.0”时代。

第 19 章 从交通到交往："地球村 2.0"时代

海内存知己，天涯若比邻。

——唐，王勃·《送杜少府之任蜀州》

19.1 从乡村到"地球村"

在中国几千年的变迁中，乡村的流动性十分低。尤其是古代中国的村落，大多数人只要出生在某个村落，除了科举、经商、嫁娶等原因外，终身就都生活在这里。好处是可以随时找到村里的任何人，并与之面对面交流。村落是文化治世下，依靠人治管理的简单人际网络。

与乡村的稳定不同，城市在人群聚集之初，就产生了人口的流动和商品的交换等动态活动。城市间又产生了信息与更大商品的交换行为，组合了大规模的人类合作形态，并成为了众多乡村的枢纽，随之演变为管理乡村的上级机构。

自 20 世纪初，科技加速发展，使得人类交通、通讯、媒体等发生了剧烈的变化。加拿大传播学大师马歇尔·麦克卢汉（Marshall McLuhan）1967 年首次在他的《理解媒介：人的延伸》一书中预言性地提出了"地球村（Global Village）"的概念。如今成为了一个世界范围耳熟能详的词。

麦克卢汉提出，媒介是人的延伸。他列举了 20 余项媒介，诸如语言、文字、货币、报纸、照片、电报、广播、电话、汽车、飞机等，所有工具都是人的延伸。文字和语言组成思想，能够被记录并传播，让人的统一和归属感从村庄扩大到民族和国家；火车、汽车、轮船、飞机成为人的双腿，活动范围从地区扩展到全世界，使人类可以快速到达目的地；电视、媒体让人短时间内了解资讯，成为人的眼耳鼻舌身。

他还认为，媒体即信息。人类从远古的村落一路走来，经历了从口语媒介向印刷媒介的转换。以语言为代表的口语媒介带来的是人的合作共同生产生活的村落社会，而印刷术所代表的印刷媒介带来的是思想信仰统一的城邦与国家。随着电子媒介的发展，全球步入"地球村"时代。人类借助于媒介改变了自己，电子信息与传输等又推动了人的流动和信息的传播。

麦克卢汉还预言再部落化源于信息的快速传播，事物倏忽而来、转瞬即去，使我们失去理智思考，丧失纸媒时代带给人们的理性。他的分析符合当时社会现状，但他只看到时间空间形式上的"地球村"，凸显了交通便捷与信息传播的快速性，却遗漏了人与人交往的"村落化"。

19.2 "地球村 2.0"时代

随着人类不断的发展与文明的升级，在地外文明被发现前，人类必然会发展到文化统一、物质平衡、人际连接有限的"地球村落"。人类正在进入这个"陌生而又熟悉"的社会，随着网络的发展和信息技术的更新，使整个人类进入全球一体的"大封闭人际网络"中。看似陌生，实则相互联系，虽然不能随时面对面交流，却具备随时相识相知的机缘。

在现实生活中，城市中的人们很难再回归乡村生活，普通人的人际网络并未改变，每人约有 30 个强连接和 150 个的弱连接。但借助于互联网媒介，在网络空间里可以随时检索一个人，网络中这个人的信息，就如同过去乡村中的口碑体系。实时更新的信息就如同乡村网络的口口相传，保持着对所有人的了解与更新。

新的“村落”中，人和人的关系并不是真的变成过去村落人际关系那样近，而是他们可以很近。社会关系中“陌生—熟悉”的分工合作，源自于整个社交网络作背书，以及他们对数字信用与人性背后的普世价值和真理的认可。从时空概念的地球村升级为人际网络概念的地球村，这种状态本书称为“地球村 2.0”。

“地球村 1.0”时代是“强连接”时代，人与人之间仍主要靠面对面的相知相识来建立联系；“地球村 2.0”融合了互联网“强连接+可能的强连接+弱关系”的交流时代。除了人与人面对面的交流以外，还通过网络建立联系，并初步了解与熟悉，通常在见面前就有了认识和熟悉的信息基础。

从古代乡村到“地球村 2.0”，基础元素是人类几千年一直沿用的物质基础，比如文化、信仰、血缘、身份等。乡土生活无须身份证；都市生活却少不了姓名录、通信簿等，经常接触陌生面孔确实需要这些信息。乡村人际网络简单且封闭，不需要额外工具来认证。

地球村 2.0 时代需要有更高级的工具来维持不变的基础，比如 Web 2.0 的互联网、覆盖人际网络的社交网络、成熟的智能设备、捆绑个人身份的数据系统、成熟的云存储与计算技术等，如表 19-1 所示。

表 19-1　中国古代村落与现代“地球村”人际网络的类比

古代村落与现代“地球村”的社交网络基础对比	中国古代村落	现代“地球村”	“地球村 2.0”社交网络
统一的文化底层基因	儒家文化、尊长秩序	有限分歧的普世价值，自由、公平、民主、博爱、法制等	更统一的普世价值
人际关系的物质基础	亲戚、血缘	契约、法律、文化、	人际底层信任
统一的身份识别体系	面相语音、姓氏、鱼符、牙牌、身份文书	身份证、护照、军官证等证件	个人数据+指纹+声纹+虹膜+DNA+……
信息的共享体系与身份体系	口碑体系、传诵体系	征信记录、黑名单	互联网、大数据、云计算
信用创造的原点	家族、村落关系	个人身份、熟人网络	电子化的完整社交网络

中国古代村落是未来“地球村 2.0”信用体系更好的研究样本，其具备资源、社会资本、人员、信息等要素。西方学者有大量社区人际网络的研究样本，但社区这个半开放的系统并不完全匹配“地球村 2.0”。解剖几亿数量级的社交网络，中国古代村落社交网络作为样本的分析，更符合实际。

19.3　分隔度塌陷与再部落化

相隔万里两个部落的人组成的网络，与古代村落中几百人的网络，本质上是分隔度大小的区别。人类从 20 万年前的同一位母亲，到分散在各大洲的老死不相往来的不同氏族，再到将要到来的"地球村 2.0"时代，人类经历分隔度从 1 到无穷大，再回到"六度分隔"的现代社会。

以"六度分隔"理论来讲，古代同村人的分隔一般是 1。古代中国是典型的金字塔形的结构，参考目前政治层级，将古代也分为国级、省/部级、地/市/厅级、县/处级、乡/镇/科/居委会级、村/社区级，以此分析古代中国的分隔度。

古代中国的人口流动性很弱。村里人与外界的连接稀少，主要靠村中长老领袖或为数不多的人与外界接触。在流动性无法建立两人之间的连接时，就以层级弥补，向上推一个层级，通过可能相识的上层来连接，直至追溯到相同级别中认识的人。

分隔度取决于流动性与层级。没有流动的社会的人和人之间的分隔度很高。如图 19-1 所示，古代中国两个不同地域的村民分隔度可能在 8～11 之间。这对于幅员辽阔的古老中国来说，已经是一个了不起的统治成就。

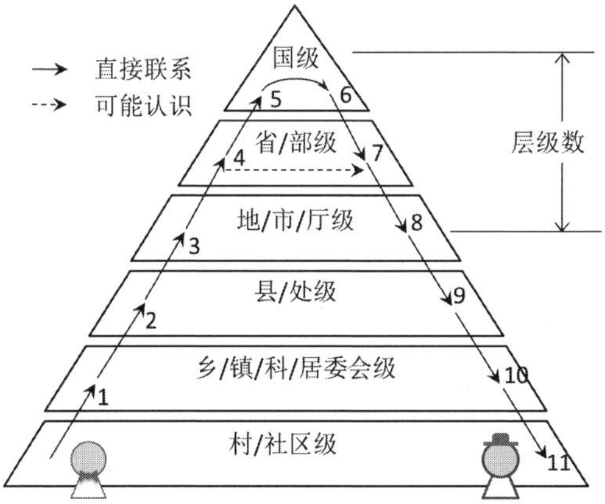

图 19-1　古代中国：不同区域村民的分隔推理

对于当时的社会来说，若统治的层级为 n，则任意两人的分隔度≤$2n$-1，所以两个村民的分隔度最多可能为 11。处于塔尖的统治阶级与国内任何人的分离度≤

层级 n；一个市厅级的官员与全体人民的分隔度在 2～8 之间。

为何传统思维中官员的地位高？因为官府作为国家的管理机构，官员作为政府代表或某类组织的总协调员，使其成为所在层级与整个社会分隔度最低的人。一个人级别越高，则其与全社会所有成员的分隔度越低。

这就意味着整体社会的分隔度降低，组织的活力增加，大多数人的社会资本提升。在金字塔结构中，跨层级、跨地域的人员往来会降低社会的分隔度，所以在开明盛世下，大多政清人和、平民稳定地流动。

随着科技的进步与人类发展，人际网络分隔度正在不断塌缩，社会结构逐渐从金字塔结构向网状结构变迁。20 世纪 60 年代社会心理学家斯坦利·米尔格拉姆（Stanley Milgram）从 296 个样本的“寄信实验”中得出结论：每个活着的人通过六个朋友就能找到美国境内的另一个人。六度是美国社会 20 世纪 60 年代发展水平所形成的分隔度。

社交网络让世界变得更小，更小的分隔度优化了人与人连接的效率和组织协作形式，使网络的社会资本不断向更高的可能值运动。

地球整体的社交网络会不断趋近更低的分隔，Twitter、微博，可以直接关注任何人，是单向的 1 度分隔，互相关注是双向 1 度分隔。还有仅双向 1 度分隔的社交网络，如微信、LinkedIn 等加好友时，如果具备一方审核功能，添加为好友就是双向的 1 度分隔。保存对方的电话号码是 1 度单向分隔，互相存有对方号码是双向 1 度分隔。

当今世界的各种特殊人群，已经率先实现了 1～2 的分隔度。这种现象在特殊疾病的病友之间特别明显。由于其人群规模较小、标签明显，病友及家属之间分隔度已达到 1～2。

19.4　几亿人的村落生活

分隔度的降低，不仅是平均值的降低，而且分隔度还有可能变为 1。这与过去封闭的村落社交关系类似，人的交往精力总是有限的，穷其一生也无法与地球上的每一个人交流。一个人的强连接对象一般只有 6～30 人，即使是古代村落，也不可能与所有村民都保持连续深入的沟通，而仅仅与所有人保持着 1～2 的分隔度，具备随时与村里任何人沟通的可能。

如何让一个阿拉斯加的爱斯基摩人与毛利岛民成为 1 度分隔的社交关系？这个在过去是根本不可能的事情，如今正变成现实。只要连接网络，在 Facebook 上找到对方，并发出加好友的请求，然后沟通并交往。未来出现的分隔度将是不同网络空间的分隔，是不上网的人与能上网的人的分隔度。

在人际网络分隔度为 1 或 2 的关系中，人与人存在着信用融通、信息共享、权力转换、互相影响等。比如结婚这种人生大事，在现代化的城市中，会用随礼金的方式来为朋友提供一部分资金融通；而在古代乡村中，通常是张三李四帮忙盖新房，王五杨六帮忙做婚宴，刘七赵八帮忙提供食材，大家通过贡献劳动或物品的形式提供一部分信用融通。

中国人一向十分认可“关系”。在普通人的印象中，“关系”与社会资本的概念差不多，且特指能够借钱或行使便利之类的人，这种关系的效用也源自于人际网络的承载。当然，人际网络除了承载关系，还有其他特点，如表 19-2 所示，这些规律在测算数字信用时，也会影响到网络里的每一个人。社会资本一词的关系与网络之争，在此可得到统一。

表 19-2　人际网络遵循的规律

网络效应	“传真机效应”，人际网络中新增一个节点，对圈子里每个节点都有影响
越用越有	增加沟通、互相帮助可以提升总的关系信用，增加网络的社会资本
无限责任	“近朱者赤、近墨者黑”，一个人的优劣会影响与其分隔度 1～2 网络的数字信用。被划入黑名单的人，会拉低其周围整个网络的社会资本
底层文化	不同的底层文化基因信任，影响不同强弱连接双方的关系信用与社会资本

中国具备“巨大规模村落”式社会的优势。相比于欧美体系中的“客观信用”，中国人更介意“关系的信用”，更在乎自己圈子的人怎么看待自己，而不在乎陌生人眼中的自己是什么样子。

数字信用将成为“地球村 2.0 村民”的个人证件，也是“陌生—熟悉”社会运行的基础。如果与陌生人交往，影响自己在圈子里的口碑，就能够大大避免当前陌生人社会中各类侥幸心理的作恶行为。

随着陌生人社会向“巨大规模村落”中的转变，不断缩小的分隔度意味着人际网络的边界有限，网络中每个人都更加真实和紧密地连接在网络内。每个人的联系、可拓展的联系、可能产生的联系等，都是网络的一部分。进入这个时代，基于社交的数字信用来源于自己的圈子，自己的所作所为也会影响身边人的信用。

第 20 章 量化社会地位：人际关系网络的数字化

> 社会关系可以被组织或代理人确定为个人的社会信用证明，部分社会信用反映了个人通过社会网络与社会关系——个人的社会资本，获取资源的能力。
>
> ——林南·《社会资本》

20.1 “位置”的三层含义

提到“位置”，大家通常想到的是职位。除了职位（Position）以外，还包含一个人在社会中的社会地位（Social Position），以及由人际关系图抽象计算后的社交网络位置（Location）。

职位如省部厅局各级领导、各协会主席、公司总监或经理等；社会地位覆盖了一个人的职业（医生、学者）、专业性（教授、工程师、协会或组织会员）、家庭（父母、兄弟姐妹）、兴趣（俱乐部或其他组织成员），以及其他社会属性等。

职位与社会地位是影响一个人社交网络位置的重要因素。

社交网络位置不是具体的位置，而是复杂的人际网络中，某人与每个人交往的综合平均情况。社交网络位置高，相当于一个人可以通过最少的传播路径，将自己的影响力拓展到整个网络。其涵盖的内容很广，一般指社交枢纽或群体边缘人等，包括经常提到的大V、网红这些概念，往往体现为人气、人缘、声誉、亲和力、受尊重程度等。

社会地位在很大程度上影响了社交网络位置，但社会地位≠社交网络位置。尤其是职位，很多没有职位的人，却在人际网络中占有举足轻重的位置。如同保罗•埃尔德什，虽然他没有响亮的头衔和至高的职位，但不影响其在科学界的地位、影响力和号召力。社交网络位置更是他身份和交往的抽象和统一。

时代的发展也使得社会从金字塔结构向网状结构变迁。职位的效用在变弱，象征着社会地位的服饰、称呼等标示身份的记号影响也在减弱。而代表影响力的社交网络位置变得重要起来，但这个看不见摸不着的概念还很难被直觉感受。

要客观准确地测算这个位置，就要使用可量化的信息来判断，使用可记录的数据进行评估。对社交网络位置的推算来源于两个基础：连接（Connections）与沟通（Communications）。连接主要包括有无和单双向；沟通的方式则多样化，有语言、文字、表情、环境、礼节等形式与内容，还有时间、频次等，都构成了计算此类数字信用的有效数据。

20.2　从社交网络位置到数字信用

受到职位和社会地位影响的社交网络位置，无疑从侧面反映出一个人拥有的社会资本。因此，进行严谨测算后的社交网络位置，可以成为数字信用的一部分。

在芝麻信用分中，“人脉关系”占5%的评价结果，芝麻信用得分的算法是一个黑盒，测算方法保密。对于信用上的社交位置情况，可以将社会地位的较高的人信用评分作为标杆，利用已知的整个社交网络，通过与朋友之间的转账、交流等信息，扩散式地计算和评估网络中每一个人的信用。

以目前的提升芝麻信用攻略与拥有的社交数据来看，芝麻信用人际网络测算使用的简单加权方法，有一定局限性。比如两人都有同样土豪的 10 个朋友，目前测算的评分结果可能相同，但实际上：

（1）评分相同的两个土豪，可能掌控的资源不同；不同的人能够调集的资源不同。

（2）即使两个人拥有 10 个相同的朋友，不同的人与其关系不一样，能调动的资源也有差异。如何通过与朋友的沟通数据，分辨出和土豪关系更好的人？仅使用简单的测算方式无法准确给出这个结论，若考虑一个人身后的整个圈子，以及他每个朋友身后的圈子，测算会更加复杂。

随着各类通信技术的普遍应用，沟通的信息被低成本地记录。而且随着沟通的记录信息的完善、大数据和云计算技术的出现，我们已经可以将一个人的强连接和零度连接纳入评价的测算中。随着计算能力的不断增强，强连接关键人的圈子社会资本，以及其他强连接人的连接的社会资本也可以加入到测算中。这些连接对目前测算的影响权重虽远低于直接的强连接和零度连接，却对最终结果有很大的影响。

20.3　社交网络数据

早期对社会资本的测算研究，大多依据抽样问卷调查的方式，分析封闭的小范围的人际网络情况，分析的核心内容是一个人的社会关系。在测算关系的时候，通常不考虑人与人真实的沟通情况，仅将“关系和强度”赋值计算得出结论。

随着数字化通信成本的降低，越来越多的人使用电话、网络等通信工具，人际网络正在被越来越精确地映射到数字社交网络上，数字化的社交网络可以越来越准确地判断一个人的社会网络位置。真实的人际关系网络决定着一个人的社交网络位置，而社交网络位置能反映其真实的人际网络位置。

通过互联网沟通的大量信息存留在网络上，每种社交工具在社交网络位置评定中所占的比重，等同于此人使用其沟通的比例。

电信运营商、微信还具备实名认证的坚实基础，实名制与社交网络对真实人际网络的反映，使得社交网络蕴含的数字信用越来越真实与可靠。

当人们借助数字化社交工具对人际网络投入精力并进行维护时，也使自己的社会资本获得了增值，得到更多经济回报、政治回报、社会回报、情感回报与信息回报。当这种付出可以高效地收获回报时，社交网络数据与测算方式就成为数字信用的重要组成部分。

20.4　社交网络位置的测算

由于社交网络的规模十分庞大，在测算某一个人真正所处的社会地位时较难着手。可以借助数字信用已知的人，使用滚雪球的方式，一层层计算其分隔度为 1 的人的数字信用情况，直到测算完每一个用户。在数字化的社交网络中，每一个用户都存在于系统中，不存在样本及抽样的问题，使用滚雪球的方式可以逐一测算每个人。

依据“六度分隔”理论，一般不超过 6 层的计算，就可以算出社交网络中绝大多数用户的社交网络位置。也可以从不同局部的微观层次计算，逐步使用滚雪球抽样的方式对社交网络用户进行链式测算。

可以先在整个社交网络中选取一些确定性高的人士，如图 20-1 所示，以 A/B/C/D/E 五人为标杆，如同是社交网络的灯塔或砝码。以这些核心为网络基准，根据其他人与其连接和沟通的情况，依次推算，可测算出 F/G/H/I/J/K/L/M/N/O 的社会资本。再以此为新的基准，向下推出下一层对网络中的所有人的量化值进行推导和测算，得出量化的社会资本。

在推算过程中，要针对连接和沟通的动态数据，先对与标杆近期沟通较多、频率较高的点进行测算，再逐渐对沟通较少、较早期的数据进行测算，最后计算只有连接的数据。联系与沟通的强度相当于影响因子，联系越弱，影响越小，最终，会遍历到所有的人。随着计算的雪球越滚越大，那些最初被定为计算标杆的人，可能数字信用也会产生变化。对于这种情况，只要误差在一定范围，短期内就不调整；超过误差范围，则要在下一计算周期内进行小幅的调整。

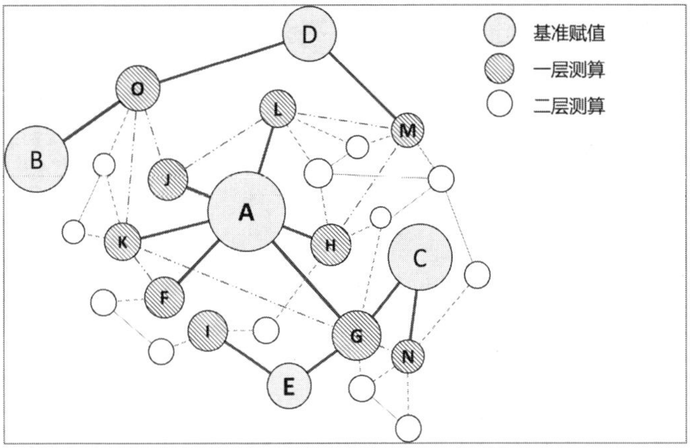

图 20-1　根据赋值法测算某人的社交位置

当然，除了简单意义的加减乘除计算外，还要结合网络科学的特点，对社交网络进行网络特征分析，依此对不同社交网络位置的数字信用进行调整。这种调整，有可能是指数级的变化，这就是网络效应对社会资本的影响，而非关系影响。

比如结构洞资源（Structural Holes）。如果有两个圈子，分别拥有大量不同信息资源，就认为这两个圈子之间存在结构洞资源。一个人若能连接两个不同的圈子，如同两个圈子之间的桥梁，则其更可能在两个群体之间获益，结构洞就是一种存在额外信息收益的一种社会资本形式。

社交网络分析（SNA-Social Network Analysis）是研究人、群组、组织、网络的一门科学。它结合了图论、信息学、数学、社会学、管理学、心理学等多学科，是多学科的融合理论和方法，将已有结论用在各类网络分析中，可以实现对社交网络更加精准的测算。

复杂网络（Complex Network）的很多结论也适用于人际网络。通过对 WWW 网站与链接、飞机场与航线、神经元连接、语言中的字与词等复杂网络研究的结论，可以更好地洞察社交网络位置与个人社会资本之间的真实关系。

20.5　测量社交网络位置：联系与沟通

在社交网络分析中，最小的微观单元有 2 人群体（Dyad）、3 人群体（Triad），可用来对社交网络的微观层面（Micro Level）进行分析。根据微观单元的分析，可以用其结论对更大的人群进行分析，如组织和团体层面进行集合分析（Subset Level），这被称作中观层面（Meso Level）的分析。更大层面的分析被叫作宏观层面（Macro Level）的分析，比如经济学和人口学。

社交网络位置的测算，相当于依据社交网络的分析对社会资本的分割。分割的基本规则来自于一套判断逻辑和算法。通过比对人与人之间连接关系的强弱、社交网络位置的高低进行判断，这套算法前期更多局限在微观层面，然后逐渐发展到微观与宏观并重。在这方面，学界已有几十年的积累。目前还未有真正统一和实用的测算方式，基本都是根据实际需要进行判断。

在微观层面，在比较两人的社交网络位置高低时，可以用到如下分割方法。

（1）信息量影响沟通强度：信息量多强于信息量少，时间长强于时间短。前些年通信费用高，由于最亲近的人每天通话等原因，反而很少在网络上留痕。但随着电话、短信、聊天工具等成本的降低，强连接的双方大量留痕。

（2）频率与时长原理：沟通的频率意味着连接的强度。沟通频率强于信息量，即使是小信息量的沟通，若频率高，也说明连接性更强。

（3）沟通方式直接程度：沟通方式越直接，说明连接程度越强。

（4）乒乓原理：沟通内容数据是高度隐私，但可以考虑沟通时的信息量。好比两人打乒乓球，最后的丢球人、不接球者，或者以小胜强者的位置高。比如发短信，在沟通流程中不回复者位置高；再看短信的字节数，以少字节数回多字节数者位置高。

（5）首次呼叫原理：处于沟通中的两个人，在全部的沟通中，首呼比例较高的，基本属于需求一方，在双方博弈中处于弱势地位。不管是情感需求、还是服务需求。上级经常拨电话给某位下属，说明他对这位下属的依赖程度高，这位下属的位置也高于其他下属。再比如经常打电话给快递员，这是因为快递员经常送货给你，所以才使你通过他发送快递，说明这个快递员的位置高于其他快递员。

（6）同处小圈子数量原理：社交网络由大大小小的圈子组成，两个人所处的圈子数重合越多，连接越强。

（7）其他可用信息比较：年龄与辈分、职位层级、学历、职称等信息。其他可靠的数据信息，也可以运用到测算中。

20.6　测量社交网络位置：网络效应

从微观到中观层面的网络探索，以及从中观到宏观层面的复杂网络分析已有大量结论。比如复杂网络有小世界网络（Small-World Network）、无尺度网络（Scale-Free Network）等。社交网络也有类似的特征，比如具备幂律性质、枢纽节点等性质。

这意味着不同社交网络位置中价值的巨大差异。对于数字信用测算与分割，有两个层次的深入：一方面是发现社交网络中的枢纽，给予其额外的评级、评价；另一方面是构建更可靠的社会连接体系，给予一些可能成为枢纽的人稍多一些的信用评级，使他们有机会成为网络的优化和备份，使得网络不会由于一两个重要枢纽的失效而影响整个网络的效率。评价网络中不同人的位置可以利用以下概念。

（1）中心优势：人群网络的集中度。集中度较强的团体，近中心位置的人占有更多社会资本。比如封建皇权社会集中度十分高；创业型公司则更喜欢较集中的组织架构。但中心度过高的群体层级较明显，可能拉低整个团体的位置均值。类似的，经常在群里发消息、频繁联系群成员的人，在圈子里与大量成员进行双向沟通联络也能起到了社交枢纽的作用。一旦这个群体的中心较明显，则意味着群集中度较高。

（2）群集原理。依照人以群分的逻辑思考，一个人所处的社会地位可能与他经常接触的人处于同一个区间。为了更加可靠地定位一个人，若一个人在几个群中活跃，依低级群取。

（3）结构洞优势：如果某人在几个群中活跃，且不同群的群成员之间来往较少，则其结构洞的优势较强。

（4）团体的度（Degree）与集聚系数（Clustering Coefficient）：度表示团体所有人之间相互连接的数量；群聚系数是小团体中 3 人群体彼此连接的所有可能与小团体中所有连接之比。度与集聚系数高，则群体之间成员的联系强。

（5）团体的沟通时间：经常在工作时间沟通，而在晚间、周末沟通频次降低的团体可能属于工作上的伙伴，反之，在晚间与休息时间沟通较多的团体可能属于生活中的伙伴。可以依据沟通时间，来分辨职场与生活的圈子。如果白天、晚上的交流都很多，则更可能是关系紧密的客户或者是同属一个职场派系的伙伴，属于强连接。

（6）入度、出度。根据确定的群体成员之间的沟通情况，找出接收信息最多与发送信息最多的人。一般来说，入度越高，意味着其位置越高；出度越高，意味着其最活跃，有更大的发展潜力。可以结合一个人的入度、出度情况，确认其社会地位。

社交网络的测算多使用矩阵计算完成，需要借助计算机进行辅助分析。针对网络科学的分析结论验证、测算方法的建模等，目前有大量的社交分析工具与计算软件，比如 NetMiner、UCINet、Pajek（免费）、GUESS、ORA、Gephi、muxViz（开源），再比如用 Python 语言开发的图论与复杂网络建模工具 NetworkX。可以通过软件对社交网络算法进行分析和仿真，将可靠的软件用于社交网络位置测算的实践中。

第 21 章 量化复杂性：静态关系网络与动态关系网络

二十四史非史也，二十四姓之家谱而已。

——梁启超·《中国史界革命案》

21.1 从口口相传到史志族谱

几千年前，人们就开始记载既往人际网络。有人的地方就有故事，在文字与记录还不发达的时代，信息靠口口相传得以流传。司马迁在《史记·三代世表》中说，五帝生于三代时期，商以前的很多事情已经无法记载。由于当时记录和保存媒介的局限性，大量史料无法保存，仅少数得以留存。随着文字（甲骨文、金文）、载体（竹简、丝帛）、工具（刀具、笔）的出现与成熟，人际网络被作为历史，开始记录与流传。

除了史官们的主动记录，还有官府和民间对各类户籍与人口等客观事实的规范化记录，属于被动记录的档案历史。从春秋战国时期开始，秦国即开始自上而下地执行行政体系，郡县已开始使用竹简等记录民间户籍档案。这些记录是当时政府对政权巩固、行政组织和军事动员的基础。除了官府的档案，还有民间自行记录的人际网络记录，比如族谱、祠堂排位，甚至墓碑。

现代的档案管理，在各类个人信息统计表中，都包含主要社会关系等信息。作为这些信息的管理者，政府无疑具备全量的基础人际网络记载。过去，对这些资源的利用仅限于由特定目标的人力小范围研究。随着信息数字化与计算能力的发展，这些尘封的信息将焕发出新意义。

21.2 从《三国志》中抽象社交网络数据

与对微博的分析类似，历史也是可以拿来量化和测算的。以三国历史的人际关系网络举例，下面节选《三国志》中《蜀书·关张马黄赵传》来进行人际网络分析。

本节以字母替代如下人物关系：刘备、刘将军、先主——A；关羽、云长、羽——B；张飞、飞——C；曹操、曹公——D。如图 21-1 和图 21-2 所示，将历史文字中的人名列出，把每个人作为节点，对他们进行社交网络的矩阵分析。

先对文字含义进行量化网络位置的分析，如表 21-1 所示。

- 位置相等（用“=”或“0”表示），意味着某种意义处于同一个体系的等同，或不同体系的无联系。比如恶言/颜相对，意味着与某种意义无联系，或不同派系（“0”）；而一同做什么事情，意味着伙伴、同僚，社交位置相对平等（“=”）。
- 位置低（用“-”表示），意味着社会资源可以被位置高的人征用，如职场职位、辈分，或是态度上恭敬、听从、认可、追随、崇拜比自己地位高的人。
- 位置高（用“+”表示），意味着可以利用比位置低的人的社会资源。

关羽字云长，本字长生，……。先主于乡里合徒众，而羽与张飞为之御侮。先
(A) (B) (C) (A)
主为平原相，以羽、飞为别部司马，分统部曲。先主与二人寝则同床，恩若兄弟。
(B) (C) (A) (B)(C)
而稠人广坐，侍立终日，随先主周旋，不避艰险。先主之袭杀徐州刺史车胄，使
(B)(C)↑为(A)↑ (A) (A)
羽守下邳城，行太守事，而身还小沛。……初，曹公壮羽为人，而察其心神无久留
(B) (D) (B) (D)↑ (B)
之意，谓张辽曰："卿试以情问之。"既而辽以问羽，羽叹曰："吾极知曹公待我厚，
(B) (B) (B) (D) (B)
然吾受刘将军厚恩，誓以共死，不可背之。吾终不留，吾要当立效以报曹公乃去。
(A) (A)↑ (A) (B) (B) (D)
"辽以羽言报曹公，曹公义之。
(D) (D) (B)

图 21-1　使用社交网络的思路分析关羽的人际关系

张飞字翼德，涿郡人也，少与羽俱事先主。羽年长数岁，飞兄事之。先主从
(C) (B) (A) (B) (C) (B) (A)
曹公破吕布，随还许，曹公拜飞为中郎将。……曹公入荆州，先主奔江南。曹公追
(D) (D) (C) (D) (A) (D)
之，一日一夜，及于当阳长阪。先主闻曹公卒至，弃妻子走，使飞将二十骑拒后。
(A) (A) (D) (A)↑ (C)
飞据水断桥，瞋目横矛曰："身是张益德也，可来共决死！"……益州既平，赐诸葛
(C) (D)↑ (C) (D)↑
亮、法正、飞及关羽各五百斤，银千斤，钱五千万，锦千匹，其余颁赐各有差，
(C) (B)
以飞领巴西太守。
(C)

图 21-2　使用社交网络的思路分析张飞的人际关系

表 21-1　社交网络位置的判断表

人	动词、状态	人	社交位置比较	社交位置计算（X 相对 Y）
X	寝同床，若兄弟	Y	X=Y	=
X	封、赐、使、	Y	X>Y	+
X	与	Y	X=Y	=
X	从、受、(X)以 Y 领、(X)以 Y 为、随	Y	X<Y	-
X	背/不可背	Y	X≥Y/X<Y	+/-
X	兄	Y	X<Y	-
X	厚、(X)待 Y 厚	Y	X>Y	+
X	报（答）	Y	X<Y	-
X	瞋目横矛	Y	X=Y	0
X	追（赶）/弃…而走	Y	X>Y /X<Y	+/-

对以上截取的历史记录用矩阵进行社交网络分析，如表 21-2 所示。

表 21-2　将历史文字转化为人物关系矩阵

入度 出度	A-刘备	B-关羽	C-张飞	D-曹操
A-刘备	无	为别部司马（+）、统部曲(+)、寝同床(=)、若兄弟（=）、使守下邳（+）、赐五百斤，银千斤，钱五千万，锦千匹（+，注：排序为诸葛亮、法正、张飞、关羽）	为别部司马（+）、统部曲(+)、寝同床(=)、若兄弟（=）、赐五百斤，银千斤，钱五千万，锦千匹（+）、使 C 将二十骑拒后（+）、领巴西太守（+）	从 D 破吕布(-)、闻 D 卒至，弃妻子走（-）
B-关羽	为 A 御侮(-)、(稠人广坐)侍立 A 终日(-)、随 A 周旋，不避艰险（-)、“受 A 厚恩，誓以共死，不可背 A”(-)	无	与 C 为 A 御侮(=)、(与 C）侍立（=）	极知 D 待 B 厚（-)、终不留（=)、当立效以报 D 乃去（-）
C-张飞	为 A 御侮(-)、(稠人广坐)侍立 A 终日(-)、随 A 周旋，不避艰险（-)、少与 B 俱事先主（-)、	与 B 为 A 御侮（=)、(与 B）侍立（=)、少与 B 俱事先主（=)、兄事 B（-）	无	瞋目横矛（对 D 的属下）曰：“可来共决死！”(0)
D-曹操	追（赶）A（+)、	壮 B 为人（=)，察 B 心神（=)、义 B（=）	拜中郎将（+）	无

通过表 21-2 所示的人际关系矩阵，可以分析出如下内容。

- 社交网络构成：谁与谁相识、发生过交往，即哪些不同的网络节点之间有联系；哪些是直接联系，哪些是间接联系，任何两个人之间可以通过谁来实现连接。
- 人物关系亲疏：哪些人关系密切（强连接）；哪些人是点头之交（弱连接）；哪些人是对立关系；哪些人是亲密关系。
- 社交网络位置：在人际网络中，谁更加占据上风，能够通过合纵连横组织起更多社会资源，也就是谁拥有更多的社会资本。

根据表 21-2 所列，4 位人物间都有直接联系，但张飞与曹操的连接较弱，通过张飞对曹操追兵“嗔目横矛”，甚至可以判断出他与曹操是对立关系。对图 21-3 进行简化，可以得到如表 21-3 所示的数字矩阵。数字的多少意味着连接的强弱，“+”、“-”、“=”意味着社交位置的高低。沟通的强度更需要语义分析来支持。

表 21-3　量化人际网络结果

出度 \ 入度	A-刘备	B-关羽	C-张飞	D-曹操
A-刘备	无	4+，2=	5+，2=	2-
B-关羽	4-	无	2=	1=，2-
C-张飞	4-	3=，1-	无	1 个 0
D-曹操	1+、	3=	1+	无

根据节选文段的分析，可以发现刘备、关羽、张飞三人关系非同一般，属于 3 人群体的强连接。“+”说明刘备社交位置高于关羽和张飞，前面的数字代表频次。“-”说明关羽、张飞认可自己社交网络位置低于刘备，但刘备对关羽、张飞二人平等对待，极为信任（“2=”）。“1-”说明张飞社交位置略低于关羽。三人中与曹操交集最多的是关羽，曹操对关羽是“3=”，给予了极高的认可与评价，而关羽对曹操是“1=”、“2-”，社交位置略低。曹操自恃社交位置高于刘备（“1+”），刘备也表现出社交位置低于曹操（“2-”）。

还可以对表 21-3 中的量化进行更细致的判断。如封官一事，受封人与分封人官衔的级别相差越多，则位置相差越大；再如赏赐排名一事，诸葛亮排在张飞、关羽前面，说明其则职场位置应高于这两者。但社交网络位置并不完全遵从于职场位置。分析后，可以发现“刘关张”三人的私人感情甚密，对比诸葛亮在利益集团内的政治地位，此处要想判断其位置高低，可以分析如下几个方面。

- 背后的社会关系网络：分析谁背后的网络更加庞杂、资源更丰富。
- 根据不同的文化背景，判断其位置孰高孰低：比如在中国可能是血缘和亲信的位置高，但在欧美却不是这样的。
- 依照分维度的思路，不放在一个维度评判。使用不同维度社交位置来判断社会资本，依据对应的测算方法。

分析这些词的含义，量化其关系，可以发现哪些为强连接，哪些为弱连接。首先是判断发生交互与沟通的频次，其次是判断感情因素的强弱。以此判断连接的属性，判断行为立场、派系。但这些不是“非黑即白”的概念，而是存在灰度。可以通过多维度的分析，发现同类，但互为异类，并不能归为同类。如表 21-4 所示将上述态度分为 4 个维度（私交、态度、事业、行为），发现不同人之间的连接方式，为划分人物圈子、分析沟通，探索一个从定性到定量分析的测算。

表 21-4　关系强度的量化分析

	反向强连接（-!）	-*	反向弱连接（-#）	无连接（0）	弱连接（#）	（*）	强连接（!）
感情/私交方面：						D 待 B 厚	ABC 寝则同床、恩若兄弟；受 A 厚恩；C 兄事 B；
待人/态度/立场/观念方面：					D 察 B 心神	D 壮 B 为人；D 义 B；	BC 随 A 周旋，不避艰险；稠人广坐，（BC 为 A）侍立终日；B 立效以报 D；
事业/职场方面：	D 追（击）A；					为之御侮；BC 俱事 A；A 从 D；	使 B 守下邳城，行太守事；不可背 A；使 C 断后；赐 BC 各五百斤，银千斤，钱五千万，锦千匹；以 C 领太守
行动/行为方面：	闻 D 至，弃妻子走；（C 对 D）瞋目横矛；	B 终不留	B 无久留之意				

根据表 21-4 对人物关系进行更细致的分析，列出人物关系量化分析矩阵，如表 21-5 所示。

表 21-5　立场判断、派系分析

出度 \ 入度	A-刘备	B-关羽	C-张飞	D-曹操
A-刘备	无	私交！ 态度！ 事业*！ 行为 0	私交！ 态度！ 事业*！ 行为 0	私交 0 态度 0 事业* 行为 -！
B-关羽	无	无	私交！ 态度！ 事业*！ 行为 0	私交！ 态度！ 事业*！ 行为-*、-#
C-张飞	无	无	无	私交 0 态度 0 事业* 行为 -！
D-曹操	无	无	无	无

如果出度与入度的立场派系分析有矛盾，则可能存在不同的圈子或派系，或结构洞资源。即使强连接关系也可能有分歧，比如母亲与儿子的关系很亲近，但是对儿媳的看法却不一致。

根据表 21-5 的分析可以发现，刘关张三人在私交方面、相互态度和事业上都是紧密的强连接。关羽曾在曹操帐下待过一段，两者在私交、态度、事业方面都有很强的连接，但关羽却在行为上表现出与曹操反向强连接的立场，一旦遇到刘备与曹操相冲突，就预示着关羽可能有冲突之事发生。

21.3　从历史记录到电话本、通信记录

除《三国志》外，还有其他史料可以分析人物关系，如《后汉记》《后汉书》等，这些信息可以让人物关系与网络分析更饱满，也可以通过类似的更全面的分析，使得计算机具备理解人际关系网络、了解社交网络位置的能力。

除正史外，东晋及隋唐时期，宗族的家谱开始登上历史舞台。除对宗族与伦理关系的记录外，这部分的内容在形式上甚至可以与“经典史料”相媲美。人际

网络还存在于文章、日记、语录等各类记录中。比如孔子弟子编撰的《论语》，可以通过对论语的研究，了解孔子与其弟子及相关人的社交网络情况，但这类记录的局限在于社交网络的中心往往是记录者本人。

这些主动记录的历史始终是“管中窥豹”与“盲人摸象”式的抽样，毕竟留下语录和交往的人很少。即使到了现代，也仅有少数家族保存有大量完整交往的书信、电报，记载了人际交往的场景。大多数家族的人际网络，只能保存在口口相传与不同人的记忆中。

人们对人际网络的记录方式也在发生变化。20 世纪 90 年代以前对人际关系的记载基本局限在文字、资料与档案中。随着固定电话走进千家万户，大多数家庭开始拥有电话本，上面书写着亲友、同事的电话。电话时代，电话本就是人们的人际网络。随着电子技术的发展，人际网络的记录，开始从主动的手工记录向被动的记录方式转移，从现实的人际网络，向虚拟的社交网络转移。

20 世纪 90 年代末，移动通信快速发展与普及，从电话本向手机进行迁移，直到纸质电话本彻底消失。随着电子技术的不断进步，手机开始具备通话记录、短信、彩信等功能，同时这些数据也被记录在运营商的网络端。

在这些记录里，包含所有使用者的信息，每个人的数据都按照标准的格式被记录。没有记录者的臆断与后期加工，数据格式也更加容易提取和计算，这些被动记录下来的联系与沟通情况，意味着人际网络向数字化社交网络的变革。

21.4 “电话黄页”是社交网络的中心吗

在社交网络位置的分析中，经常会出现矛盾。比如，刘备本追随曹操，但在《张飞传》中，刘备听说曹操来了便落荒而逃。再比如曹操曾加封过张飞，在社交网络中应处于较高的位置；但后期张飞却对曹操的追兵怒目而视，表明了他又不认可曹操的位置。

社交网络位置分析出现矛盾的核心原因是《三国志》为纪传体，本书在截取分析时没有考虑时间维度，而使信息处理出现矛盾。对于已经发生并存在的人际网络可以看作是静态网络；近期与正在进行中的交往与活动，以及加入时间维度分析的人际网络都是动态网络。

静态网络是已经发生的状态，或是既往状态的全部过程，而动态网络则是一个变化的过程。由于人际网络的变化，让其处于静与动的辩证统一，是一个从静态到动态、再从动态到静态的过程。就如同从一张张胶片到一部电影，再从一部电影到一盘电影胶片。

简单来说，电话本和通讯录更像是静态网络，代表了联系；而通话记录、聊天记录、短信会话更像是动态网络，代表沟通。静态与动态网络的价值差异较大、应用场景不同，如混为一谈，可能会使社交网络位置产生偏差，比如电话黄页变成社交网络的中心。

随着记录系统的发展与存储成本的不断降低，大量的连接与沟通的记录不断地被留存，成为全周期社交网络动态运行日志。对这些运行日志进行切片，是一个时期内的静态网络。

在社交网络中，一个人基于社交网络位置的社会资本很可能由于增加了几位新的好友而发生翻天覆地的变化。这种人际网络中每个节点的变化，又影响了整个网络的变化。对个人来说，婚丧嫁娶、签约立盟、考学入职、生老病死等人生重大活动，会使人际网络发生巨大变化。在这些情况下，动态网络分析就要求具有很高的时效性和预见性。

与此类似，征信报告的时间节点来源于你申请征信报告时的情况，目前出报告时间约为两天，有效期为 15～30 天。芝麻信用分则是每月更新 1 次，当月有效。

人际网络的变化是永恒的，其中蕴含的价值会随时间而衰减，社交网络位置的社会资本也有“半衰期”，但任何曾经存在过的状态都有价值。埃尔德什的过世，改变了以他为节点的科学家人际网络。他的过世会使许多埃尔德什数为 1 或 2 的人，永远失去埃尔德什亲自介绍相识的机会，但却不影响他们在初次见面时共同谈到老朋友，或被邀请共同研究一个数学课题。

21.5 运营商与社交软件工具

个人通信的发展与繁荣，使得个人拥有了社交网络的唯一代号，电话号、手机号、QQ 号、微信号等都是节点，而信息作为各节点之间的联系，组成了许多虚拟的社交网络。目前的社交网络也已有社会资本测算的产品雏形，其不再是理论模型，而是大量真实的结果。职场社交网络 LinkedIn 中有职场信息、人与人之间的分隔数等结果。

当人们在同一栋楼内联系也要打手机，面对面给对方看图片要用微信，面对面转账要用支付宝，聚会后还要一起分享图片点赞的时候，越来越多的数据就会与社会资本同步产生，社会资本的真实面目将会留存在社交网络上。由社会网络所代表的社会资本，就蕴含在这张社交网络中。在这场依据社交网络位置计算社会资本的活动中，不同的社交网络蕴含不同的社会资本价值，如表 21-6 所示。

表 21-6　不同运营主体具备的电子化社交网络

机构	沟通与连接的内容	内容的信息与价值
手机终端厂商/通讯录厂商	通讯录（短彩信）	静态人际网络
电信运营商	通讯记录（无线/有线通话+短彩信）	实名信息（地域、年龄、性别）； 代号价值（年限、月销、靓号）； 动态人际网络等
互联网/社交软件厂商	好友列表（通讯录）+群（团体、圈子）+（富媒体）通讯记录	实名信息（网络注册数据）； 静态人际网络； 动态人际网络等

富媒体通信（RCS，Rich Communication Suite）使得通被量化有更多的维度。通话、短信的使用正在让位给微信这些社交网络服务商。在这个层面上，微信等互联网厂商拥有的社会资本评判能力，已开始颠覆运营商的核心地位。这种了解数字化社交网络位置的能力，并未体现在任何一家企业的资产负债表里。这些蕴含在社交网络位置中的信用，也未成为银行系统的征信报告中的一部分。它们被认可还需假以时日。

在电子时代与互联网时代，社交数据成为真实人际网络的映射，并帮助人们更加高效地拓展个人网络。世界正在经历着由电子社交网络所代表的社会资本的革命性上升时代，一个在意义与影响上很快超过个人资本的时代。而随着 Web 2.0

时代的深入，更多的社会关系被拓展到网络上，社会资本将更加飞快地增长。这也使得社交网络位置在数字信用中的重要性越来越高。

人们在交易活动中抽象出货币，又从金融活动中归纳出信用。人情网络中虽然充满了“货币式”礼金，但人际网络依然无法用货币来衡量，却有着金融中类似的“信用”。

人的网络一旦形成，信用也就随之形成，不管是否把其从网络中抽象和估算出来。人际网络也是一种“个人隐私”，结合上一篇所介绍的各类隐私，数字信用将如何从“隐私”中破茧而出？

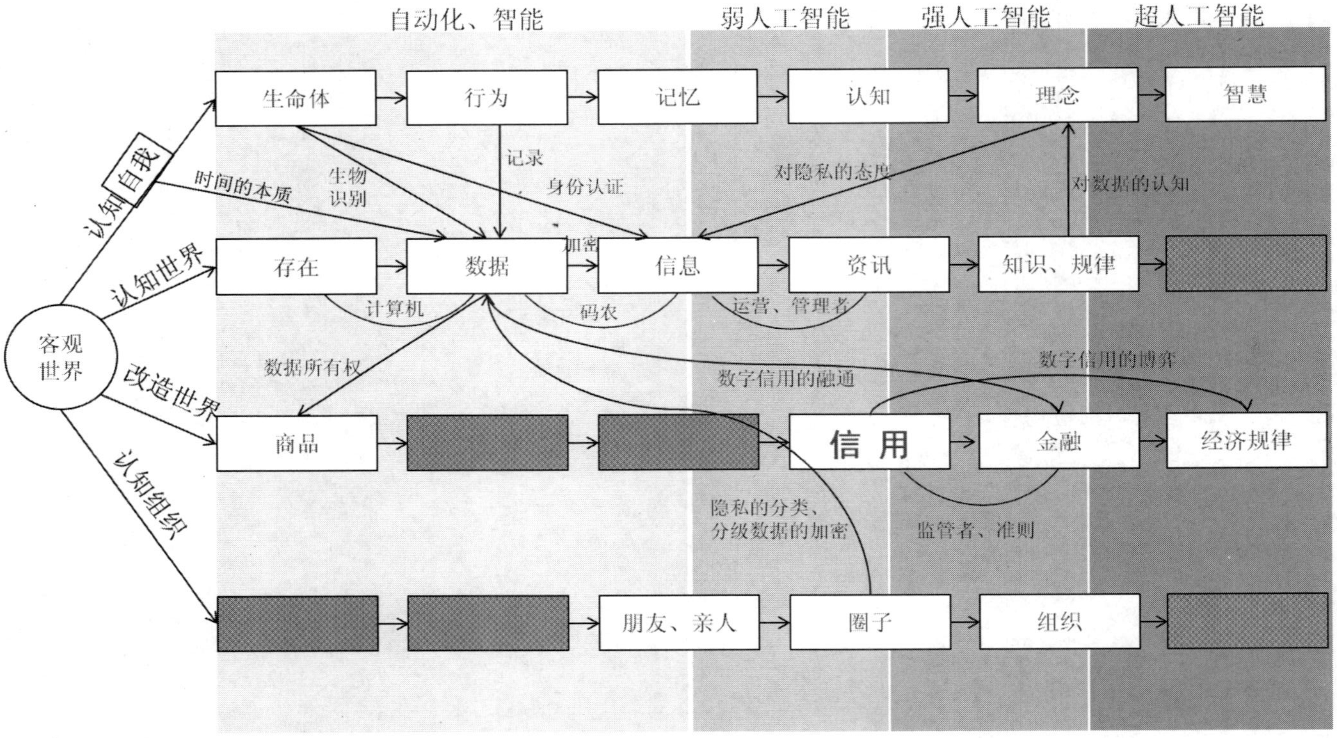

自动化、智能
弱人工智能
强人工智能
超人工智能
客观世界
认知自我
认知世界
改造世界
认知组织
生命体
行为
记忆
认知
理念
智慧
存在
数据
信息
资讯
知识、规律
商品
信用
金融
经济规律
朋友、亲人
圈子
组织
时间的本质
生物识别
记录
身份认证
加密
计算机
码农
运营、管理者
对隐私的态度
对数据的认知
数据所有权
数字信用的融通
数字信用的博弈
隐私的分类、
分级数据的加密
监管者、准则

本篇知识背景图

第四篇

复杂的隐私监管与数据所有权

引言

即使是最穷的人，在他的寒舍里也敢于对抗国王的权威。风可以吹进这所房子，暴雨可以打进这所房子，房子甚至会在风雨中飘摇，但是英王不能踏进这所房子，他的千军万马也不敢踏进这间烂了门槛的破房子。

——英国首相 威廉·皮特

人们在开放、快速、广袤的互联网虚拟空间中极度缺乏安全感，所以大家多用匿名的方式来保护自己的隐私。

隐私是什么？传统意义上的隐私是不愿告诉别人的秘密。把隐私放在互联网上，概念就被分成了两层意思：一是不愿意公开的私人信息，二是隐私信息数据。如果说人们拥有自己的隐私，也理应拥有隐私数据。在前文中讲述了个人数据向数字信用的转化，人们拥有个人隐私，也就拥有了自己的数字信用。

如果数据是财产，那怎样能保障人们对数据的所有权呢？如果网络禁止“凭空捏造”的民事主体存在，那么实名制的个人身份是保障数据所有权的唯一合法方式吗？

实名和匿名的逻辑相悖吗？很多匿名的隐私数据，也会被人挖掘出来，这种看似“正义”的行为，该如何理性对待？

数据的复制和传输太容易，网络上数据随处飘荡，如何保障安全？目前来看，数据的“房子”是加密，同时也是数据所有权的证明。

加密既然保护了善意的隐私，也会为恶意的隐私提供庇护之所。数据的加密并不意味着永远无法破解，又该如何解决？当数字信用和货币快速转换时，意味着什么？下面一一探讨。

第 22 章 无意智的手机：透露你信息的“自己人”

美国前总统奥巴马曾表示“当选之后最难放弃的并不是隐私而是黑莓手机”。

——杰里米·里夫金《第三次工业革命》

22.1 离不开的手机

晨曦还未穿破窗帘，手机的闹钟开始叫你起床。眯着双眼，查阅昨晚朋友的留言和新闻。在走出家门之前，用手机约一辆车；如果去新的地点，就打开地图进行导航，上了地铁或巴士，你又会迫不及待地打开手机，了解资讯，追剧或与朋友开始新一轮互动。

到达目的地，即时通信软件会蹦出领导、导师等人布置的新任务。落实各项事宜，需要使用电话、微信等工具。未曾谋面的同事、行业伙伴，可以用手机办公或是社交网站找出他们的联系方式。中午，拿出手机查找附近餐馆，或用外卖

APP 订外送午餐，同时使用手机进行支付。

午休时，打开手机购物 APP，为自己或者亲人买件礼物；查看最近几天买的基金收益和股票走势；刷刷微博和微信朋友圈，了解一下网红的八卦与朋友们的状态。

下午，与朋友相约吃饭或娱乐，打开手机查找饭店或是攻略，分享地点。办公时，打开手机邮箱查阅文件；当突发急事时，可用手机接入电话会议；在遇到问题时，用手机搜索引擎和浏览器查询信息。

晚间活动结束后，可查阅健身软件计算走路步数或观看健身策略。健身中，打开音乐软件开始聆听。回到家中，打开解题 APP 帮助孩子做功课，孩子睡觉时，打开在线收音机为其播放睡前故事。

天啊！手机像个“幽灵”每时每刻地跟着你，根据手机行业数据显示，智能手机[①]已在国内普及使用，超过 95%的人使用了智能手机。整个世界都涌向你的手机屏幕，你的信息也通过手机被快捷地投递到任何需要的地方。普通人很难抗拒信息化时代的到来，很难放弃一切、独善其身。

22.2 身旁的“幽灵”

不停地使用手机，随之而来的是大量的数据。在第二篇、第三篇中提到的大量行为数据与社交数据，无论是衣食住行，还是工作学习娱乐，很多都来自于手机。每当你想静静时，它总是不合时宜地发来通知。

智能手机中的“智能”在为使用者提供大量便利的过程中，又大量获取个人及各类信息的手段与方式。第一类是通过智能手机获取信息，具体如下。

- 手机摄像头——只关注你的“狗仔队”摄像师：前后摄像头，在程序启动时，可能会进行自启动，随时拍摄周边环境的照片。
- 手机位置系统——你的随身追踪器：包含 Wi-Fi、移动网络（2G/3G/4G）、

① 区分于传统的功能手机，是指具备手机操作系统、可安装手机应用的手机。

基站定位技术、GPS/北斗等卫星定位系统，可以获知用户的地理位置信息，并且很多都在实时记录。

- 手机麦克——你身边 7×24 小时的窃听器：可获取使用手机时周边声音的信息，分析时可了解所处环境、说话内容等。
- 手机运行日志——你和手机的恋爱日记：包含手机运行的记录。手机中 APP 的清单，什么时间使用了什么 APP、操作的内容、手机使用频率等，都会在日志里有所体现。当然，智能化分析日志文件，也需要比较复杂的算法。
- 手机存储信息——你的随身经纪人：如短信、通话记录、通讯录等信息。很多程序都可以读取，从而了解一个人的信息。
- 手机的设备码——手机的身份证，包含手机的品牌、型号、生产时间等。
- 系统的各类设定——手机中各类设定的信息：如 Wi-Fi 的已连接设备记录、蓝牙配对的设备、定位方式（GPS/无线网络）的开启与关闭等。

第二类是通过用户在使用智能手机时填写的各类个人信息，包括证件号、联系地址、金融信息等。比如在注册或登录时，不可避免地填写的内容。如用手机购买火车票/机票时的身份证信息；使用手机理财时填写的银行卡信息；用手机购物时填写的联系方式与地址信息等。

不仅仅是手机，电脑上填写的信息也一样有类似的风险，而且线下填写的所有表格，经由手工录入系统的内容，也会不可避免地泄露信息。

智能手机、平板电脑、智能手表等统一被叫作智能终端。“终端”对应的是“始端”，其好比一位神秘的“上线”，只与人们用手机交流。

对于当下的人们来说，多是“隐私我所欲也，便利我亦所欲也”。手机本身呆头呆脑、毫无意志，可你无法完全控制它，而是由“上线”控制它。若你的个人隐私信息交给它，就被它毫无保留地交给了“上线”，就像“上线”安插在身边的提线木偶。

手机会依照程序的指令，将这些信息上传到服务器。如以上所说的影像信息、声音信息、位置信息等，这些信息在方便用户享受各类服务的同时，也在交互中被留在了服务商的数据库等地方。如果不是科技极客，不知道手机软硬件架构、操作系统原理，恐怕很难阻止别人获得你的各项隐私。退一步说，即使是黑客，也无法完全确认自己是不是幸运的“螳螂”。

此类信息都会被发送到运营方的数据库中。因此，在各类软件的隐私规则中，都具有隐私保护声明。但是实际上，信息一旦脱手“上线”，虽然名义上还叫“用户隐私”，实际上已经不完全在用户的控制范围内了。

22.3 密不透风的监控与隐私窃取

2013 年 6 月，前中情局（CIA）职员爱德华·斯诺登（Edward Snowden）将两份绝密资料交给英国《卫报》和美国《华盛顿邮报》，并告知媒体何时发表。按照设定的计划，2013 年 6 月 5 日，英国《卫报》先扔出了第一颗舆论炸弹：美国国家安全局有代号为“棱镜”的秘密项目，要求电信运营商威瑞森（Verizon）必须每天上交数百万用户的通话记录。2013 年 6 月 6 日，美国《华盛顿邮报》披露称，过去 6 年间，美国国家安全局和联邦调查局通过进入微软、谷歌、苹果、雅虎等九大网络巨头的服务器，监控美国公民的电子邮件、聊天记录、视频及照片等秘密资料。

监控的类型有 10 类：电子邮件、聊天工具记录、视频、照片、存储数据、网络电话、传输的文件、视频会议、登录时间和社交网络的细节。其中包括两个秘密监视项目，一是监视、监听民众电话的通话记录，二是监视民众的网络活动。

斯诺登在曝光事件之后申明：“这也是对法律的严重侵犯。……虽然美国宪法将这样的项目列为非法，但美国政府认为，在世界不允许发现的、秘密法庭的裁决下，某种程度上可以使这种非法的事情合法化。这些裁决真正腐蚀了正义最基本的概念——什么事是被视为必须要做的。即使通过秘密法规，不道德的行为也不能成为有道德的行为。”

斯诺登透露的“棱镜门”，主要是以手机为基础的用户移动网络通话、用户上网行为等内容。随着近几年移动互联网的发展，大量的数据从 PC 端向手机端迁徙，监控的数据很多来源于智能手机。

获取个人隐私数据的目的也很复杂。对企业来说，主要为了了解用户或牟利；对个人来说则是私人原因或诈骗、侦探等目的。在隐私数据的获取与传播中，主要分为如下几种情形。

一是恶意盗用信息。比如“黑客行为”，知名漏洞报告平台、自诩业界“白帽子”的乌云网，公开了大量安全漏洞，使大量的用户信息面临被侵害与盗用的风险。黑客们将黑进大型网站并拷贝出用户数据库的行为叫作“脱裤（拖库）”，受攻击的包括人们日常频繁使用的网站。

二是组织因利益或内部人员主观故意透露信息。

三是通过合理授权取得信息。比如微信的第三方运营方，可以通过用户授权获取用户的基本信息。类似的还有今日头条，为了方便了解用户的口味，申请授权其读取用户新浪微博的个人信息，以获取用户的阅读偏好信息。

四是内部管理人员的监守自盗。即使没有漏洞、也没有外部授权，由于内部一些网络管理员具有更高级别的权限，可以获取大量用户信息。2013 年的“3 •15”晚会上，大量的这类信息的搜集与销售行为被曝光。

五是数据的交换。某些人由于离职或利益等原因，将大量通过“黑客行为”盗取的信息与内部监守自盗的信息进行变卖，被变卖的信息还会被多次倒手。

22.4　隐私数据的救兵

隐私数据信息的传播暗流涌动、从未停止。调查结果显示，86%的网民认为网络账号和密码是最重要的个人信息，79%、71%、62%的网民分别重视身份证号、银行卡号和手机号信息。50%网民的个人通信信息（通话记录、短信等）被泄露过；63%网民的个人网上活动信息被泄露过，包括网购记录、网站浏览痕迹、IP 地址、软件使用行为及地理位置等①。

2014 年 3 月，乌云网指出携程网的技术漏洞导致部分用户银行账户信息泄露；

① 《2015 中国网民权益保护调查报告》，中国互联网协会

2014 年 5 月，小米论坛约 800 万小米社区用户数据遭泄露。

个人信息泄露造成的危害有以下几点：一是垃圾信息泛滥。二是非法诈骗猖獗，主要包括虚假中奖、退款诈骗、游戏交易、钓鱼盗号等各种形式的网络诈骗。很多诈骗者对目标个人信息了如指掌，因此，设计精准的骗局，让人难以察觉和防范。三是损失难以挽回。信息泄露后，可能会被多次倒卖转移，使信息所有者受到进一步的骚扰和侵害，信息一经泄露，难以撤销。

好消息是《网络安全法》已于 2017 年 6 月 1 日正式施行。上面提到的各类主动获取隐私的行为，都严重触犯了法律。任何人动手触碰他人隐私前都应考虑到法网恢恢。

22.5 秀隐私

随着互联网和移动互联网的普及、搜索技术的提升，隐私越来越走向两个极端：一是隐私不断模糊和消逝，二是隐私不断被隔离和保密，随着社会的发展，两个极端也在不断分化。

社交网络的分享功能重新定义隐私，公开秀开始流行，秀生活、秀儿女、秀饮食、秀位置、秀新奇等。貌似生活不存在隐私，活着的目的就是为了让别人了解自己的一切。“哦，你不了解我？那请看看我的朋友圈吧！”或者“我没有隐私，我的隐私就是我没什么隐私”。

传统理念中部分隐私的消逝，并不意味着全部隐私消失。与公开秀隐私相反，另一派的声音是，公开的信息越来越被人滥用，为了不让别人接触自己的隐私信息，需要更加保密的方式、更加完善的安全手段来验证这些信息。这两种态度并不矛盾，否则为何没人公开秀财富时附上银行账号和密码？为何没人公开秀非法所得？人们一方面在秀自己的真善美，另一方面也希望真正的隐私被隐藏得更深。

不同的传统塑造了不同的隐私文化，瑞典早在 200 多年前就通过立法进入了“无隐私社会”。只要进入瑞典的个人信息官方网站（www.hitta.se），就可以搜索到每一位公民最新的家庭住址、电话号码、出生日期、汽车型号与牌照、收入与纳税额、住址地图等，甚至包括驾驶违章记录和患癌症与肿瘤医院的医疗记录。

政府官员的所有信件往来，要在有人提出质疑起 24 小时内提供。

隐私不能成为掩盖违法违纪、侵害他人权益的托辞。相反，公开秀的内容和隐私作为数据，虽然形式多样，但本质是统一的。大部分的个人数据都可以成为信用信息，成为虚拟世界中的数字信用资产。

第 23 章 我眼前的世界：你有权知道吗

是的，智子看不到思维。

——刘慈欣·《三体 2·黑暗森林》

23.1 隐私是什么

科幻作品《三体》描述了外星智慧生物三体人利用一颗智子来到地球与人类进行初期博弈。智子是一枚智能化的质子[①]，质子作为宇宙间最基本的粒子，具备穿透一切的能力。三体人对质子进行处理后，使其具备了智能计算与星际通讯的能力。智子可以探测从微观到宏观的一切，甚至控制粒子加速器。地球的科技进步被锁死，同时对三体人没有隐私，但智子唯一看不到的是人类的思维。

为了阻止三体人毁灭人类，人类利用智子看不到人类思维制定了“面壁计划”，

① 原子核中带有 1 元电荷的基本粒子。

代表三体人势力的人类三体组织，选出“破壁者”，利用智子的能力，基于已有信息，通过推理，实现对“面壁者”思维的破译。在人工智能蓬勃发展的时代，简单的思维恐怕没办法保密。

虽然现实中没有智子，但在这个信息时代，个人信息不断在各类网络及数据库中传输和留存，这些内容一旦脱手，就时刻有泄露的风险。只要不加密，大量的证件号、联系方式、位置信息、金融信息全部会以明文形式在网上裸奔。即使加密，被破解后泄露出去也不稀奇。

其实被普遍关注的个人信息，仅仅是隐私的一小部分。个人的生活场景、生活习惯、健康状况、行为特点等内容，都是某种意义上的隐私。此类隐私的存在，有时也会影响到个人名誉、尊严等各方面的问题。比如，支付宝的某些版本，会在开机时调用手机前置摄像头。使用者无法确切地知道其获取的信息有什么用途，猜测如下：

- 探测手机是不是有前置摄像头，那么手机有无前置摄像头是隐私吗？
- 探测使用者的面部图像。通过摄像机对人脸进行识别，防止被盗刷或非机主使用。如果是进行人脸识别，那么今天的发型、妆容是隐私吗？
- 了解使用者所处的环境。使用前置摄像头，不可避免地会拍摄到周围环境。那么，打开这个软件的时候，若是躺在床上、坐在办公桌前，还是在挤公交、开车或坐车，是隐私吗？

如上仅是臆断。

手机拍摄到的环境信息应该被认定为隐私吗？自己所处的环境信息毫无疑问是隐私，却不是一种“完全无法告人”的隐私。比如，躺在床上的环境信息，对同处一床的伴侣来说就不是隐私；办公位座上的环境信息，对于坐在身边的同事来说就不是隐私；公共空间的环境信息，对于同处一个空间的陌生人来说也不是隐私。

23.2 隐私的分类分级

隐私正在离散化，隐私的概念正在变得广阔和多层次。依据隐私的私密程度、所有者关注度等不同角度，隐私可以分为很多种，比如以私密程度来划分，可以分为以下几大类。

- 公开的隐私：比如名字、职位、工作单位、工作环境、居住的小区环境、所处的周边环境等，这些都是公开的信息，但这些信息也是某种意义上的隐私。对于一个完全陌生的人或系统来说，这些信息属于隐私。
- 部分公开的隐私：比如身份证号、银行账号等信息，对于无关的外人来说就应该属于隐私。但对于办理业务的银行、政府机构、央行征信系统来说，当你需要办理某些手续时，这些信息都不能称之为隐私；但对于想使用这些信息进行身份盗用或诈骗的人来说，这些信息就是隐私，他们无权得知。
- 部分私密的隐私：如一个人的财产与收入情况，对于自己的家人、密友可能是小范围公开的信息，但这部分信息对其他人来说却是隐私，比如银行卡密码，属于较私密的隐私，但在情侣、夫妻、亲人之间可能共享。
- 绝对隐私：国家或组织机密，违背道德底线、不符合普通认知的习惯，不愿意透露的个人特性等。

当然，相同的信息对于不同的人来说，可能属于不同隐私；不同的信息对于相同人来说，也可能属于不同隐私。比如一个人的财产情况，对于普通人来说，属于部分私密的隐私或绝对隐私；而对于竞选后当选的美国总统来说，却变成了公开的隐私。而且这种细分分类还会随着隐私的发展，更加复杂。

除了以上的分类，站在所有者的角度看隐私，还分为以下几类。

- 传统隐私的信息：家庭状况、婚否、个人财产、违反常理的信息等。
- 不知道是隐私的信息：即隐私所有者对于此类隐私不了解、不熟悉、不专业，以致于不知道是隐私的信息，比如医疗化验中的结果，普通人可能并不知道系列指标暗含的意义。

- 被部分公开的隐私：比如家人的姓名、孩子的情况、家庭背景等。对于这部分信息，很多人都不以为然，可能会通过各种公开渠道、社交网络透露出去，但这部分信息一旦被组合、连接、重构，就会发掘很多潜在的隐私，造成一定的威胁。

把全部信息归为一种隐私，不符合当前实际情况。隐私有多个维度，应根据隐私的重要程度、本身价值、传播范围、使用权限，建立一套多维的隐私体系，并以此对隐私进行精确管理与保护。

23.3　隐私权与社交圈

隐私是人类文化在不断进化、实现人人平等后，保护人性 A/B 面切换的自我权利。在不侵害他人利益时，人人都有权对自己的精神和灵魂空间保留私有领地。在这片领地里，它有不被干扰、在法律约束内放纵的权利。法律保护隐私的本质是保护一个人在不侵害他人条件下的人格自由。

作为社交类动物，人的隐私应该与社交网络有重合性。对于公开的隐私，所有的朋友都有权了解，但不相识的人无权了解。对于部分公开的隐私，某一个圈子的亲友和密友有权了解。对于部分私密的隐私，仅有少数亲友可以了解。对于绝对隐私，除了本人，其他人无权知晓。

隐私和圈子相关，社交网络中的隐私并不是按熟人、朋友、死党这种层次来划分的，而是按照圈子来分的。不同的圈子之间，可能毫不相干，也可能有较多重合，如同水面的涟漪一样。保护隐私很重要的方式，就是让不重合圈子的信息永远无法共享，让有交集的圈子信息可以有限流通。

对隐私所有权进行制度的保障，核心是限制隐私传播的范围。社交圈和不同分级隐私的范围重合度很高，可以用技术手段的“缰绳”拴住隐私，让其无法跑出这个圈。

23.4 隐私——连接即密钥

这项技术的要求包括：

（1）如何避免隐私被盗取、被盗用。

（2）如何避免在获取对我来说是公开隐私内容的时候，间接得到对我来说是私密隐私的情况？

（3）如何避免隐私在社交圈或允许时间以外传播？

从保护隐私信息的角度来看，首先确保此类隐私是受到法律保护的。以此通过加密与解密技术进行保护和授权，保护信息传播的时间和空间范围。

这种授权源于连接。可以将连接作为一种密钥的授权，实现对隐私信息的保护。非对称加密手段可实现这种要求，通过公开的公钥和私密的私钥对信息进行加密，目前大量网站、网银已经在使用这种加密方式进行加密。

以即时通信软件举例，**关系即密钥**。相互的关系可以是一对密钥，添加好友，就意味着生成互相拥有的一对密钥。不同的关系就是不同的密钥对，我的好友拥有我的公钥。互相传递的消息依据密钥自动加密，我发出的信息用我的私钥加密，朋友们用公钥解读；朋友发给我的消息用公钥加密，我用自己的私钥解读。关系是解开这条消息的关键。同样的消息，若与我没有关系，则无法查阅内容。转发我发出的消息，与我无关系的人，由于没有我的公钥，也无法查阅消息的真实信息。

对于社交网络来说，**圈子即密钥**。你晒在社交网络上的图片、心灵鸡汤文字等，都会由自己的私钥进行加密，而和你同在一个圈子的好友拥有公钥。通过公钥，可以对你发布的消息进行解密，可以看到你的分享。而对于非这个圈子的人来说，这部分信息就是一些不知道内容的乱码。

比如社交工具中的信息加解密，如图 23-1 所示。

（1）互为好友，就是拥有对方的密钥。一旦加对方成为好友，就拥有了对方的公钥；

（2）A 发送的信息由 A 的私钥进行加密；

（3）A 的好友 B 使用这个公钥对信息进行解密，还原消息；

（4）回复消息时，用 B 的私钥进行加密，A 用 B 的公钥进行解密。

朋友圈、微博、社交网络都可以使用这种方式对信息进行加密、解密。目前已经有聊天工具，通过这种验证方式实现了保密传输。

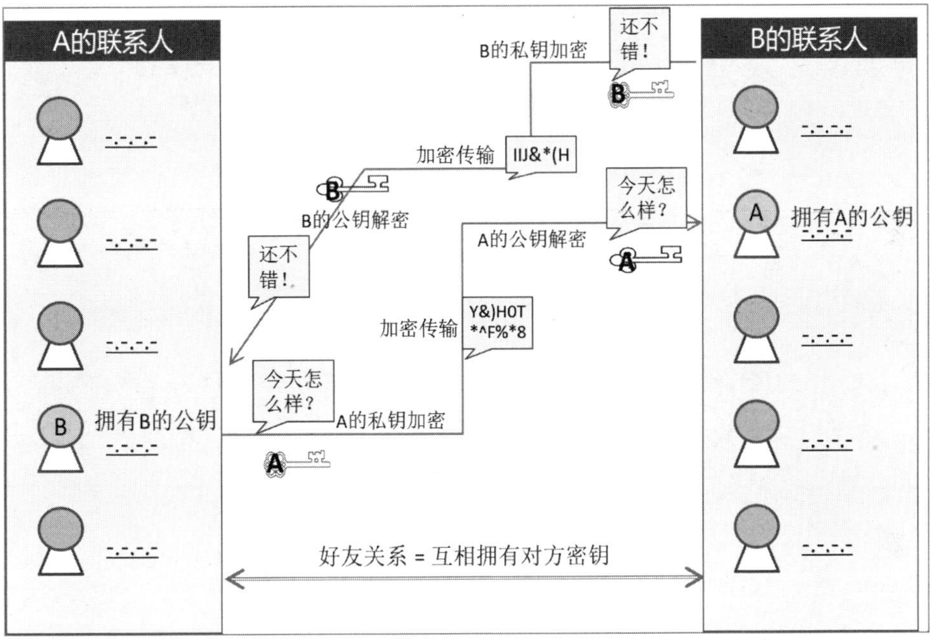

图 23-1　如何将加密解密技术应用于聊天方式

经过私钥加密的信息，相当于一个人的电子指纹，如果公钥无法解读，则证明此信息并不由本人发出。如果想限制信息的传播范围或阅读时限，还可以对密钥进行定期更新。并在不同的环境下选择不同类型的加密算法，并根据隐私的保密程度，切换不同级别的加密强度。

加密的需求越来越多，使用加密方式作为即时通信卖点的软件正在逐渐增加。一款主打保密的即时通信软件 CoverMe，2014 年 6 月在美国拥有用户 150 万人，全球用户约 200 万人。另一款主打安全隐私的即时通信软件 Wickr 在 2014 年获

3000 万美元融资。它们的核心都是对信息进行加密，从而使信息不会因手机丢失、信息的传播等失去保密。与上文方法不同的是，这些软件通常使用一套加密体系，并用密码对内容进行加密。

与隐私的消融相伴的是，加密正在成为一种需求。虽然目前还不是所有用户的核心需求，但随着计算成本的降低和数字信用的要求，加密一切或成为趋势。

第 24 章 数据归属

第一个圈起一块地声称“这是我的”，并找来一些头脑简单的人使他们相信这个事实的人，是文明社会的真正奠基者。

——让·雅克·卢梭，《论人类不平等的起源和基础》

24.1 数据的灵魂

数据是信息的躯体，信息是数据的灵魂，灵魂与躯体概念不同，但统一在躯体上。所谓“灵魂”是用户行为产生的信息，而“躯体”则是依靠存储介质存储下来的数据。比如一本书，书的内容是“灵魂”，而纸质书、电子书，或是朗读书的音频，则是内容的“躯体”。

人类文明伊始，语言和文字是信息的载体。数字时代后，“0”和“1”作为数据的基本元素，成为了机械语言。而信息的载体，也从纸质变为磁带、光盘、磁盘等。没有信息的数据只是一串无意义的数字，如同没有灵魂的植物人。只有知道解读办法和组成规则，解读出数据所代表的信息，数据才被注入生命。人类的语言、文字、声音、图像、视频，现今多以规范的标准变成数据，再通过特定的机器编码方式被存储到计算机磁盘介质中。

数据隐私作为特别的信息，是由于“我”的独特存在，以及人本身生物特殊性、行为特殊性和经历特殊性，而形成的一种数据著作权。人根据自己的独立意志行动，而产生了一系列的信息，包括诸如游戏的操作记录、微信的使用方式等。

用户信息可以被类比为知识产权，一种天然属于“我”的知识产权。网站等服务商是“数字化橡皮泥”，在用户使用服务的过程中，印下了用户行为信息的“掌纹”。理所当然，具备“个人掌纹”特点的信息，归属应该是用户，而不是“橡皮泥”。

拥有产权的核心在于别人无法完全模仿，以及人与人本质的区分。因为如果没有用户以“人”的形态，在互联网服务供应商的平台上活动，就无法产生这些数据，用户是数据产生的主体。如同在游乐场，游客在买票入园后，在某个位置摆个姿势拍了照片，这张照片的归属应属于游客。照片的图像数据，产生的根源是其本人的特殊性在某时刻的特定环境下的行为，本质上与作家写本书没什么区别。

数据所有权还具有不可分割的特性。同样以拍照来举例，数据完整性意味着某时刻图片信息的不可分割性。依然用支付宝启动时调用前置摄像头举例，拍照瞬间用户在使用支付宝时候的样子、周边环境的信息等，这些数据是不可割裂的，意味着这张图像被记录的此时此刻的环境信息也属于用户。

当然，留下“信息”的归属权还需要有标记作用的数字编号，比如名字、身份证号、银行卡号、QQ 号等。这些被赋予的数据虽然不是由本人创造的，但本人拥有发行机构认可的数据所有权。

数据灵魂的归属是产生它的人，即**人人有产权**。对于用户产生的数据隐私来说，个人对数据的所有权是数字信用的基础。

24.2 数字财产

隐私的概念可拓展为数据的个人财产与共享权利，本节再从产权角度来讨论数据的产生、存储、归属与使用。

2016 年 6 月 27 日，第十二届全国人大常委会第二十一次会议首次审议了《中华人民共和国民法总则（草案）》议案的说明。其中对网络虚拟财产、数据信息等新型民事权利客体做出规定，意味着网络虚拟财产、数据信息将正式成为权利。与隐私稍有不同的是，这些信息有些内容是公开的。但相同的是，任何用户数据与网游、网店等资源一样，也是用户的虚拟财产。

这些数据实质上等同于个人活动与交往的信息轨迹。在网络上晒的数码照片，等同于在家里摆放于相框中的照片；与朋友的聊天记录，等同于现实中的一段交往记录。在没有信息化设备之前，照片、交往记录的归属权天然是用户。从法律层面说，网络虚拟财产完全符合物权属性，具有支配性、排他性等属性。法律在所有权的问题上联通了现实与虚拟。

从国外立法来看，美国、德国、韩国等国家早已对虚拟财产进行了立法，或者做出了司法解释。明确了虚拟财产的财产属性，可以作为遗产进行继承，以法律形式保护虚拟财产。2016 年 4 月 27 日，欧盟发布了《通用数据保护条例》，在 2018 年 5 月 25 日生效。条例中对数据的使用、归属、交易等行为，对数据处理者应尽的义务、数据存储处理需要履行的手续，都做出了严格的规定。

对数据的所有权向上追溯，还有数据的产生权、使用权和存储权。数据的产生权应该属于用户，用户的行为决定了数据的产生。除国家机构外，任何组织不具有强制用户或在用户不知情的条件下产生数据。用户数据的产生由本人意愿决定，由用户同意作为授权。

在向用户申请授权时，不允许采取威胁、利诱等手段，也不能通过有区别的视觉效果等手段，误导用户选择“允许授权”。

数据的复制、传输实在太容易，用户不懂细节或很难严格地管控到网络服务商，数据经常不知不觉地就“被共享”了。比如，短信和通话记录的归属是用户，但实际上，这些数据会存储在运营商服务器中一段时间；也会存储在手机系统中；还会被各种 APP 记录和调用；备份软件还会将它们备份到各类网络服务器里。对于非加密数据，很难保证其安全性。

数据所有权应该成为一种理念、一个必选项，并写进任何有数据场景的服务协议中。数据的产生、存储和使用、存储的年限、备份等应该有严格规范，数据在删除前应提前告知用户。

24.3　可使用≠可传播

怎么使用数据？可能很多人从没有思考过这个问题，认为数据就是拿来就用的。使用数据，难道不就是打开文件、复制文件、开启视频？

一旦数据的所有权归个人所有，就会带来一系列连锁问题。数据不再被允许轻易地打开。比如，音像制品就是基于版权基础发行的。因为电影有版权，打开电影也不那么简单，需要经过授权或通过购买取得电影数据的观看权或放映权。虽然可以看，却无权复制、传播和出售。电影的所有权、使用权和传播权显然是不一致的，用户的数据也一样。

网络服务商一旦开始向用户提供数据服务，就开始对数据负责。许多网络服务商会提供免费的服务，为用户提供数据的存储和传输、计算等能力。作为数据所有权的部分让渡，在相同的授权条件下，数据应优先允许此服务商使用。

与电影院仅能播放电影而不能传播类似，服务商无权再将数据共享给第三方。如需共享，也必须征得用户授权。如果网络服务是收费的，即用户为自己享用的数据服务买单的话，在相同的授权条件下，服务商也不能享有用户数据的优先使用权。

出于分析用户行为、提供更好的服务与降低生产运营成本的考虑，网络服务商有权在自己的主体内匿名使用用户数据，但要提前在服务协议中说明情况。

因此，数字信用需要用户授权。用户若有意保留部分个人隐私，而不授权使用某些个人数据，这部分数据就无法转换为数字信用。如芝麻信用，如果我们不授权驾驶证和车辆信息，它就无法了解我们的驾龄、事故等信息，但同时也无法获得老司机的授信，享受租车保险的额外优惠。

与个人数据产权相对的是，除人之外，机器在运行的过程中，也会产生相应的信息，这些信息也会以数字的方式存储在某种介质中。与人不同，机器产生的数据应该归属于机器的所有者或指定人。

比如“比特币”是机器基于规定，产生的数字信息。这部分数据是在合理的规则下，由人控制机器取得的信息。它的归属应该是机器的所有者或控制者，可能属于个人、组织或者国家。

很多机器在处理信息的时候，不可避免地会处理匿名数据。在进行个人信息产权与机器信息产权的划分时，应该明确分离两者的界限，确保那些不包含个人信息产权。比如，对手机摄像头照片进行模式识别后，得出用户的使用环境为“床”“公交车”“私家车”等数据标签，这些可以作为机器数据，与用户信息剥离（脱敏）后成为机器控制者的数据隐私财产。

信息服务商在向外共享数据时，仅有权共享处理过的机器数据，而不是个人隐私数据。数据作为新时代的资源，需要剥离出机器数据与个人数据的概念。

大数据的使用应该控制在匿名的个人数据与机器数据内。对于个人数据与机器数据的逻辑应该是，可以通过个人数据推导出机器数据，但不能通过机器数据反向推导出个人数据，这种推导仅可能是单向的。

24.4　聚沙成塔：数据的连接权

一段数据的价值取决于其所包含的信息量。有时，一小段数据包含的信息量是微小的、不足道的。但数据如同胡杨树，看似孤立的一棵棵树，而整片胡杨林却根脉相连。

数据借助互相的联系，数据与数据拼接在一起后，组成更大的数据。这种连接可以像滚雪球一样，不断拓展、越滚越大，直到构建成接近全景信息的大数据连接体。这种连接，叫作数据的连接权。简单来说，如果了解了一个人的身份证号码，在网上查找这个人的姓名、手机号的对应情况，是不是被允许呢？互联网上所谓的“人肉”信息，就是利用数据连接权，寻找对应人更多信息的手段。“人肉”是否合法，应取决于使用数据连接权的手段是否符合规则。

数据连接权的本质是数据授权。很多微信公众号在访问时，都请求用户授权。用户同意授权后，被授权的服务商将得到用户微信账号的信息导入，包括头像、地区、性别等一同被获取。很多服务也可使用新浪微博账号连接，这种连接包含更多信息，因为微博是公开的，连接后可以获取他的发布、转发、回复等内容。

一个网站如果有了用户授权的名字、身份证号、住址等信息，就能通过网络爬虫或搜索算法，查询到用户的高校录取信息、工作信息、志愿者报名、评选公示、微博等社交网站等大量信息。如果检索的信息是公开的，这种数据连接就是合法的；如果使用数据是非公开的，又未获得用户授权，这种数据连接就是非法的。

2015年春节，微信抢红包提高了门槛。想在微信中加入超过100人的群，需要进行实名认证。用户可以使用银行卡进行实名认证，这种认证就是一种数据的连接授权。对于微信来说，公安机关并未授予微信接入公民身份数据的权利。但微信支付与银行存在协议，通过验证用户留存在银行的信息，而间接实现对身份实名信息的认证。微信实名认证的基础是用户在办理银行卡时，银行已对身份证和本人进行过验证。

微信借助银行卡与身份证的数据连接性，间接地实现了自家的实名认证。数据的连接权如果不掌控在用户手里，很多公司个人就可以使用这种招数，轻而易举地获得大量的用户数据。

用户未授权的数据连接行为应该被禁止。比如，如果一个人办理了某航空公司的常旅客卡，这个航空公司就有了他的身份证件号。航空公司未经授权即使用他的身份证件信息查询他在其他航空公司的飞行记录；或者是用户使用一个邮箱注册时，网络服务提供商未经授权就使用邮箱地址去网上爬取用户在其他网站的行为，这就是不合理的。

在数据的连接权中，某些数据属于核心节点。比如姓名/网名、身份证号/护照号、手机号/QQ号/常用邮箱等，背后都连接大量信息。另外一些相对孤立，比如爱好、职业、工龄、公司等，这些信息单个分辨度很差，很难由某一条定位其他，但多条组合能确定一个核心节点。

经过授权的数据连接可以将用户在不同地方片面的数据，经过连接后组合成多维的用户大数据，使个人的数字信用变得更加完整和可靠。

此外，数据的连接还经常被用来保护用户，比如电子支付的防欺诈方面的应用。比如Paypal、支付宝等会对比用户在使用账户支付时上传的一些信息，并使用这些信息与用户之前的注册和使用信息进行比对，对于有问题的付款，会被延时交易或锁定。

如果连接的数据是既有数据，则使用的是数据的连接权。如果连接的是不确定性的数据，就属于使用“有限信息+推测”。隐私作为客观存在，无法控制他人对隐私信息的推测。比如，身份证号和银行卡号都属于部分公开的隐私，当其泄露后，黑客试验生日作为银行卡密码并取款成功，即属于高级别隐私的推测行为。

大数据预测用户行为，就是利用大量既有数据推测用户可能做出的决策。棋类游戏的博弈，就是基于已知行为数据对未知行为可能性的推理。AlphaGo 已经通过可能性预测与决策机制战胜了人类顶尖棋手，实现了固定规则下对“思维”的破译。

数据的连接必然将呈现“智慧”的特征。随着人工智能的发展，人的数字信用与血肉之躯将变得同等重要，本书后续内容会对此内容进行探讨。

24.5 数据战争

由于数据在未来的重要地位，对数据的争夺早已开始。无论是终端之争、入口之争，还是平台之争，核心都是对数据的争取。在数据所有权归属日渐清晰的趋势下，数据之争更是让用户数据在自家平台上产生、保存和授权之争。

数据之争在早期的博弈中，市场混乱，各类手段行为纷繁复杂。但随着数字信用概念与数据归属权清晰，数据战争会越来越规范、也会越来越残酷。对于普通用户来说，需要在数据的战争中，了解数据所有权、连接权的理念与内涵，了解授权机制与数字信用的生成机制。

第 25 章
实名制：数字信用的基石

公子诚一开口请如姬，如姬必许诺，则得虎符夺晋鄙军，北救赵而西却秦，此五霸之伐也。……至邺，矫魏王令代晋鄙。晋鄙合符，疑之，举手视公子曰："今吾拥十万之众，屯于境上，国之重任。今单车来代之，何如哉？"欲无听。

——司马迁，《史记·魏公子列传》

25.1　身份是一种约定

虎符，是古人调兵遣将的证明。虎符"符合"、暗号对上，就能证明身份，得以调军。信陵君为了国家与仁义，窃符救赵，抵抗秦军。他通过偷盗的虎符，实现身份的冒充与权力的调度。

当今很多诈骗案件中，犯罪者通过冒充身份，实现银行账户的钱款转移，给受害人造成财产损失。这种诈骗通常是通过身份伪造，实现预留信息的"符合"。比如盗用网银账户、网络账户，就是一种身份的冒充行为。

不管是调兵系统、还是居民身份或者是银行卡，都是一套信息系统。调兵系统包括虎符与口令；中国的居民身份信息，包括姓名、性别、民族、出生日期、常住户口所在地住址、公民身份号码、本人相片、指纹信息、证件的有效期和签发机关。

一旦约定完全匹配，证明身份准确，即可执行后续指令。银行网点对个人身份的识别确认，包括本人到场与银行卡、身份证、密码这三部分信息匹配。通过这三者，柜台人员可以进入系统实现对身份的验证。如果与系统记录“符合”，即验明通过，用户即可调动银行账户里的资金。在 ATM 机上，只要银行卡和密码“符合”，就可以实现提款；网上银行只需要账号、密码与密钥“符合”，就可以操作网银。

25.2　历史悠久的身份伪造与滥用

身份的欺诈和伪造自古就有，但在中国历代都是重罪。唐代律法中有关于诈伪的约束，比如伪造御宝、伪写官文书印、伪写符节、诈伪制书及增减、诈欺官私财务等，都有不同程度的惩戒，比如：诸伪造皇帝八宝者，斩。太皇太后、皇太后、皇后、皇太子宝者，绞。

现在的《居民身份证法》中也有相关规定。规定中第十八条，伪造、变造居民身份证的，依法追究刑事责任。如第十九条，国家机关或者金融、电信、交通、教育、医疗等单位的工作人员泄漏在履行职责或者提供服务过程中获得的居民身份证记载的公民个人信息，构成犯罪的，依法追究刑事责任；尚不构成犯罪的，由公安机关处十日以上十五日以下拘留，并处五千元罚款，有违法所得的，没收违法所得。

以伪造银行卡为手段的身份伪造被称为信用卡诈骗罪。《刑法》第 196 条关于信用卡诈骗的规定：信用卡诈骗罪是指以非法占有为目的，违反信用卡管理法规，利用信用卡进行诈骗活动，骗取财物数额较大的行为。利用信用卡，一般是指使用伪造的、作废的信用卡或者冒用他人的信用卡、恶意透支的方法进行诈骗活动。信用卡诈骗罪是诈骗犯罪的一种，该罪和诈骗罪之间是特别法和一般法的关系，信用卡在该罪中是犯罪工具，而不是犯罪对象。行为人以信用卡作为犯罪工具进行诈骗活动的，按照特别法优于一般法的原则，以本罪定罪处罚。

生活中还充斥各类身份伪造。冒充他人签名、冒领工资社保、冒用医保等，都是诈伪行为。只是诈伪的对象不同，诈伪获得的权利授权与危害也不同。在信息化时代，所有的个人数据与认证都将以数字的形式实现，身份伪造相当于数字化欺诈。

如果不能在源头上避免身份伪造与滥用，数字信用就没有基础。随着互联网的发展逐渐成为人类生存的第二空间，开启全网的实名制身份管理，就如同当年秦国通过对人口记录提升和改变社会的动员和管理能力。实名认证是人类进入虚拟文明治世不得不迈出的一步。

25.3 无实名，不信用

很少有人主动接受实名制，最大的担忧是个人隐私的泄露。实名制管理的初衷是网络安全，防止大量网络“水军”在网上以匿名的名义做出不正当行为，防止不利于国家安全的舆论传播，防止网络使用匿名进行诈骗并逃之夭夭。

国家互联网信息办公室于 2015 年 2 月发布《互联网用户账号名称管理规定》，规定要求互联网信息服务提供者对账号管理按照“后台实名、前台自愿”的原则，明确提出网上昵称不准违反法律、危害国家安全等“九不准”，并就互联网用户账号名称的管理，对互联网信息服务提供者、使用者的服务和使用行为进行规范，规定自 2015 年 3 月 1 日起施行。

这种实名制，并不只是对网络中使用的实名信息进行审核，还源于网络用户行为的单向可追溯与可确认。单向，是从网络行为到用户的追溯，而不是基于用户实名制到网络行为。简单来讲，用户授权后，可以证明网络上的数据是属于自己的；但是无法通过网络行为追溯实名信息。验证用户行为的时候，实名制信息可以辅助验证用户的信息完整程度。

数字信用的实名制并不仅仅是实名上网，而是更广阔意义上的实名。网络空间中的实名制，为的是保证数据所有权的对应性及唯一性。实名制的核心还在于网络上所有的信息都需要由人认领。实名制使得淘宝、Uber 上的刷单数据永远地留在网络中，一旦有朝一日更强大的智能算法可以判断刷单数据，追究起来，这些人的数字信用将受到极大影响。

实名制保证了产生的数据信息归属全部是真实的，避免了在信息领域制造空白信息、虚假个人信息的数据并以这些虚假的数字信用进行各类虚构行为。不仅如此，如同现实中所有的物品都有归属一样，虚拟世界每条信息的所有权也要被实名标记。

实名制的核心是保障了数字信用的基础数据来源于真实的人、并对应这个人。实名制保证在现有法律框架下，数据来源的合法性。如果虚构的身份或假身份也可以进行信用融通，以个人身份为核心的产权基础就得不到保障，隐私数据也无法在法律框架内保证物权的合法性。也会出现大量虚构身份，存在不公平与欺诈风险。

实名使得作假只可能是诈伪，阻止了凭空捏造，并通过制度与技术保护，为信息的实名所有者保留权利。此处的实名，就像是信息的数字指纹。现实中，个人经手的物品会留下指纹。网络上，个人经手的信息会留下代表实名信息的“数字指纹”。用户将这些信息的“指纹采集权”授权给信用机构时，信用机构可以此构建个人的数字信用。

这种“数字指纹”同时也是一种加密方式，帮助所有者名下的隐私数据不被滥用，即使出现内容的泄露，在没有解密密钥的时候，也无法真正获取信息的内容。这样的实名认证，保证了信息化的数字信用不会被借用、滥用。实名让数据基于真实人的维度，建立一种归类和记录方式。

25.4　信用归属唯一性

数字信用时代的实名制，是对本人真实情况的辨认。我只能代表我，我的信用不允许转移。信用可以做担保，但无法将个人数字信用直接注入他人的信用名下，每人只拥有自己的信用。当然，如果你以个人信用担保其他人时，一旦他人的信用出现问题，将会影响到你。另外亲密的关系会大大影响社交数字信用，在这种前提下，密友之间的信用差距不会太大，使得以信用转移为目的的身份冒充也没必要。

在传统征信中，个人信用多用在贷款上面。房贷、车贷、信用卡等个人财务的扩张，却不涉及核心的个人隐私。但在数字信用时代，个人数据将成为财产的时候，将自己的信息借给他人就好比替人劳动，将自己的数据财产无偿地赠予他人；滥用他人信息，也意味着对他人财产进行无情的挥霍。这种基于身份绑定的所有权制度，一定基于实名制。

钱可以借，但信用不能借，即使出于朋友情义也要谨慎。例如南京的一位王女士利用自己的征信帮闺蜜魏女士到银行贷款，谁知好闺蜜信用不佳，竟在 4 年内逾期还款 53 次，导致王女士的个人征信记录严重不良，被银行列入黑名单。她自己也因此无法办理公积金贷款等业务。借钱还属于人情伦理范围之内，但很少有人愿意将个人信用借与他人。比如借用信用卡的事情，现在除在父母、爱人、子女和极亲密的人之间借用以外，很少有人会借给别人信用卡，在美国，信用卡刷卡要求卡主在场。

除此之外，使用他人实名信息对微信进行验证也是类似的信用借用。和使用自己的征信信息为他人贷款一样。首先，自己的良好社交信用为何要交给他人？在实名制要求下，帮他人虚拟良好的信用记录与替考差不多。其次，在将自己的信用记录交给他人时，也伤害了他人社交信用记录的完整性。严格的实名制能很好地补上这个漏洞。

在目前的金融体系下，信用没有借贷的概念。但货币可以借贷，货币是信用的中介和标尺。网络的本质是去中介化，借助数字信用趋势的演进，个人名下的数字信用与当前的电子货币，会实现快速转换，逐渐从部分替代到逐步融为一体。

25.5 实名与加密

既要保护隐私，又要实名，岂不矛盾？实际上不仅不矛盾，反而是统一的。

实名制不意味着透明制。人们绝不会把身份证挂在胸前，佩戴名牌只限于学校、企业内部、军队或是航空、高铁、医院等服务场所。绝大多数场合实行的是隐藏的实名制，走在街上，你并不知道对方是谁。除获得授权的警察与部门可以检查你的身份证件外，其他任何人无权无故检查身份证件。实名制也要求更高的隐私保护要求，需要加密来保护隐私，加密保障了信息安全问题，即使数据泄露也无法解密用户的信息。

这种实名制，如同给使用者量身定做了一枚“虎符”，这个符一半在网络端，一半在用户手中。这个“符”还有一个特点，在只有一半“符”的时候，并不能知晓“符”另一半的形态。如同断臂维纳斯一样，很难推测她胳膊原来的样子。只有用户拿出另一半，“两者符合”，信息才能够被解密和使用。

实名一定不是暴露隐私。从当前世界各国治理经验来看，短时间内，不保护隐私的实名制对网络环境治理虽然会起到一些立竿见影的效果，但从长远看却禁锢了网络的自由发展。由于世界范围内各国对网络治理的规定不同，使得一个地域的实名制得不到全网络的同步行动，限制了本国互联网与世界的统一和融合。有些实名制信息存储在网络服务商等位置，使得实名制数据面临被盗取和滥用的威胁。韩国在实施网络实名制 5 年后，因无法执行下去，宣布终止。

实名制验证也不一定是每次都需要身份信息的直接验证，使用数据的连接权可以实现，微信使用银行卡信息进行实名认证就是一个例子。只需要一张银行卡信息，再填写你在这个银行留的身份信息和手机号进行验证。微信支付已经和银行打通了数据的连接，只要连接信息验证通过，就可以证明你是持卡者本人。目前来看，对于实名信息验证的两大商业实体主要是银行与移动运营商。

这种思路可以再往前推进一步，主管部门没必要控制每家网站的实名，仅需要管理一部分支持实名制企业和组织，其他主体使用这些企业的连接权，来管理全网的“实名制”。通过已完成的实名制内容，比如手机号、银行卡，申请数字指纹（一串独一无二的随机数字）。通过数字指纹注册网站，网站会对用户产生的所有数据打上指纹，拥有指纹的信息归属于用户。

对于数字指纹来说，理论上每人可以申请无限个。在进行个人数字信用评定时，可依据想公开给评估方的信息，选择性授权个人的数字指纹。评估时，对用户数据的查阅要有留痕机制。如在用户未授权的情况下，要调用用户的全部信息，需要官方出具有法律效益“数据搜查证”。

25.6　加密与数据归属

加密过程是以实名的数字指纹进行签名的过程，解密过程则是验证签名的过程。发送者用私钥对信息进行实名加密，在接收端用公钥进行解密，加密解密都无问题，就可以确认实名的真伪。此处的私钥加密可以作为实名制的数字签名，或者是数字指纹。不经过用户专有的实名制私钥加密，伪造的信息便无法被验证。

比如使用公钥私钥解决实名制快递包裹的问题。通过对快递地址信息的加密，一并实现保密及实名制，如图25-1所示。

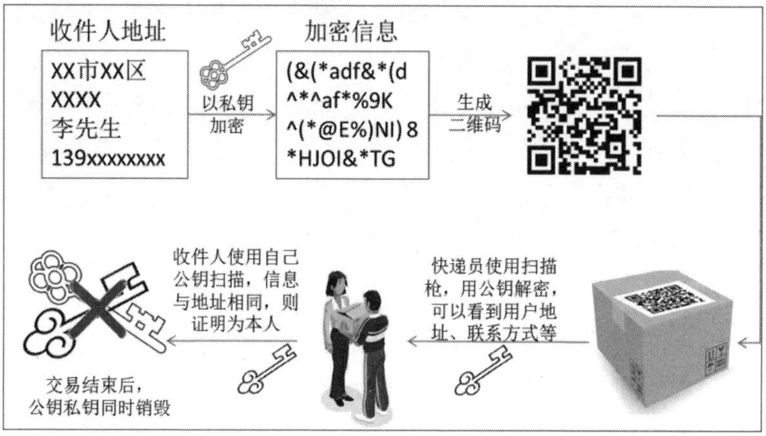

图25-1　加密快递的收发流程

（1）根据快递实名制要求颁发公钥、私钥，填写地址时，由用户实名制的私钥为派送地址加密。最终呈现可以是二维码，正常扫描后是乱码的，需要解密。

（2）用户授予快递公司一个有时限的公钥，在包裹传递的过程中可以解锁地址信息。

（3）快递员在配送上门时，收件人需要用自己的公钥扫描解密。如信息与快递公司解密结果一致，则为包裹的实名制接收人。投递完成后，公钥私钥同时失效。

随着技术的发展、个人鉴定方式的逐步多元化，实名认证也将不再是简简单单的身份证信息注册那么简单了。真实的个人指纹信息、面部信息、声纹信息、虹膜信息等，全部都可能成为实名认证的一部分。

实名制分为前台与后台。目前网络上的体系是使用“前台自愿、后台实名”的方式进行认证的。这与目前的身份证体系有所不同。比如目前的身份证卡片使用的是“前台实名、后台实名”的方式。身份证卡片上印有照片、姓名、性别、居住地址、有效期等，都是一个人的实名信息；与此同时，通过二代身份证读卡器，可以读取到卡片内部更详细的信息，除了卡正反面所展示的信息外，卡片的存储介质内还包括公民的指纹信息和照片信息。

在数字信用时代，使用的是这种前台不透明而后台透明的方式，即个人充分拥有虚拟网络的言论与行为自由，但用户有权通过后台的实名验证，认领哪些前台的数据是属于自己的，并由信用评价机构对这些数据进行价值评估。

由于身份证留存于自身，其他任何机构无权占有。例如，身份证体系也采取“前台加密、后台实名”的方案，则身份证卡片外面可能仅是一张空白卡，没有可视化个人信息。只有使用特定的刷卡设备后，才可以看到公民的身份信息。这就是未来实名制加密的方向，没有人可以把网络信息直接对应到某个真实的人，但在需要验证时，后台可对应到真实的人。

数字信用时代的实名加密，不仅是身份信息的加密，而是个人身份信息、个人数据信息、个人生物特征信息的混合加密与认证措施。实名制将通过加密、解密的权利，保障自己拥有实名信息的入口。加密，保障了实名信息的隐私，对实名用户本人也保障了实名信息的归属问题。

第26章 不断加速的技术进步与永远蹒跚的法律制约

法律的发展总是落后于技术和现实生活的发展。

——原国家知识产权局局长，高卢麟

26.1 “人肉搜索”与“言论自由”

在无确凿的证据前，司法机关也无法强行闯入私宅搜查。有时，他们对风进得去、雨进得去的茅舍也束手无策。隐私保障人们在私有领地我行我素的权利，但前提是不侵害他人利益。如果这栋房子里正在交易伤天害理的勾当，司法人员有权拿着搜查证破门而入。

隐私与言论自由相对立，这源于对隐私所有者对保护隐私的意愿、诽谤者对事实的自由陈述、真实事实被披露或扭曲之间的矛盾。过分的隐私保护会使大量的违法行为得不到披露；过分的言论自由，却让人没有丝毫空间，丧失个人自由与自我认知。只有平衡好两者，才能更好地推动社会的发展，让人们在享受技术便利的时候，也能在自己的空间享有最大程度的自由。

第 23 章提到，数据权利归属于的用户。那么其他人是否有权利使用这些数据？在学界的定义中，一般认为揣度他人隐私属于一种“言论自由”的行为。在定义个人的隐私数据归属于个人的时候，其他人还有何权利？

不拥有不等于不能推测。如何界定操作他人数据的行为？一旦进行搜索、分析、公开或篡改，该如何在法律上定义这些行为？这种“言论自由”有多大的伸缩性？如果侵害了他人的利益，而以隐私的名义拒绝被他人发现，这种保护就不合理。

任何人都有权利获取公开信息并表达观点，通过既有事实推测他人隐私信息的权利应该被保留。在未获得使用他人隐私数据授权的情况下，即使他人隐私数据中存在不法的内容，不经授权就对他人隐私数据进行解密、处理、公开、篡改，也是一种侵权的行为。如同小偷偷盗受贿官员的住宅，偷盗行为本身违法，这个违法独立于官员受贿的违法行为。在保护隐私与言论自由之间，允许在规则范围内对数据进行分析和处理，同时禁止“暴力人肉”搜索。

在这种要求下，通过侧面的推理、逻辑分析，使用法律允许范围内的数据连接权，对他人的数据进行推论。证据及推理充分时，当事人有责任披露相关隐私信息数据。如果当事人拒绝，司法机构可向特定人授予“搜查证”，调查最原始的数据验证最终的评定结果。当受到外界质疑时，当事人也可以主动披露个人隐私数据，证明自己的清白。

26.2　披露隐私数据

对于自己主动披露的隐私数据，其他人有权进行引用和推测。其他人由此推测的信息，隐私所有者有权进行申诉、追回、修改，并保留申诉他人侵害隐私的权利。这些被披露出的信息，也应该成为披露人的公开数据。

保护隐私还是保护言论自由？权衡的标准应该是以隐私为借口损害他人利益造成的损失与披露隐私后对隐私所有者的伤害，孰轻孰重，依此判断两者谁更应该受到保护。

很多博客、微博、朋友圈等内容，是人们在网络世界主动披露的隐私数据。这些记录具备第三方存储保管、固定时间戳、较难篡改等特点。这些内容与记录具备法律效力，当隐私需要披露和澄清时，就可以作为既有证据。当个人信息受到错误记录的时候，可以进行申诉，申诉记录也应具备第三方保管、固定时间戳、不可篡改等特点。

当数据所有权发生改变时，拥有所有权的一方可以任意使用数据。2014 年 4 月，荷兰学生 Shawn Buckles 将个人信息进行了拍卖，拍得 350 欧元。在拍卖会上，他的个人住址、旅行信息、医疗记录、个人日程安排、电子邮件内容和所有社交网络上交流的信息、浏览器历史、“个人想法”等全部包括在内。在这些案例中，出售个人隐私数据本身是一种让渡个人隐私权的行为。购买方有权对这些信息进行使用、分析、公开、授权、转售等。

人与人、人与组织层面，国家安全凌驾于个人隐私，如果个人隐私严重涉嫌侵犯国家安全，官方可以授权“搜查证”进行调查。但即使国家安全凌驾于个人隐私，也不能随意用国家安全的名义僭越个人隐私。

2016 年 2 月，美国加州中心区地方法院要求苹果协助联邦调查局（FBI）解锁一部 iPhone 5c 手机，机主叫塞得 • 瑞兹万 • 法鲁克，是 2015 年 12 月圣贝纳迪诺市（San Bernardino）枪击事件的两个凶手之一。苹果 CEO 蒂姆 • 库克在官网发表公开信回应法院，声称“不会为政府机构直接提供任何后门，来直接访问苹果服务器中用户数据的权限”。蒂姆 • 库克认为苹果无法为此提供后门，因为其意味着公权力对个人数据无休止侵犯的可能。

互联网服务已呈现全球化趋势，隐私数据问题正在跨越国家的界限，某个国家的国家安全与全球用户的数据隐私形成新的矛盾。

26.3 隐私的武器

加密是个人隐私信息的“盾”，破解和发现则是攻击个人隐私信息的“矛”。如何更好地平衡攻和守之间的矛盾？加密是不是可以无穷复杂？是否应该控制其加密的复杂度？攻和守之间的规矩该如何限制？还是就放任自然？

从目前的认知来看，对加密约束的要求，“叩其两端而执其中”可能更适合。如果不加密，信息可轻易地被滥用，让人时刻担忧个人隐私。而为了“言论自由”与事实真相，加密的强度应该有不同的要求，控制不同类型数据的解密时间。

这种思路不仅改变个人隐私数据的传播与披露，而且加密也会改变某些知识产权的保护方式。可以通过第三方存储保管、固定时间戳与加密，对数据的内容进行加密保护。申请完成后公开加密后的数据。在产权受到侵犯或者保密到期时，真正的内容会被公开或解密。被加密的数据也可以按需对内容进行分块式披露。

加密到底是对隐私的保护，还是对信息自由流动的阻碍，目前还无法判断。随着加密技术的发展和人们对隐私认知的变化，对个人隐私的保护也会不断变化。透明与加密是一个亦步亦趋的关系，制约紧则限制信息的流动与膨胀，制约松则不利于数字信用的发展。出于国家安全的角度考虑，加密的强度不应是无限的，个人与组织的加密应受到管制。

比如限制刀和枪的法律，在历朝历代差别都十分严厉。在 18 世纪的欧洲，即使法律已经强烈禁止通过枪或剑私下决斗，也未能阻止人们私下为名誉而战。在今天，如果人们拿起刀枪械斗，造成人员死伤，毫无疑问要负法律责任。枪是具有 700 多年历史的武器，这种在今天看似不太复杂的机械技术，在几百年的法律历史中，起起伏伏地被反复争论和思考。枪到底是助长了犯罪还是遏制了犯罪，是遏制了自由还是赋予了自由，很难评论。

数据技术带来的冲击远比枪要大很多。对比长枪、短枪、手枪等可视化的区别，数据技术的手段、传输方式、加密方式等，都更加复杂。不管是攻方还是守方，即使在法律上做出严格的限制，也很难判断双方的博弈。随着隐私、界定、认知的变化，法律也要做出迅速调整。

技术发展太快，法律总是姗姗来迟。如果不能为快速发展的技术及时制订约束的框架，那么过快发展的技术可能反噬积累已久的文明，法律是驾驭技术发展的一根缰绳。

26.4 技术的缰绳与立法的码农

在个人信息与数据领域，第三方存储保管、固定时间戳与加密技术都可以由区块链技术所实现。除此之外，大数据分析技术、人工智能技术都会在构建数字信用体系中大量使用。

这些技术在提供数据收集、数据分析、信用统计的时候，只要没有数据层面的严格规范框架，就会出现不经意或明知故犯地触碰隐私的问题。不同的技术手段经过复杂组合和演变，还会衍生出更多眼花缭乱的新技术。如果不能有一条“技术缰绳”有效控制这些技术，法律就不可避免地有空子可钻。

传统观念一直认为法律和技术是两个方向的学问。但随着数字信用时代的到来，法律与技术将相辅相成，相互制约。

目前的现实是科技研发人才的短缺与科技法律人才短缺的矛盾，以及世界各国在技术发展中的急迫感与无暇顾及未来影响的矛盾。这些都阻碍了对技术司法与立法的进程。对某些新技术的片面认知，及新技术在多个方向的积极应用，也会阻碍理性地对技术进行立法与司法。

上面所提到的科技法律人才，不仅包括把规矩落实在纸面形成法律条文的技术人才，还需要写程序构建出虚拟制度的码农。他们要用计算机的语言构建法律条款和框架，让技术与程序“锁”在自己构建的法律虚拟框架算法内运行。

数据隐私与信息所有权方面的立法不可避免地慢于技术的发展。但数字信用的发展与技术和传统认知的冲突使得当技术发展到需要制约的阶段时，技术的法律总会亦步亦趋地赶上。

第 27 章 智能终端：不只是你的贴身秘书

假如我是我，是因为我生来如此，那么我是我，你是你。可是，假如因为你而我是我，因为我而你是你，那么，我不是我，你也不是你。

——孟德尔

27.1 嵌入身份认证的手机

掏出手机，无须唤醒显示屏，甚至不需要接入互联网，也不需要进入 APP，只要将手机靠近有银联闪付标志的读卡器，并将手指放在面板的按键上验证指纹，就可以实现支付。

没错，这就是 Apple Pay。这个过程对用户来说，刷 iPhone 相当于刷绑定的银行卡，而按指纹相当于验证身份。手机是数据的收集工具，在 Apple Pay 中，手机变为身份认证环节中的重要一环。

智能手机与身份的捆绑越来越紧密。在实际使用中，用户仅需要刷指纹后看下付款结果。在后台，手机还起着加密、解密、身份验证等多项作用。在交易系统端，如图 27-1 所示，iPhone（手机 NFC）扫描商户付款设备（POS 机），苹果手机的 SE 芯片（Security Element）将令牌传递给商户设备，令牌传到后台交易网络中比对，按压指纹完成安全认证。资金从用户的开卡行转移到商户开卡行，完成交易。

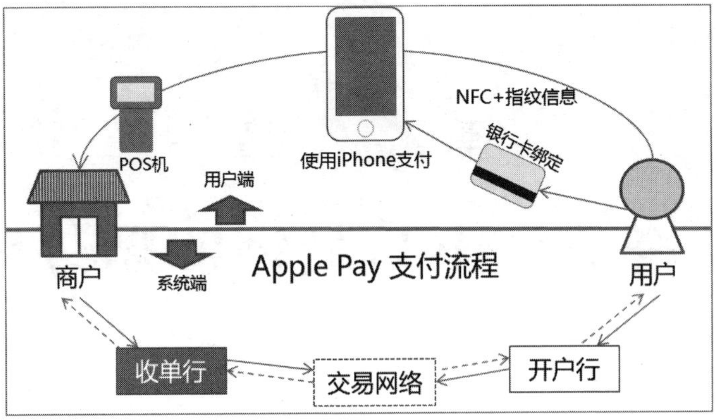

图 27-1　Apple Pay 支付环节

在签权和支付环节上，手机起到了两个作用：一是将大量的个人隐私信息与网络服务器端进行交互，另外一个是验证身份。在支付过程中，看似丝般顺滑，背后却蕴含大量复杂的加密与验证技术。

几年前，人们还只能通过手机键盘来输入密码实现身份的认证。随着各种传感器、微型设备、算法与安全芯片等技术的成熟与发展，人的指纹、面部、眼纹[①]、虹膜识别已经可以全部在手机上完成，用生物体特质认证个人身份。随着各类技术的发展，数字信用将成为个人隐私数据和生物认证信息的集合体。

因为手机处于网络的末端，即被称作终端。如果考虑人与整个网络的关系，手机就成为人与整个数字世界的中介。经过近十几年的技术发展，手机不断地集成各种能力，其中介的地位不断强化。

围绕手机的技术革命与市场硝烟也从未间断。从系统与硬件之争、到价格与渠道之争、再到平台与 APP 之争，各企业不仅是在争夺手机市场份额，更是在争

① 注：眼部血管脉络。

夺数字时代的站位。智能终端的种类也不断丰富，从手机向智能手表等智能穿戴设备转移，力求打造包围人的智能设备体系。

27.2　手机：高科技的信物

目前的数字体系，身份验证通过账号、密码、密钥棒和手机验证码等方式来验明身份。用古代的眼光看这些，账号、密码就像是两个人接头的暗号，而密钥和验证码就等于接头信物，好比虎符、撕开的纸币、敲碎的玉璧等。只有每项要求都能“对上”，才能真正验证通过。

随着诈伪水平的提高，暗号和信物也越来越复杂。谍战剧《潜伏》中的余则成，用收音机接收暗号，喇叭中一个有磁性的声音朗读一串数字，然后，依据约定好的方式，对照某一本书将这段数字解密为一句话。

现在的加密方式，相当于特工用手里的许多本书进行加密。广播先朗读一串数字，说明使用哪本书解密，后面接着朗读另一串数字密文。当然使用书这种方式加解密已落后，现在使用的都是数字加密技术。指纹等生物特征好比不同的书，约定的加密解密方式好比广播里的第一串数字。双方交流数据好比暗语，传输暗语时，数据再由被加密的生物特征进行加密。

手机正在承载以上所述的绝大多数功能。正是出于对终端接入保密的重要性与安全性考虑，由黑莓、谷歌、联想、LG、PayPal、阿里巴巴、Visa、MasterCard 等 200 余家公司组成的“FIDO”联盟，正致力于提供一套完整的身份验证解决方案。

FIDO 使用指纹或其他个人特征数据的加密与解密。通过公钥、私钥体系来保证身份验证的安全，只要私钥可以安全地在终端下进行保存，这个认证的过程可以不通过个人密码就能实现。FIDO 设计了两套加密体系：一套是 UAF，即不使用密码，仅使用生物特征登录，比如指纹、虹膜等方式；另一套是 U2F，用户使用简单密码登录后，使用表明自己身份的密钥棒、NFC 等做二次签权。

UAF 方式签权与前文所说的公钥、私钥加密方式相同，如图 27-2 所示。用户在注册时将公钥信息保存在网站端，将私钥信息保存在个人终端；当用户再次登录时，用户以个人指纹信息经过私钥加密后，与服务器端留存的公钥信息进行比对，在比对成功后，验证通过，登录成功。同样，U2F 相当于将复杂的信息放在密钥棒中而不是指尖，与服务器端信息进行比对，来验证用户身份。

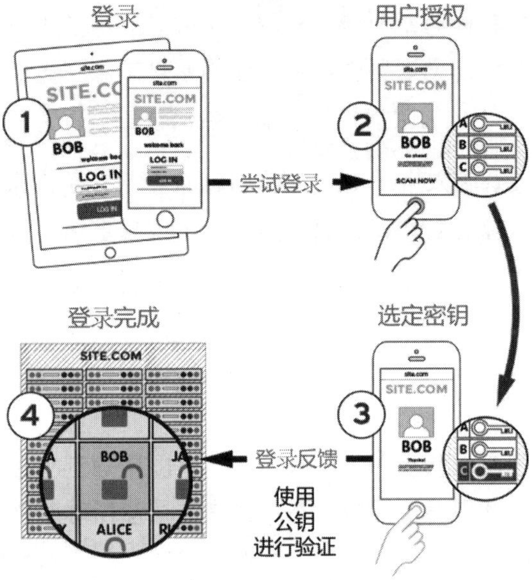

图 27-2　FIDO 登录中 UAF 方式的验证原理

如何实现基于终端的隐私信息的加密与解密？其实，除了对重要的密码、网银等信息加密外，用户的普通隐私信息都可以通过这种加密方式进行实现，以此来保障用户的权益。

由世界各国运营商组成的 GSMA 联盟也在推广基于手机号码的全球统一认证网络。登录支持 GSMA Mobile 账户的网站，可以通过运营商统一账户管理，全球范围内对手机下发登录密码，完成个人账户在不同网络的登录。在这种统一账号认证的系统下，手机号可以等同于手指尖的指纹，保护用户的账号安全。

27.3　终极的智能手机

每次出门，父亲总提醒我记得“伸手要钱”，即身份证、手机、钥匙、钱包，因为这些归属于我的器物，会在重要的过程中证明“我是我”。手机保证对方要通信的人是“我”，钥匙证明进入房屋的主人是“我”，身份证确认我是社会公民，钱包是个人部分财产的承载。

如今“伸手要钱”等几大件全部向手机转移。手机正在变成 24 小时形影不离贴身秘书的角色，帮人们在各个方面证明“我是我”。不管是密码、密钥、生物特征，只要我是真的“我”，就可以执行我的权利。能够虚拟出最像我“信息”的终端，就可以在验证的时候，代替我行使我的权利。越终极的智能终端，越接近真的“我”。终端的终极之辩——我是我。

终端现在还只是人与身份体系数据库之间的中介。在手机银行中，手机代替了现场的真人与证件验证，通过账号、密码、手机绑定等证明身份体系另一端的使用者是我。在共享经济中，手机则相当于一枚“万能钥匙”，帮助人们打开共享单车的车锁、共享房间的智能锁等。未来随着网络和终端技术的进一步发展，这种验证能力会不断地得到加强。这种承载与过去的纸币、钥匙不同之处还在于，这种验证过程的本身还承载着人的信用。门锁或车锁的打开不仅因为“我是我”，使用的权利、价格还因为“我的信用”而与他人可能不同。

你的指纹、虹膜、声纹、心跳特征、走路姿势，甚至包括基因的片段等特征，每个人都完全不相同。这些生物特征均可以被一套算法，统一为几十到几千位数字组成的数字串，目前流行的比特币的“钱包”就是由 32 位的字符串组成的，这两种字符串之间有替代和转化的可能。相信不远的将来，活体的生物识别结果，可能就是你的“钱包”。

网络与终端设备均在普及化、微型化、云端化、智能化，世界正在变成一个更丰富的万物互联时代。不断发展的技术能够使得未来将不再需要随身的手机来证明“我是我”。不管是身份证、钥匙、钱包还是个人行为，或许我们自己的有机生命体，就是最终极的智能终端。

第 28 章 信用有效期与加密强度

切记，时间就意味着金钱……切记，信用就意味着金钱……切记，金钱具有孳生性和繁衍性……切记以下格言：勇于偿付借款者是别人钱袋的主人……影响信用的事情，即使十分琐屑也必须加以注意。

——本杰明·富兰克林

28.1 变化中的人类

每隔 7～10 年，人类就会将浑身几乎所有的细胞全部更新一遍①。有理由相信，间隔超过 7 年的任意两个时间点，这个人都不是原来那个“人”，随着时间发生改变的，不仅仅是物质，还有精神。

与人的“重生”相似，一般征信的有效期限是 5～7 年。我国《征信业管理条例》对征信数据的管理期限是 5 年。也就是说，纠正个人不良记录后 5 年，不良

① 细胞更迭不包括神经细胞、眼球晶体细胞等。

记录将不会再对个人产生实质的影响。

全世界征信框架下都有类似的规定，美国的征信框架下，不良信用信息的保存期限一般为 7 年，破产记录是 10 年，未偿还的法院判决是 7 年或者直至限制法令消失。由于我国尚无个人破产制度，所以在征信记录中无个人的破产类信息。

在征信领域里设定的数据消除年限，综合考虑了信息对信用主体的约束力、信用重置时间、数据时间成本等多重因素。刑法中也有诉讼时效这样的概念。依据罪刑的轻重，对于多少年以前未立案的刑事案件不再追究。本着对案件本身的影响、证据的追诉、受害人对权利的渴求度，诉讼时效是对一个行为追诉的合理时长。超过这个时间，且没有新的犯罪信息，一般认为嫌疑人已经改过自新，不会再犯。

刑法中不追诉的内容是未被发现或者未被起诉的违法记录；而征信是被发现的不良记录，只有 5 年的有效期。在目前的记录中，主要指的是贷款未归还记录、信用卡逾期、债务担保、被起诉记录等。

征信数据有效年限的概念与此类似，被认为是有时效性的。这个 5 年的概念，是在解决了不良记录问题后的 5 年之内不出现任何问题。如果 4 年半后出现另一个不良记录，那么这个 5 年之约又要重新开始。

随着当今数据存储变得越来越便宜，删除数据的成本远高于保存它的成本，不良记录的数据可能会得到比有生之年更久的保留。因此，这部分数据并不会消失，只是其不再影响你的数字信用。

随着对隐私数据、征信信息越来越细致的分类，不良记录的期限很可能根据严重程度分为不同的时效。另外，由于不良记录的客观存在，一旦市场有了解个人更多历史情况的需求，不同程度的“不良记录”的消除时间可能会增长或缩短。

28.2　数据的年轮：加密强度与征信有效期

在当前的计算科学中，加密的含义不是无法破解，而是“以当前的计算能力破解成本高”。一旦破解的时间与成本大大超过信息本身的价值，就可以认为信息被“加密”了。

计算能力的不断提升使得不断尝试破解成为可能。所以，加密对于计算机来说，只是在一个时间段内保护内容不被破译。而这个时间段，正在随着计算能力的不断强大而变得越来越短。

对个人征信数据来说，破解时间应该等于不良记录消除年限的时间，加密强度对应为合理成本计算能力下年限时间内可破解的强度。当然，对于不同保密级别的信息，加密的强度应该不同，随阶梯分布。

同时，摩尔定律表明，每 18 个月计算机芯片的集成度提升 1 倍，相应的计算能力也提升 1 倍；同时，每 1 美元所能买到的电脑性能，将每隔 18～24 个月翻一倍。根据摩尔定律来看，计算能力每隔 18～24 个月翻一番。

这意味着，在信息世界中，随着时间的推移，加密数据被破解的时间也在缩短、成本在降低。为保证对隐私的保密，加密的强度应该每隔一段时间增加一定的复杂度，保证这部分隐私在被征信保护的年限内，不被本人与征信机构之外的人轻易获取。

在隐私数据的加密上，应该随时间推移对数据加密的破解难度进行提高。按照央行对不良记录的失效年限来看，每隔 5 年加密的强度应提升 5.6 至～10 倍①。

加密数据的破解年限应该保证在 5 年内不被破解。不被破解的加密要求是螺旋式上升的，不是每隔 5 年提升一次加密强度，而是每隔一段时间，就提升一次加密的强度。如图 28-1 所示，假定每 18 个月计算能力提升 1 倍，则每隔 54 个月（即 4 年半）加密强度应提升 8 倍。为了更细致地保障安全，可以人为设定一个时间，如每 9 个月加密的复杂度提升 1.414 倍。

加密不能过于简单，以免被短期内轻易破解。加密也不应该过于复杂，从而增加使用信息时加密解密的计算资源。对于相同信息量②的数据，应禁止在加密前增加无关的“数据噪音”。通过“在沙堆里藏一粒沙子”的方式，添加无效数据变相提升加密的复杂性，但会消耗大量的存储和计算资源。

---

① 注：2 的 2.5~3.3 次方，即按计算能力每隔 18～24 个月翻一番，得出 5 年时间计算能力提升的强度。

② 或者叫作信息熵。这里的理解就是，一段数据所包含的信息不取决于总的字符数。

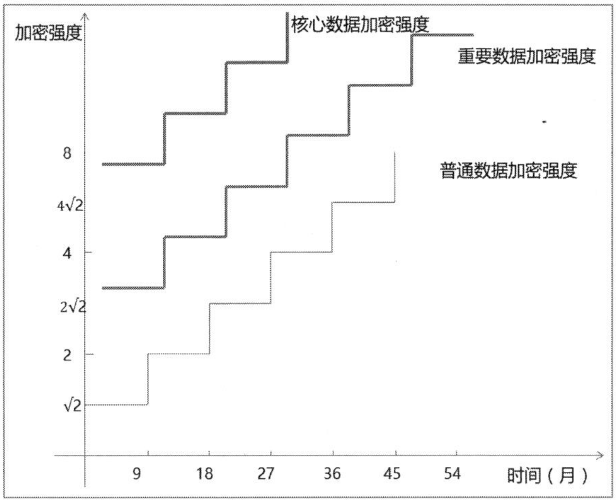

图 28-1 随时间变化的加密强度

如图 28-2 所示，考虑设定一个均衡破解时间——即在当前时间点，在成本不变的计算能力下，破解所花费的时间是一个确定值。比如保密级别中的“绝密”，被破解计算时间应设计为 10 年或更久；重要数据的被破解时间为 5 年，与征信不良纪录保持年限相符，看作“机密”；不重要的普通数据信息不加密或轻加密，可在不超过 1～3 年的计算能力条件下被破解。

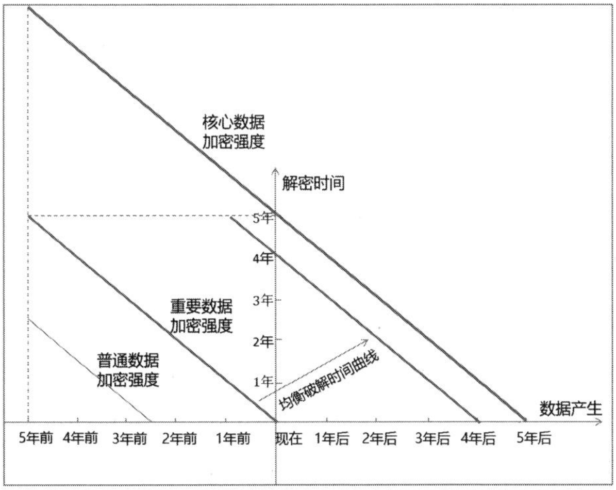

图 28-2 加密被破解的时间

在到了不良记录的消除年限时，信息在不公开披露的状态下，即使被强力破解，对当事人也不造成实质影响。对各类隐私数据加密解密本身是有成本的，刚开始可能出现在网银等对隐私高敏感度的业务里，随着数字信用理念的发展，会逐渐变为一种普遍的服务。

28.3 时间的本质

时间能够赋予隐私数据信用价值，也能让不良记录的负面价值消失；时间可以让加密的信息被破解，也可以变为加密强度的量尺，确定不同重要级别内容的加密复杂度。

征信不良记录消除年限、加密的隐私数据被破解的年限、事实对征信影响的年限应该是统一的。对于征信，可以认为它是用过去时间的信息做未来的镜子；对于组成数字信用的数据来说，这 3 种年限的统一，意味着未来的时间变成了过去的钥匙。

从人性层面上分析，时间消除不良记录的本质是：人处在变化之中，富裕和荣华可能归于平淡，失信可以得到救赎。而对于失信本身来说，时间是一种默认的惩罚。在市场经济的金融思维里，时间本身就包含了利息价值。

普通人在 30～60 岁之间是一个财富上升的阶段，设定时间的惩罚体现在，由于征信不良而无法及时借助金融手段享受现代生活，以及丧失可能的工作、投资、消费等机遇。60 岁以后，随着消费能力和需求都变低，个人的金融需求也会大幅下降。在仅拿退休金的岁月里，信用分高低主要来源于一个人善始善终的本质，不依赖还款能力，而是可能性极低的违约率。

在数据分析的数学意义上，时间影响的本质是一个马尔科夫过程。马尔科夫过程是在已知所处状态的条件下，对未来的影响不依赖于它以往的演变。接受改变而不影响未来变化的时间在征信中被定为 5 年。下一阶段是守信还是失信，只取决于 5 年内的状态，而与 5 年零 1 天之前无关。征信的本质就是利用过去规定时间内的数据判断未来的活动。这种影响还表现为，时间越短，当前的状态对未来的影响越大。随着时间的推移，影响在足够长的时间之后，变得微乎其微，无论是正面的还是负面的。

不良记录信息在多年后不再影响征信评级，本质也源于对人性本善的认可，为改过的人提供一个信用的重生机会。征信真正的作用不是惩戒失信，而是褒扬诚信。因此，征信并不以“惩罚”为目的。

新兴的美国大数据金融科技公司 ZestFinance 在大数据征信技术中，就假定每一个用户都是“好”人，不随便设黑名单进行“有罪推理”。

第 29 章 数字信用：从约定开始的博弈

我们去，在那里变乱他们的口音，使他们的言语彼此不通。

——《圣经·旧约》创世纪

29.1 “举重若轻”的约定

为了保障被融通内容的重量化与融通载体的轻量化，人们用保密的技术与约定实现。

古代的虎符对于当时来说工艺极其复杂，调军时理论上还要配上文书手谕与约定好的暗号。而看似简单的银票，内含大量保密方式，除了银票的纸张与印刷特殊以外，连文字上每一个字的钩该怎么写、笔划在什么地方停顿都有明确的约定；而且银票一经收回，即刻销毁，不留给外人破译的机会。即使是看起来很简单的身份证+6 位密码，也包含了大量加密技术。

为了实现这种“举重若轻”式的融通，除了约定如无缝天衣般复杂外，还有对钻空子人残酷惩罚的后手。前文叙述了古代对诈伪的各类处罚，对身份的冒充在历朝历代都是重罪。同样，钱庄的票号掌柜一旦私通外人，会立刻被押到官府，关进大牢，重刑伺候。时至当下，法律对诈骗和企业公章管理也有严格的约束。

29.2　不断细化的诈骗分工与法律博弈

2016 年 8 月，几起电信诈骗案掀起社会舆论的巨大风浪。山东女学生徐玉玉被精准的助学金电话诈骗，损失 9900 元，造成昏厥离世；山东理工大学学生宋振宁遭遇通信诈骗，被骗取 2000 多元，当晚心脏骤停而离世；某清华大学教授，被冒称公检法的通信诈骗损失 1760 万元。

同样金额的诈骗，对某些人可能影响不大，但对某些人来说可能会造成家破人亡。不能认为山东女学生徐玉玉被诈骗 9900 元的危害小于清华大学教师被诈骗的 1760 万元。山东理工大学学生宋振宁被骗金额仅 2000 多元，但却间接造成死亡，给家庭造成很大的影响。可 2000 多元的数额在诈骗的法律条款中，甚至很难立案。

骗子并不是一个人在作战，诈骗团伙拆分成几十个环节。各环节各司其职，所有人在线上组成虚拟团队，互相可能完全不认识，通过网络进行交易的商谈和利益分配。而对于诈骗犯来说，基于互联网大规模合作的方式，找出技术漏洞、伪装身份、与受害人沟通、骗取钱财、转移钱、洗黑钱环环相扣；甚至可以进行全球性远距离跨地区的资金快速转移。

根据调查，2015 年全国从事诈骗产业人数超过 160 万，涉案金额 1152 亿元。同期全国司法体系总人数仅 300 万人左右，专门负责网络诈骗方面的人更是少之又少，具备司法身份的 IT 工程师和技术人员基本为零。在这片虚拟的空间里伸张正义，更多靠的是侠气。

29.3　从危害影响到数字信用管理

当大多数人的思维还停留在传统的金融时代，诈骗犯的思维早已进化到数字信用时代。数字信用时代的管理不能用传统的管理办法，就如同不能用管理马车的方式管理汽车一样。当诈骗犯以毫秒级速度实现钱款的转移时，以天为单位的立案侦查的工作方式将永远落后于诈骗。

传统法律对于线上诈骗的惩罚，更多的是依据诈骗数额的多少，却不是因为造假的本质。除了钱款诈骗外，诈骗行为的危害还包括对非财产性损失，比如名誉上的诋毁和侮辱，其危害程度有时无法用金额衡量。这种人身诋毁，时常在各类 BBS、微博、QQ 空间或朋友圈上发生，或者盗用账号冒充“水军”误导舆论等。某些受害人追责意识不足，造成诈骗行为频繁发生。

在数字信用时代，个人数字信用可以很快地转换为货币或影响力，对于个人数字信用的保护，除了各类反欺诈技术手段外，在法律层面上保障个人数字身份安全也至关重要。

2016 年 11 月 7 日已通过《中华人民共和国网络安全法》，并自 2017 年 6 月 1 日起执行。虽然某些重点问题已经得到解决，网络安全向前迈出一大步，但是数字信用依然存在隐忧。

29.4　被割裂的互联网与没有终极真理的博弈

互联网刚刚把人类信息连在一起没多久，数据的流通却不得不因为国家、法律、利益及隐私传统而被迫地割裂开来。数字信用作为网络的衍生品，割裂的互联网必然带来割裂的信用。

割裂必然意味着冲突。割裂的贸易将造成围绕商品交换的战争，比如明朝的抗倭战争、清朝的鸦片战争；割裂的货币造成的货币战争，比如布雷顿森林体系、日本广场协议；割裂的传统信用造成信用的危机，比如 2007 年开始的美国金融危机。

数字信用时代，割裂的数字信用也必然会带来数字信用的危机，不断出现的数据战争已经初现端倪：沃尔玛要求供应商停止使用亚马逊的 AWS 云服务；《网络安全法》中要求，“关键信息基础设施的运营者在中华人民共和国境内运营中收集和产生的个人信息和重要数据应当在境内存储”等。

冲突的结局必然是妥协和开放。虽无法预测数字信用时代的危机，但相信人类能够掌控未来。就如同人类对火的利用，几百万年前人类从不知道火是什么到利用其加工食物；再到人类通过水或油烹饪食物、制作火药等方式控制火；直到蒸汽机、内燃机的出现，人类才真正抓住了火的“缰绳”；作为一种能量的表现，火又幻化为电，成为更加灵活的精灵而服务于人类。

人们从交换中抽象出商品，从商品中抽象出货币，再从货币中抽象出信用，又利用数字技术把信用与人合成为数字信用。但不管是哪一种概念，人类对已经形成的概念将深信不疑，却往往没有意识到它的不完美、也永远不可能完美。

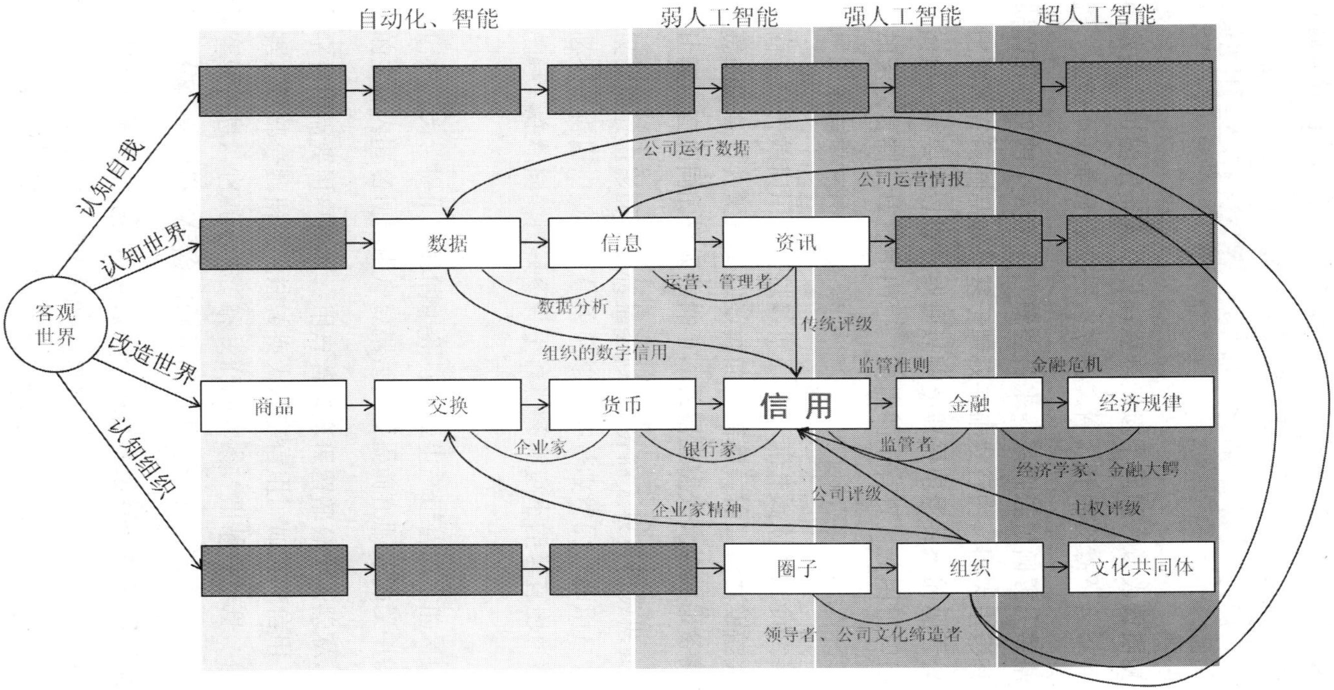
自动化、智能
弱人工智能
强人工智能
超人工智能
客观世界
认知自我
认知世界
改造世界
认知组织
数据
信息
资讯
公司运行数据
公司运营情报
数据分析
运营、管理者
传统评级
组织的数字信用
商品
交换
货币
信用
金融
经济规律
监管准则
金融危机
企业家
银行家
监管者
经济学家、金融大鳄
公司评级
企业家精神
主权评级
圈子
组织
文化共同体
领导者、公司文化缔造者

本篇知识背景图

第五篇

组织的信用评级

> 我们生活在两个超级权力世界之间，一个是美国，一个是穆迪。美国可以用炸弹夷平一个国家，穆迪可以用降低债券评级来毁灭一个国家。
>
> ——托马斯·L·弗里德曼，《纽约时报·不要搞砸穆迪》

评级无处不在，餐厅、影片甚至人品都可以评级。可评级一旦被应用到主权国家，就变成一股可怕的力量。金融评级机构从20世纪30年代经济大萧条时期走上历史舞台，近百年过去，只能算毁誉参半。

不管是投资一家企业、为企业发放贷款，还是投资一个国家的主权债券，最好的方式依然是将评级的权力留在自己的手里。

对企业和组织的评级只能评定当前的情况，很难评价出组织的生命力。生命力才是企业未来发展的根本。一群人缘何聚集起做事业，组织的生命力从何而来，又该如何评价？本篇试探一二。

第 30 章 威力巨大的评级

以无厚入有间，恢恢乎其于游刃必有余地矣。

——《庄子·养生主》

30.1 米其林餐厅与债券评级

有一个小册子，上面有餐馆信息和几颗星星，它是全世界饕餮们的行动指南，有的人翻越千山万水，只为了那一口响彻灵魂的酸爽。而星星，更是这些人的激动指数，牵动着无数的唾液神经。这本小册子叫作《米其林指南》。

这一颗颗星星的来由是什么？其完全来自于米其林评测员的打分，有人猜测这些评测员的身份神秘，他们中很多人可能就是三星餐厅的主厨。但是也有很多证据表明，主厨自己也不知道是哪些人在给自己的餐厅打分。通常获得一颗星的餐厅至少需要被评测员到访并打分 10 余次；而升级到 2 或 3 颗星，或是从 2 或 3 颗星向下评级，则需要评测员到访并就餐 10 余次后进行综合评价。造访的时候，评测员和普通食客没有区别，可能是一个人，也可能是多人一起，但都会隐瞒自己的评测身份。

当然，作为米其林的评测员，也有极其多的苛刻条件。根据米其林官方的招聘要求，评测员需要至少有 10 年以上的餐饮酒店行业经验，同时要求对食材、烹饪、营养等方面有国际性的基础知识，对菜品有突出的观察力和记忆力，有酒类的研究或工作经验，对餐馆和食品相关的媒体方面有突出的研究。评测员还是标准的学者。他们会对所吃到的食物给予最客观、最苛刻的评价。评论的项目包括菜品、环境、服务、佐酒，加分项可能包括主厨态度或如厕环境等。作为米其林的评测员，工作性质比特工还神秘。评测员的身份不仅不能向家人、朋友等任何人透露，有时连米其林公司高层也不能与其见面。

最终的评级，由米其林总部整个团队对他们十几人次的评价结果进行综合评审得出加星或撤星。具有星级的餐厅，每年要经历更多次的评测和检查。米其林从不对外公布评价的根本原则，但评价却很少让食客失望。与米其林餐厅在同一历史时代起步，且工作方式类似、评价结果类似的，就是金融领域的评级公司了。

时至今日，评级公司的评级，成为了国家主权基金、社保基金、组织和个人投资者的重要参考。较高级别的评级，意味着投资者的青睐和低成本的募资，蕴含着巨大的利益。对米其林来说，如果评测师不称职或与餐厅有黑幕，食客很可能吃到“炸弹”。意味着米其林的声誉也将遭受巨大损害。对债券公司来说，一旦评级机构的评级出了问题，后果可能是大范围的金融风暴。对于经济和政治的影响要远远超过米其林红宝书。

在目前世界金融市场中，威名赫赫的三大评级机构是标普、穆迪、惠誉，分别创立于 1860 年、1900 年和 1913 年。2008 年，以美国为主的巨量金融资本吃到了“炸弹”，带动了全球金融危机爆发。此事的发生评级脱不了干系，2016 年 10 月，美国司法部对穆迪公司发起民事诉讼，起诉穆迪涉嫌夸大抵押贷款证券的信用评级，欺骗投资者。

30.2　制造危机的评级

美国司法部认为，由于穆迪公司在 2008 年对住房贷款抵押债券（RMBS- Real

estate Mortgage-Backed Security）及担保债务凭证（CDO-Collateralized Debt Obligation）给予的较高评级，违反了联邦法律。

事情要从十年前说起。1998 年，美国在东南亚金融危机中获利，年底介入科索沃危机；1999 年，美国打赢科索沃战争，互联网科技泡沫膨胀，大量资本回流美国；2000 年，互联网泡沫破裂；2001 年，布什入主白宫，发生“9·11”恐怖袭击，安然公司破产，美国面临新危机。为引导经济发展和货币有效流动，2001 年美联储开始降息，并持续维持低利率至 2004 年。大量资金随着股市下跌涌入房地产，房地产成为释放股市投机热潮的出口。当大量富裕阶层的美国人民完成房产投资时，房产这艘经济巨轮根本无法停住，驶往并不富裕的低信用人群。大量贷款开始提供给 FICO 评分低于 620 分的人，这类贷款被叫作次级贷款。当时，美联储的联邦储蓄利率仅有 1%，普通贷款的利率是 5%，但次级贷款的利率是 10%。次级贷款占全部按揭贷款的比率，从 2001 年的 8%上升到 2006 年的 20%多。而这些次级贷款，由商业银行打包成住房贷款抵押债券（MBS）被卖给投资银行，又被投资银行打包成 CDO 卖给全世界；另由投资银行连同保险公司设计信用违约互换（CDS-Credit Default Swap）产品来为这些资产做保险。

由于评级机构对他们的较高评级，使得这些看似极其安全的资产，在美国甚至世界范围内被金融机构、社保基金、各类投资者购买。数以万亿美元计的风险抵押债券，在获得高额收益的时候靠低风险评级来掩盖风险。次贷的不断膨胀推高了房价，高房价带动更多低信用人群申请次级贷款，雪球越滚越大，这类资产的评级却并未降低。穆迪对 RMBS 与 CDO 不负责任的评级，将美国连同整个世界都推向了巨大的金融深渊。

迈克尔·布瑞（Michael Burry）是一位对冲基金经理。在传统的金融世界中，鲜有人像迈克尔·布瑞一样，重新打开成千上万人组成的次级贷款组合，核对每一位贷款者的情况。2003—2004 年间，他开始对房产抵押债券进行研究，并准确地预测房地产泡沫可能最早于 2007 年开始破裂。这使他确信这些次级贷款，尤其具有较高手续费率的贷款，以及以这些次级贷款为抵押的债券，将会剧烈贬值。这个结论使得他开始做空市场，通过说服高盛卖给他 CDS 来实现。这个故事成为 2015 年年底的《大空头》电影的主线。影片中，迈克尔·布瑞决定去做空 RMBS

的时候，其他人都认为他疯了。高盛的销售员甚至一度认为向他销售 CDS 这个稳赚不赔的生意是不是有些“未尽到提醒投资者风险的义务”，而一再确认他是不是真的决定购买 CDS。此时，没有人会质疑穆迪的评级，大家都认为这是极其安全和保险的金融产品。可是，大家都忘记了，真正确定 RMBS 能否偿还的关键，不是穆迪的评级，而是债券里打包贷款的一个个真实的人。

信用等级的评定来源于对前一个层次的认可，评级机构对 RMBS 的认可来源于对银行体系和个人征信的信任，一切都设计得完美无缺。问题出现在几个体系的衔接上。大量贷款者并未正视自身的还款能力；银行的贷款员为了业绩也放宽了审核标准，将大量没有还贷能力的客户揽到自己名下。而评级机构显然忽视了这一点，以固有的观念认为买房的贷款人大多会有信用，出现违约时还有房产抵押。就算部分人违约无法还款，次贷的高利率也可弥补。

但当房产泡沫一个个破裂的时候，穆迪等评级机构对 1.9 万亿美元的 RMBS 进行降级。此时的降级，显然给了更多人抛售债券的理由。市场向雪崩一样发生踩踏，给整个金融市场带来巨大的风险。

30.3　评级的艺术

三大评级机构是欧美大资本的指南针和压舱石。以独立、公正、客观为己任，并兼具科学与艺术的评级，带领大资本向其理想中的真理方向前进。正是由于这种重要的地位，评级机构不可避免地受到大资本的影响，时过境迁，很可能沦为大资本的代言人，牵引各路资本按照大资本的意愿行事。当然，也不排除有时会搬起石头砸自己的脚。责任巨大的穆迪及标普，在 2008 年金融危机前，是美国标普 500 指数中盈利最高的公司，毛利率曾一度达到 53%，超过谷歌与微软。

对主权的评级主要通过对主权债务的评级来实现。债务评级的本质，是依据发债者的还债意愿和能力去估计债务违约的可能性。债券评级的方式方法和评测师为餐厅打分类似。

为了保证客观性，评级一般需要一个框架。先定下框架的基本原则，比如哪些指标、加权系数和打分办法等；再提出一些前提假设，通过历史数据和假设情况对框架进行验证，保证框架的有效性；最后进行具体评估。在实践中，对影响评级对象信用风险的基本元素进行分析，包括定量与定性分析。

在具体评级环节上，首先，对宏观经济、行业、地区等外部因素进行综合考量，然后考虑评级主体的竞争地位、管理水平、财务状况、资产情况等内部因素，进行综合分析；最终根据各项评分综合评级。与标普、惠誉不同，穆迪的评级方法细分到不同行业，所以它的评级要素中不包含宏观经济和行业分析等外部因素。

每个细节的任何疏忽都将影响评级结果。评级工作本身兼具技术性和艺术性，技术是对框架搭建和信息的搜集、分析和总结的能力；艺术则是定性判断，以及对很多相关性较弱或毫无相关性信息的捕捉和推测。近些年来，评级公司越来越被更多人质疑，认为其评级有时不再准确、客观。评级机构在用尽权力的同时，忽视了自身重大的责任。

2001 年 11 月，评级机构将安然公司的信用等级保留在投资级之上，但仅过了 4 天，安然公司做假账问题东窗事发并申请破产。在安然公司 800 亿美元市值灰飞烟灭的整个过程中，评级公司扮演了重要的角色。正是评级公司对安然公司债务较高的评级，才使得投资人对已经岌岌可危的公司放松了警惕。一旦出了大乱子，评级公司除了影响自己的名誉外，并不需要背负法律责任。而为安然公司做财务审计的安达信公司（Arthur Andersen），由于负责审计财务报表，对安然公司虚报的 5 亿美元利润负有重大责任。安达信被美国证监会（SEC）告上法庭时，安达信还自信满满地认为可以通过和解来达成免责。为了进一步减轻罪责，安达信甚至用卡车把审计时的工作底稿运走，并一张张撕毁。此举最终被认定为阻碍政府调查安然破产案，安达信也由此破产。

审计事务所的破产并未妨碍评级公司的苟活。评级公司使用经审计后的财务数据对安然进行评级，确实不需要负直接责任。遗憾的是，在这个事件中，评级公司未能很艺术地发现问题。评级诞生之初，评级机构多依靠先进的理念和创新的评价标准。到了近些年，评级偶尔会有失判断力，很难说是无心之失还是有意为之。

30.4 评级服务的价值

三大评级机构的评级分为主动评级与受托评级。在成立之初，他们以主动评级为主要工作方式，面向投资者较为关注的投资债券进行评级。在经历一段历史时期之后，评级机构开始接受外部的委托评级。同样是为女主顾画肖像画，主动评级如同是免费的，直接动笔画；而受托评级则包含了画前的化妆服务。如果评级机构主动上门找企业做免费评级，大多不是免费午餐，毕竟只坚持真理的机构很难做到 53%的毛利率。

1998 年，穆迪曾向德国汉诺威保险公司发出信函，称愿意为其提供主动评级服务，并希望未来能为其提供收费服务，汉诺威并未接受。但穆迪仍然对汉诺威进行主动评级，连续两年给出的评级并不高，汉诺威坚持不采取付费委托评级。2003 年，穆迪突然把汉诺威的债券级别从投资级的 A2（优良）降至 Baa1（Junk，垃圾级），引起了市场的抛售潮，造成汉诺威在一个下午损失 1.75 亿美元。最终汉诺威不得不接受穆迪的受托评级服务。而在同一时期，标普给汉诺威的评级是 AA（十分强健），而贝世（专注于保险的评级机构）的评级是 A+（超好的），均是两个评级公司的第二高评级。

在债券和资产进行包销的时候，邀请评级机构进行委托评级，使得自己的债券可以获得较高的评级，而以较低的利率募集资金。进行委托评级的企业，会在三大评级机构的指导下，对债券的设计和财务报表进行调整和优化，以此来得到较高的评级。应该说主体并没有发生变化，但可以改变评级。就如同化了妆的姑娘，变得好看很多，但实际上还是那个姑娘。这种受托评级就是让企业在合理的范围内，按照金融机构认可评价标准展示自己的财务及综合情况。汉诺威不接受的是穆迪的主动评级，而最后造成债券被抛售、募资成本极高。这使得汉诺威不得不低头，让穆迪来粉饰自己的评级，让资本市场给自己的债券一个合理的估值。汉诺威的事例给了其他企业警示，成就了三大机构的高速扩张。在接下来的几年里，它们创造了极高的毛利，并在全球建立数百家分支机构。

1996 年 9 月，穆迪和标普分别给韩国开发银行长期债评级为“Aa”和“A+”，属于投资级别；不到 1 年后，韩国危机来临，这些债券迅速降到垃圾级别，债券遭到抛售，其他亚洲国家也类似。此举助推了 1997 年亚洲金融危机。同样，在雷曼兄弟倒闭的前几天，穆迪竟对该投行的债务给出了 Aaa 的健康证明。虽然理论上不能预知黑天鹅并给出有预言性质的评级，但很多时候评级机构给出的评级应该与风险基本吻合。

对于投资者来说，债券评级的作用体现在平衡债券的收益与风险。除了参考评级机构的结果，核心仍是投资者建立自己的评级框架。在现有评级理论基础上，使用更加客观、更易理解、更加灵活和更加个性化的方法。

第 31 章 发现市场的引力

"信誉"这个词传递了品质的永恒含义。信誉能指导价格（或执行惩罚），因为了解信誉最经济实用。

——乔治·J·斯蒂格勒《信息经济学》

31.1 信息牵引市场价值

19 世纪 40 年代，马克思将无差别劳动定义为价值；20 世纪初，索尔斯坦·凡勃伦（Thorstein B. Veblen）发现有些物品"越贵越好卖"，物品的价值并不局限于使用价值，物品内涵价值可能远远超出实际价值。他将信息认作一种价值，认为知识的增长可构成财富的主要来源。1961 年，乔治·J·斯蒂格勒（George Joseph Stigler）发表的著名论文《信息经济学》中第一次将信息作为经济活动的要素和经济运行的机制加以研究。1983 年，美国经济学家保罗·罗默（PaulP.Romer）提出，应把信息当作一种生产要素。现在，越来越多的经济学家认定，信息将是未来社会的决定因素。随着信息传播成本越来越低，各类消息大爆炸，评价和分析信息的能力将变得更加重要。

不论是对企业还是市场，当信息完全透明的时候，供求会趋近于平衡。评级是一种尽力使信息对自己透明的理性活动，以此寻求自身效益或利润的最大化，是一种对风险进行定价的行为，更是一种简单有效的信息归集与评价手段。

31.2 中小企业评级

与三大评级机构的公开评级不同，还有更丰富的内部评级、中小企业信用评级体系。这些评级内容，主要供制定政策、发展业务、确定客户与优化合作等使用。对使用评级结果的组织来说，评级为自身资源整合提供了方向。而对于被评级的公司来讲，评级是用企业自己的信息价值，借助外力帮助自己成长。

信用评级起到的是平衡企业生态的作用，比如2016年的供给侧改革，从宏观角度要求去杠杆；但是对于优秀的、代表先进生产力的企业来说，则不应去杠杆，而是要结合实际情况进行加杠杆。那么该如何去评价先进生产力？

如同银行根据个人征信授予信用卡一样，银行也需要对企业进行评估。但与框架统一的个人征信不同，对企业征信的评级，在各个不同的系统中，均有所差别；面向不同类型的企业，评级要求也不同。虽方法不同，但套路类似。比如对中小企业评级办法，也是由搭框架、验证框架、核实与打分、实地调研与综合打分几个环节组成。

如表31-1所示，是一个中小企业评级的框架，分为定性和定量两部分。随着评级技术的发展，很多可以数字量化的评级正在逐渐替代主观判断。对于大量的定性标准，也通过分类确认和专家打分的方式，进行客观的评价。

对比主权信用的评级，由于中小企业体量较小，需抓住细节，不会如同三大评级机构那样因忽视细节而影响评级结果。但评级中小企业和评级主权及大企业有本质的不同。就如同对待小舢板和巨轮，当风暴来临时，主权类评级的艺术性体现在如何发现内部故障，确认哪些小细节会破坏巨轮在大风浪中的正常行驶；而对中小企业的评级的艺术性体现在，如何预知大风浪是否会威胁到小舢板。虽然框架类似，但实质不同。面向对象的评级，更需要以使用者为导向。

信用中国是企业信用官方查询网站，隶属于国家信息中心，由发改委指导的信用评级机构。通过对企业社会统一信用码的管理，可以查阅企业信用。随意输入正确的企业名字，就可以查询企业的信用信息，如图31-1所示，查询结果仅包括三项内容：优良记录（A级纳税）、负面记录、受惩黑名单。

表 31-1　企业信用评级表

企业基本情况			企业实际控制人基本情况		
评价指标	指标描述	评分	评价指标	指标描述	评分
企业持续经营年限	该企业在本行业持续经营时间	+/-	实际控制人行业从业年限	实际控制人在企业主营业务所在行业经营年限	+/-
经营场地	经营场地情况	+/-	实际控制人的房产情况	实际控制人及配偶在经营地拥有的房产净值	+/-
行业景气度	行业受宏观经济影响、整体市场景气度和社会关注度情况	+/-	实际控制人常住地情况	实际控制人居住地与企业经营场地是否为同一辖区	+/-
股权结构	股权结构类型，员工持股占比、持股分散度与决策效率、股权正向激励作用	+/-	实际控制人在银行信用记录	参考银行个人征信有关规定进行分类	+/-
股权变动情况	近三年股权变动情况（正常继承的除外）	+/-	实际控制人家庭情况	婚姻、子女、兄弟姐妹情况	+/-
对外投资及关联企业情况	对外投资情况、关联企业与主营业务的相关性情况	+/-	企业实际控制人负面信息	老赖、赌博、吸毒、刑事处罚等	-
企业声誉	企业在行业内的评价情况	+/-			
企业经营情况			企业财务情况		
评价指标	指标描述	评分	评价指标	指标描述	评分
生产采购能力	企业主要供应商实力、企业生产能力、采购渠道合作情况等	+/-	资产负债率	负债/总资产，百分比	+/-
销售渠道	企业主要销售渠道及合作情况	+/-	销售毛利率	（收入－成本）/收入，百分比	+/-
主营业务集中度	主营经营业务收入在企业全部收入	+/-	经营性现金流入	全年经营性现金流入量	+/-
企业管理水平	管理制度、管理经验、管理人员、管理机构、管理思想	+/-	银行授信情况	授信总额、当前在银行的贷款余额	+/-
品牌、专利、技术优势	企业在品牌、技术、专利等方面的溢价空间	+/-	应收账款周转率	年度主营业务收入/平均应收账款金额，次	+/-
企业主营业务资质	质量标准、研发能力、项目施工资质、食品卫生等级等	+/-	净资产收益率	（收入－成本）/资产，百分比，资本产生收益能力	+/-
未来销售前景	企业主要产品或服务销售前景情况	+/-	近年利润净增比例	利润净增趋势，百分点	+/-
主营业务盈利情况	近几年盈利、亏损情况。是否连续亏损	+/-	企业其它指标		
企业所得税缴纳情况	缴税额、所得税与年度净利润比例	+/-	设定项目	设定指标、评价标准	+/-
				评分：	------

图 31-1　信用中国查询结果示例

但偌大的中国有近2000万家各类企业和组织，大多数企业在信用中国目前还属于无记录的状态。它们就如同班上不惹事的孩子，既不出现在老师表扬的名单中，也不出现在找家长谈话的名单中。大量默默无闻的中小企业做着自己的事情不能被记录，这些默默无闻的中小企业有些是心地善良的好孩子，有些是看似朴实却一肚子坏水的坏孩子。想看更多信息要到央行征信中心查询，但央行征信仅开放给企业自身和授权官方机构，内容专业，查询门槛高。

中小企业评级的另一种形式是市场化民间团体式的。比如，各类企业协会式的信用管理中心，有些甚至打着政府试点的牌子，依靠收取会员费，为企业办理信用匾额或信用证书。各家水平参差不齐，公信力较差，正负面的作用都不少。由于这几年信用评级的热炒，导致大量信用评级协会团体吸引加盟商，很多加盟形式比开连锁饭店还简单。有些加盟机构的评级毫无下限，有些干脆直接成为骗钱的幌子。

即使是官方认定合法机构，评级结果使用范围也有较大限制，为了满足各类不同使用场景，整个市场重复建设的项目较多。很多信用评级结果，更像是企业花钱买了张信用通行证，有些机构甚至给出的评级全部是AA或AAA。不知是因为评级的企业全部是好企业，还是很多差劲的企业从来都不评级。信用评级更应该是对企业状况的一个合理评估。合格的评估应该像人的身高一样，极高或极低的都特别少，大多数企业是处于中等的合理区间，不应该全部是AAA。评级结果应符合统计学上的正态分布。

31.3 去中心化时代的企业征信

截止到2016年5月，央行企业征信系统收录企业及其他组织2120万户，其中577万户有信贷记录，全年日均查询24万次。央行征信内容广、专业度高。报告包括注册类信息（法人、注册资本、高管信息、出资方、关联企业等）；资产负债类（贷款、贸易融资、保理、票据贴现、信用证等）；公共信息（税款、民事判决、执行记录、许可认证资质、专利、缴费）等。

尽管数字亮眼，但有信贷记录的企业也仅占四分之一左右，而且只有资格接入征信系统的查询机构才能进行查询，查询信息比较全面和专业。

同在央行征信管辖下，企业报告与个人征信报告相似。只能由企业自身查询。申请查询时，需要携带有效身份证件及企业注册登记等有效证件，到查询点填写查询申请表。对于不具备查询企业征信能力的机构，需要企业自身查询后提供给交易对象、政府部门等。这限制了某些企业征信的信息流通，而信用中国公开的信息量又不够。

与个人征信类似，企业的征信也逐渐步入大数据、社交网络时代。各类企业信用查询与评价机构如雨后春笋般崛起，在这些网站的信息里，不包含央行征信中银行间的资产负债类信息。但包含其他更多维度的信息：商标品牌、企业法人及高管信息关系图（企业图谱）、分支机构、对外投资、招投标信息、软件著作权、企业网站、招聘信息、企业年报、媒体报道等。其中很多公司完成了多轮融资，用户体验也不断提升，诸如天眼查、企查查、绿盾征信、启信宝等。很多网站使用自己的一套评分体系，为企业进行打分，给出相对直观的评级结果。

随着信息量逐渐的庞大，各类信息的不断丰富，中心化的征信方式逐渐无法满足市场需求。去中心化的方式正在开始变得流行，且大量的征信数据开始分布式的存储，更多的企业征信开始进行去中心化的布局。

31.4　区块链与云征信

与个人一样，企业的各项行为会在网络上留痕。一些信息为政府管理掌控的，如企业的工商注册号、统一信用码、法人、股东信息、注册资本等信息；一类是银行掌握的，如企业的资产负债、信用证、账务交易等各类信息；一类是企业在各项经营活动中留下的，比如对外交往信息、邮箱沟通记录、合作文件函件、海关质检部门审核、商标专利著作权等；一类是企业公开发布的，比如招聘、上市公司年报、投资计划等；还有包括一些企业高管与员工的社交网络、学识学力水平、个人言论见解、内部活动等；这些信息分布在不同机构的数据存储端，公司网络、其他私有网络及公共网络中。随着技术的发展，信息将越来越分散在网络中不同地方，也就是云端。公开的信息存储在公网上，而公司的隐私信息可以通过密钥以密文方式存储。

当需要获取企业信用信息时，任何人均可搜索到公司公开的信息。而有权利获取公司信用评级的机构或个人，可以向公司申请密钥，通过授权的密钥获取公司隐私的内部数据。并依据一套信用评定算法，得到一个客观的公司信用。

对于公司来说，只需要依照标准的方式，对相关各类信息使用公钥加密后在云端保存，或保存在私有服务器上后，生成电子指纹，并将指纹上传到公共的区块链上。区块链技术除满足加密存储信息的特点，还具有时间戳特性。一旦在一个时间点保存后，可以防止后续的篡改或作假。

当需要了解企业信用的时候，可以依据企业授权的私钥进行信息的收集。企业对私钥的授权具有时效性，时效过去后，授权方无法获取更新的保密信息；同时，其所作的评级也只在一段时间内有效。就如同企业将保存的档案留在了不同的柜子里一样，但这些柜子的钥匙相同。想要了解企业信用的人，只需要拿着企业授权的密钥，从各处把信息抄录下来，再对这些信息进行汇总和整理，即可得出企业的评级。这种云征信概念正在兴起，已有公司研究布局，如银通征信的云棱镜平台。这种思路也可能在未来成为主流。

当信息越来越丰富、便宜，评级方法越来越精准，最终结果将是信息趋于透明，市场供求趋于平衡，市场稳定并不再发展。当然，这一切不会发生，而市场处于不断变动的原因是管理、竞争、创新、品牌、文化等带来的企业变化。这些变化的核心都是人的因素，是企业家和公司里的人流动所至。

31.5　管理者：改变企业信用的原动力

红杉资本沈南鹏是一位很成功的投资者。他投资过阿里巴巴、京东、滴滴、大疆等一系列成功的创业公司。虽然他精通企业管理和财务，可是他最看重的还是“直觉”。

“相信直觉”很难量化，他经常把投资对象的整个团队请到办公室，提出问题，并且仔细听取创业团队里每个人的答案；他也经常花时间观察创业团队成员间的讨论，确认投资决策。除了了解产品和市场，他十分看重优秀的创业团队。而另一位著名的天使投资人徐小平则更是表达自己的投资理念是“一要看人、二要看人”。

用最简单的物理学概念——距离=速度×时间，来阐述这个问题。即公司每一个阶段的评级可以看作是速度，公司的历史和成绩相当于距离，是评级和时间的积累。而企业家和管理团队则是加速度，他们可以通过努力在更短的时间内提升公司的评级。

不管是天使投资人，还是 PE、VC 等投资者，都是为自己所投资的团队进行评级。对整个人和团队的评级和理解，就是一种洞察公司发展加速度的一种评级。这个评级有两个层面的理解，一方面可以理解为未来企业信用变化的趋势，另一方面可以理解为企业未来评级的核心关键。

企业的领导者和管理团队具备两方面素质，一方面能黏合团队，另一方面是企业家精神。两者影响管理团队共赴更宏大的目标。优秀的领袖与团队是决策者和执行者的关系，他们是企业信用的乘数和加分项。但在看到优秀典型的同时，也要清楚负面管理者的减分项也大大存在。

31.6 “老赖”：企业家精神的 B 面

2015 年 12 月，老赖共享信息系统（全国工商失信被执行人信息共享交换应用系统）开始全面运行，“老赖”今后将无法在全国范围内担任任何公司的法定代表人、董事、监事和高级管理人员。这在国家层面杜绝了老赖群体进入企业家群体。除此之外，老赖在出行、购车、子女上学、购买高额保险等方面均受到限制。

随着时间的推移，2016 年年底，全国“老赖”的人数已经接近百万人。但目前定义的“老赖”，仅仅是欠债不还的人，暂不包括黑心老板、拖欠工资者、预付卡不兑付者等，由于查证成本较高，很多失信群体无法被归入老赖群体中，另一方面，由于中国没有破产制度，所以很多没有偿付能力的人在还款之前都要算作老赖。因此可能是有信用的人，但没有偿还能力。

“老赖”违背了现代企业经营的核心——契约精神，同时也有违善良、对等、诚实等品质，打破了现有体制的藩篱。企业经营的核心就是商品和资金的流动。没有人希望被别人拖欠钱款，没有人希望自己的合约不被履行，也没有人希望自己应得的权利被人忽视。如果“老赖”成为企业的管理者，他们的出现将使企业生态发生紊乱，而一旦放任这种行为，很可能造成经济体系崩溃。

从整体数字上来看，占比已不算低，而且还有大量的黑心企业主并未纳入这个黑名单。这些失信行为可能造成链式反应，危害经济体系。随着信用体系的发展，失信人执行名单还将向缺乏信用人黑名单拓展，不仅包含老赖，还包含那些品质恶劣、可能成为“老赖”的名单。

当然，对于较成熟的企业来讲，除形形色色的管理者以外，企业的能动性还在于整体的员工队伍，他们是企业大船的桨手。虽然企业和管理团队是核心，但是他们才是真正决定企业前途和命运的人。

企业家精神帮助企业确定企业在一段时间内的目标终点和路径，而全体员工的积极协作才是在企业持续生存的动力和能量。

第 32 章 组织评级：是否卓有成效

工作群体并不是一群无组织的乌合之众。

——斯蒂芬·P·罗宾斯《组织行为学》

32.1 从无序到有序的耗散结构

在大约 46 亿年前，地球诞生，一片荒寂；经历了大约 6 亿年，突然迸发出一种自组织结构，这种结构内部可以与外界进行能量和物质交换、并且不断自我复制。人类至今无法弄清楚到底是何种力量使生命诞生。这种力量之神秘，有人将其形容为大风挂起一堆汽车零件，而风停之后，就成为一台奔驰轿车。

同样，也很难理解这些生命从单细胞生物开始，繁衍、进化，从单细胞到多细胞；从多细胞进化到动植物；从鱼进化到爬行动物，从爬行动物进化到哺乳动物，从哺乳动物进化到人类；而人类理解了宇宙星辰、时间万物。如今，人类试图用星球上的沙子和电去理解人类所了解的世界，并让其帮助人类思考。

有时我们也看不懂为何一家小公司或新公司，可以轻易地颠覆一家大企业？

当处于前一个层次时，始终无法理解后一个层次会以什么方式颠覆前一个层次。新生力量，总会从看不见的地方挖掘能量，改变自己，壮大自己，从而颠覆前一个强者。

因为我们无法用已有的价值体系衡量新生事物以及与自己不同的事物。在人和文化层面的理解更是如此。如何从石缝中蹦出生命，是什么促使他们克服自然，成就了生机盎然的世界？是什么让企业从不平凡中脱颖而出，能够克服平均生产率，一举成为竞争者中的佼佼者？

无论是原核生物，还是原始人类，最初应该都不在自然界优秀评级的排行榜上，但是他们凭借独到的生存方式颠覆了看似已经确立的自然法则。物理学中有熵的概念，认为熵总会不可逆地变大到一个上限。但后来的强者总能从不可思议的地方，攫取新的能量，使得熵还能继续增大。并且在原有的格局中吸收能量，使自己变得更有序的同时，使外界变得更加无序。

32.2 耗散：公司的活力

1969年，比利时的普里戈金（Ilya. Prigogine）提出了耗散结构。耗散结构的特点是与外界互动、远离平衡态、非线性作用。他在研究中发现，系统一般会处于一个稳定状态。但一旦偏离一个平衡态，系统就可能进入新的平衡状态。如果把企业理解为一个以人为单元组成的耗散结构，那么具备耗散结构特点的公司，可能会脱颖而出。

- 与外界互动：与各类供应商、客户、政府、学术群体、科研机构的往来，越能从外界汲取营养，以外界营养滋养自身，使自身得以发展。
- 远离平衡态：当业务稳定时，企业进入平衡态。每个人也如同车轮一样运转，保证企业整体的运转。但远离平衡态时，企业不能保持固有的状态，要在一个平衡态的状态下，思考如何过渡到下一个平衡态，并找到新的盈利点，让公司同社会时代一起进步。
- 非线性作用：企业内部，如何能够发生化学反应，起到1+1>2的效果？如何让一个团队每个人才都各司其能，而不是无所事事或无效率地忙忙碌碌？如何通过不同产品和业务线的重组，实现对盈利模式的非线性增长？

如华为创始人任正非先生曾在 2011 年发表过把公司类比为耗散系统的叙述。在经过对耗散系统的理论研究后，华为适应耗散系统理论后改变了部分企业策略。比如任先生认为“自主创新”不如“开放与合作”。

在机构开放性方面，华为与中国科大及国内外各大研究院所均有合作。华为企业 BG 的中国合作伙伴从 2011 年的 400 家，成长为 2016 年年初的 5000 家以上。2015 年年底，华为全球的渠道伙伴超 8000 家。2016 年 3 月，华为成立合作伙伴大学，为合作伙伴提供技能培训、实战演练、技术材料、工具支持等。在人才开放性方面，华为从不同的系统中汲取不同类型的人才，在世界各地成立研究所，比如数学算法在俄罗斯研究，美学在法国研究，材料应用在日本研究，工程制造在德国研究，软件架构在美国研究。共在海外 16 个城市建立了研发机构，并包含几十个能力中心，外籍专家占比达 90%。

在推动人远离平衡态上，华为认为人的天性就是贪婪懒惰，随着发展步入正轨，会逐渐出现论资排辈，效率变低的情况。分配的天平会向既得利益格局倾斜。华为的人力资源管理理念就是不断克服人性懒惰与贪婪的地心引力，通过更合理的价值分配撬动更大的价值创造。树立以奋斗者为本、长期艰苦奋斗的人力资源理念。

在推动业务远离平衡态上，华为不断提升企业厚积薄发的能力，不断消耗多余热量，增加企业的势能，使企业远离平衡；在业务发展上，华为认为 ICT 业务本身就充满了极大的非线性，快速切入智慧城市、智能交通、云、SDN 等各个新型 ICT 领域，以技术和人才优势占领市场。

根据耗散系统的这些特点，可以设计框架，并研究企业的耗散系统指标，如表 32-1 所示。

耗散系统指标本身是观察企业发展加速度指标，不是企业财务数据和实际增速，所有评级指标还要依据历史成功系数进行调节。企业在历史改革和变化中成功概率越高，得分应越多；当一家企业没有成功经验借鉴时，分数调低。对于较小的企业来说，耗散系统评级分数越高，企业的风险和收益水平越高；对于较大的企业来说，企业越大，耗散系统系数影响力越小。

表 32-1　企业耗散指数评分示例表

指标大类	具体项目（举例）	耗散指数评分
外界互动指标（合作企业的多少、质量高低、合作伙伴新陈代谢速度）	与不同类型企业交往的宽度	
	与企业合作的国家数量	
	合作企业每年的进步情况	
	合作企业的信用评级提升情况	
	合作企业资产收入变化情况	
	合作企业资本净利润变化情况	
远离平衡态指标（主动变化情况、新业务发展情况、人性反惰性指标）	公司研发投入	
	企业改革思路	
	过去改革成功率	
	新业务发展年增长率	
	新业务市场发展指标	
	新业务营业收入来源（蓝海还是红海）	
	新业务近年增长率	
	如何调动所有人的积极性管理方式	
	股权激励情况与效果	
非线性作用指标（业务重组、人员重组）	主营业务可拓展方向	
	主营业务与新业务协同拓展空间	
	企业股份内外占比，	
	企业员工与高管持股离散度	
	人事处理方式	
	人才方向离散度	
	企业团队建设情况	
耗散指数总评分：------		

32.3　宗教与企业精神

从耗散系统角度来看，19 世纪初的清朝闭关锁国，是一个封闭系统，不与外界进行物质和能量的交换；从内部管理上来看，寻求稳定和平衡，不试图突破达到更高的平衡态，而一旦受到外力影响，就跌落到更低的平衡态；从非线性作用角度看，缺少内部的合力，形成一套壁垒森严的官场潜规则，并未完全摒弃满汉之间的官爵体系和权力根基；在产业基础上，重农轻工抑商，未试图发掘生产力的非线性成长因素。

以上三个重要指标是耗散结构的外在表现，但企业耗散结构的塑造来源于内部，核心依然是企业文化和思想理念的塑造。对儒家文化的理解开始陷入条条框框，并未在生产力层面探寻儒学中的精髓，把其中优秀精神推广到生产中；而欧美及日本，却将宗教的优秀文化基因应用到改进生产力上。

当鸦片战争正在如火如荼进行时，鸦片战争的参战方英国，也正在本土开展着一场激烈的辩论。这场争论最终使现代意义上的公司诞生，成为维多利亚时代改变世界的创新。

几项伟大的创造——独立法人、可交易的股份、有限责任和董事会集中管理——集成到了现代公司身上。至此，企业这种耗散系统，从 11 世纪开始由统治阶级授权的特许专营权组织，变成了法律意义上一个独立意志的生命体。从此，企业开始成长、更迭、进化和蓬勃发展。

后来，明治开始维新，大量日本企业如雨后春笋般诞生。日文将企业叫作会社，这个词在古汉语中是集会结社的意思，社是会意字，是供奉土地神的牌子和土堆。日本人用人们群集拜神的概念很形象地传达出公司精神的要义。

并不是只有日本人把企业精神与拜神的活动联系在一起。马克斯·韦伯在《新教伦理与资本主义精神》中对这个问题进行了反思，促使韦伯思考的，是一系列经济和宗教现象。在奉行新教的地区，经济发展更为顺畅，新教徒也明显表现出比天主教徒更具有经济的敏锐性。自成体系的小规模新教群体，形成了独立于整个欧洲大陆的小型耗散结构。由于自身的努力，从不被天主教大群体认同，到不断地被重新思考、对待，并在欧洲大陆形成了一股新的力量，又不断地成为区域的力量、国家的力量。17 世纪初，新教随着“五月花号”又被带到美洲大陆，并在这片大陆上催生出新的生命活力。

时至 20 世纪初期，马克斯·韦伯发现信奉新教的地区比信奉天主教的地区富裕。他认为，资本主义的精神扩张不是在于资本自身，而是在于资本主义的精神发展。新教伦理所表现的现世禁欲精神，合理安排的伦理生活却无意中促进了经济活动的开展，新教伦理赋予了经商逐利行为以合理的世俗目的，而儒教、道教、伊斯兰教、印度教等古老宗教伦理精神对于这些民族的资本主义发展起了阻碍作用。

教会的底层文化影响了两三百年前的西方社会。在韦伯看来，新教中的“预定论”，使上帝无法解救所有世人，只有被“预定”的“选民”才能获得救赎。为了证实上帝对自己的恩宠。于是创造出职业是一种神圣的天职，世俗经济行为的成功不是为了创造可供于享受和挥霍的财富。“预定论”的宗教伦理就导致了勤勉刻苦，把创造财富视为一桩严肃事业的资本主义精神。资本主义诞生在新教教义中的宗教伦理，塑造了专于工作、积累财富、获得上帝恩宠的文化底层。这带动了19世纪西方资本主义的生产力提升和科技文化的创新。

32.4　评级：从企业诞生到企业精神

不管是日本人的会社，还是韦伯的资本主义精神，企业灵魂在于一群人对一种精神的执着。延续韦伯的思路来看，企业不仅仅是资本的积累，更是精神的积淀。

在那个时代，获得救赎更像是一种生理需要、一种对自己生存的渴望。从马斯洛需求层次理论讨论，仅仅是比生理需求高一级的安全层面需求，从这个意义上来讲，在资本主义发展初期，企业家尽天职做好企业、克勤克俭，更出于一种低层次的人性需求。随着企业精神的发展，企业正在从对职业认可的自我救赎，向自我实现的层次迈进。

现代的企业精神早已超脱了宗教精神、民族精神、技工精神的界限，而成为一种更加宽广的概念。从精神层面对企业的评级，要远超从资本层面的评级。如何去发现企业中那个看不见的“神”？

不同的精神在不同的企业，可能含义并不相同。比如诚信精神，有些公司极为看重，对人的要求也不一致。

因此，结合个人对企业精神的理解，可以设计一套企业精神评级体系，本书做如下尝试。此处设定评级推崇的精神为敬业精神、奉献精神、诚信精神、坚持精神、迭代精神、幸福精神。根据以下几大分类，设定一个框架，并对其进行综合评价与加权评分。

- 敬业精神：所有成员的敬业情况，对本职工作的职业忠诚度与热爱程度，员工认真完成工作的程度。
- 奉献精神：所有成员的奉献精神。企业中管理者自我牺牲精神，包括公司员工花费精力解决公司实际问题、解决同事疑难问题、社会使命感等。
- 诚信精神：进入数字信誉时代的各类信息。包括公司高管、员工个人公开的微博、LinkedIn信息、公司纳税信息、产品品质信息等。

- 坚持精神：员工不屈不挠的精神。包含研发攻坚的情况、客户再购买率、客户认可度的年提升率、呆坏账的追回率、对落后产品线/市场管理改进与尝试（时间、精力）、内部管理优化活动坚持时间与优化情况（过往有哪些活动，持续了多久，是否还在继续，停止的原因是什么，如 PDCA（质量管理的计划-设计-检查-实施循环）执行与坚持时间、批评与自我批评的执行与坚持时间、同类专利逐年申请量、公司年报质量、历届文体活动等）。
- 迭代精神：对现有产品和服务进行优化和迭代的能力与速度。有主要产品每代升级中改进程度，是否更好、更快地满足了客户的需求，升级内容是否超过类似竞品。
- 幸福精神：企业中打造大家庭氛围的活动情况。包括举办团队建设的形式（拓展训练、聚餐、攻坚活动）、心灵历练的内容、员工软性服务内容（餐饮、办公区环境、弹性工作制）、俱乐部氛围（棋牌协会、健身协会、兴趣小组）；非职场身份活动（Party、联欢会、旅游）。

32.5 挖掘“看不见摸不着”的企业风气

评级具有两个作用，一是精确地估计对方的实力；二是对风险和收益作一个平衡。这样来看，评级无处不在。但有些信息无法用精确数学或科学的方式衡量时，还要不要评级，如何评级？各种看似虚无的事物，不能被量化的标准，千百年来被一些大师们倚重。外行看着更像是算命，他们却始终坚信，并进行不断的推演和判断。

在人类社会中，人们把普遍的社会认知叫作社会风气。一个族群的人会在某种社会风气的条件下生存。这种风气又会沉淀成为这个族群的文化底层。文化底层又不断地影响社会风气，两者不断地互相改变、融合。在真正影响政治经济格局前，社会风气是一种很虚无的东西。社会风气是企业家精神的土壤，作为一种耗散结构，企业风气围绕企业家精神所形成，是企业内部整合资源的一种精神力量，也是评价这个组织的关键。

企业是一个观察群体的极佳窗口，分析他们如何协作，形成一个强有力的组织。反观自身，我们常常惊讶于个人力量的渺小和组织力量的伟大。一群无所事事的人好比一盘散沙，而一旦有了组织行动能力，散沙也会产生耗散结构单元。正是由于相互协调与协作，散沙也可以转化为结实的土墙。

典型的公民组织是政府和企业。以企业举例，企业家的个人精神很难带动企业实现整个目标，更多地是借助企业整体的精神力量，这种企业精神也可以被归为企业风气。这种整体的评价与评价管理团队与创业团队不同，少数人作为简单变量比较容易评估。但组织是一群人组成的，每个人都是影响组织的一个变量，这些人的组织形式又是另一个维度的变量。

业绩领先的企业会孕育新的企业风气，逐步传递到行业和社会，变成行业风气与文化。那些领先于时代的想法、思维，成为潮流的文化符号，逐步传导到社会，成为社会里新的追捧风气，又不断地衍生成为文化底层。

由新教教义派生的职业精神，改进了当时社会的风气，从而改变了人类社会的竞争格局。带动人类社会不断从封建主义走向资本主义和社会主义。作为不同社会中的单元，各类企业型组织影响了社会的发展。企业组织的风气可以从多个角度观察，不同的人可能得出的结论不同。本章前两节的耗散结构特点与企业精神分析都可以作为分析企业风气的切入点。对企业风气的判断对竞争性企业更适用，对行业垄断型企业、技术垄断型企业等影响可能较小。

企业风气与天气变化一样变化无常。同样的一家企业，可能由于不同时期的企业领导者与中层管理者而使企业风气发生变化。对企业风气变化的评级就如同是天气预报，不一定全部准确，却不能缺少。而对于老水手来说，即使是变幻莫测的海上天气，也逃不掉他们犀利的眼睛。

曾有科学家分析，人类群居和协作是嵌在基因里的，与人类祖先的智人一同存在过的尼安德特人、丹尼索瓦人都不具备人类的组织和合作的潜质。到底是不同基因，使得有类似性格的人聚集在一起做事，还是文化与精神可以突破基因和物质的界限，使得不同的人联合到一起，实现精神的传承和延续？学术界将文化的遗传叫作“弥母”(meme)，与基因相对，以“基因”物质为载体的人作为基础，对精神与文化进行看不见的复制和繁衍，“弥母”的定义认为精神可以被传播、繁衍和进化。比如“五月花号”船员们的风气，就是美国精神的“弥母”。

类似的人聚在一起，是他们潜意识中的“弥母”作祟，使相同精神的人不自觉地聚集在一起。而企业风气，只是把人聚集起来的一种诱饵，它能诱使其内心深处的“世界观”“人生观”“价值观”产生共鸣，吸引其加入。

对企业评级的分析，更应该从所有员工底层文化基因的“弥母”入手。如果综合评价发现这些人的弥母有机结合、趋于一致，且这种弥母可以使企业更适应目前的市场与大环境，就认为这些企业的评级高于那些适应性差的企业。

当企业的风气弱于社会整体水平时，企业内部更愿意不自觉地服从社会一贯的做法，而不愿意服从企业文化的要求，企业整体就会缺乏强有力的管理和动员机制。此时，社会风气对人的影响强于组织目标影响，个人为组织目标愿意付出的努力低于社会整体水平，组织很可能进入一个负向发展趋势，逐步下滑。但这种类型的企业仍然占少数，绝大多数的企业的风气等于社会整体水平。

社会风气对个人的影响与组织目标对员工的影响力相同时，企业基本处于社会整体发展水平，企业生产力与行业水平与社会平均水平一致。而少数的突出企业有能力让内部的风气优于社会风气，让社会风气的影响小于企业目标对员工的影响。这些少数企业如同自然界中食物链的顶层，更具侵略性，以更先进的生产力占领其他企业市场。

深藏在企业风气中的“弥母”将决定企业的发展方向。到底哪一段“弥母”是最重要的？是沟通方式、协作方式，还是人才激励中最质朴的多劳多得？

洞察企业风气中那些文化和意识底层，才是评级的关键。在实践中，可以参照企业价值观，应用社会动力学、小世界网络等一些复杂网络研究中的数学模型和公司“弥母”可能发挥的效果，构建企业发展的预测模型，为看不见的企业风气进行评级。

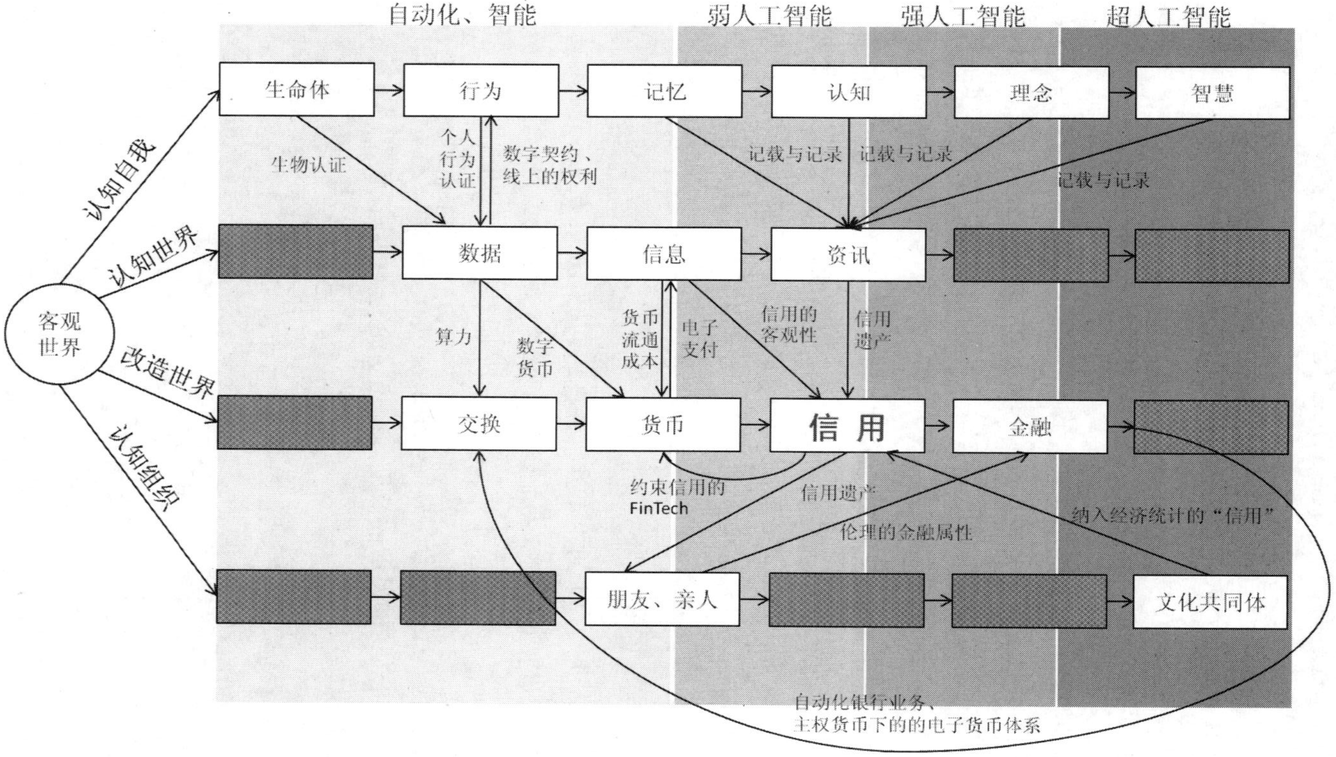
自动化、智能
弱人工智能
强人工智能
超人工智能
客观世界
认知自我
认知世界
改造世界
认知组织
生命体
行为
记忆
认知
理念
智慧
生物认证
个人行为认证
数字契约、线上的权利
记载与记录
记载与记录
记载与记录
数据
信息
资讯
算力
数字货币
货币流通成本
电子支付
信用的客观性
信用遗产
交换
货币
信 用
金融
约束信用的FinTech
信用遗产
伦理的金融属性
纳入经济统计的“信用”
朋友、亲人
文化共同体
自动化银行业务、
主权货币下的的电子货币体系

本篇知识背景图

第六篇

数字信用社会漫游

引言

> 除存在于人类共同的想象中之外，这个宇宙中根本没有神、没有国家、没有钱、没有人权、没有法律，也没有正义。
>
> ——尤瓦尔·赫拉利，《人类简史》

钱与信用，是人类创造和信奉的两个体系。

钱，像锚一样被“锚定”在社会活动中的各个环节。提到“1元钱”，脑海中会浮现出1元硬币、1个茶叶蛋、1碗米饭、擦1只皮鞋的价钱等。但“1元钱”也可以代表欠你1元、送你1个茶叶蛋、给你1碗米饭、帮你擦1只皮鞋。

钱除可以用“通货”或“货币”的概念解释，也可以理解为“权利-义务”。当我们兴高采烈地讨论“无现金社会”和“Fintech技术”时，这些概念难道仅仅是现代人的智慧？

当货币和信用体系架构于互联网和计算技术时，作为交换媒介的比特数据，其流通与计算的成本和速度，也将成为货币流通和数字信用的成本和速度。

与之相伴的是，数据存储成本越来越低，个人数据也将接近永久地保存。这也意味着，所有人都将永垂历史，任何数据中的内容终将真相乍现。

同样，“我”之所以是“我自己”，不仅是我的基因决定的，也由我的一切既往经历和行为所决定。真实世界的“我”与虚拟世界的数字信用相对应，如同镜子两侧的人与像。

当钱、信用、个人行为等和自己都融为一体，这将是个怎样的世界呢？

第 33 章 即将再次“消失”的钞票

记账货币是表示债务、物价与一般购买力的货币。这种货币是货币理论中的原始概念。

——约翰·梅纳德·凯恩斯，《货币论》

33.1 为什么有钱就了不起

钱到底是什么？简单来讲，就是可以交换其他物品的通用物。

钱有用吗？当然有用！否则为什么有那么多人求财？但钱的用途也取决于换取价值多少的商品。如果有钱却不能交换到想要的商品，这时钱就没什么作用。

那怎么算有钱？即有很多现金及能折算成现金的资产；或是拥有能源源不断产生现金的产业或能力。

有钱就了不起？部分正确。比如钱起到了统一标尺的作用。有钱可以衡量个人拥有资源的多少。除现金、储蓄以外，人类口里的“有钱”还包括房产、汽车等。本来其并不直接同钱画上等号，但钱作为一个统计标尺，表示了这些物品的价值。钱这个标尺还用来核算这个人或家庭一年的收入与支出，花的钱多意味着享受了更多的产品与服务。

其次，钱十分了不起的另一点是在目前主权国家的体系下，钱是国家信用保证的所有权。所谓拥有亿元资产，表示这个国家以主权的方式，承认你拥有价值这么多钱的资产。

最后，钱是用来交换的通货（Currency），普通人印象中的货币与通货是画等号的。比如人民币是通货，美元、欧元也可能是通货，在传统社会里，黄金白银是通货，可以用来换取需要的物品与服务。在太平盛世，只能看到法定货币强势的存在。但在漫长的历史长河中，同时具有大量的类货币形式的存在。

提到通货，概念就太广了。在普遍饿肚子的年代，“有钱”的含义不一定是拥有很多今天意义上的钞票、钱币，可能是有很多粮食、牛羊，能换取更多填饱肚子的食品就很了不起。在这个时期，通货除了是钞票、金银，还包括粮食、牛羊，甚至包括布匹、烟草等。在很多历史时期，牛、大米、香烟作为一种等价交换物，实现了货币的功能，比如二战后的一段时期里，在德国香烟成为通货。

认可这种“通货”的人越多，它的“通货”性就越强。比如新款苹果手机，在现在这个时代，有普遍认可的使用价值，可以很快地换成现金；再比如限量款的耐克鞋在“鞋友”里，也可以立刻兑换成现金。当一种物品具备公共认可性时，便可能成为等价物或有价物。价值等价物一旦形成，就开始与原有的价值脱钩。比如当年德国的香烟，在流通很久后，许多香烟多次易手，本身已经无法再抽，可是仍可以用来交换，其价值等价物的地位依然存在。这种价值，是用户需求支持、并以公司信用作为背书，源于其背后品牌实力与强大的生产能力。因此一个国家发行的法定货币，就是这个国家甚至全球的“通货”，也来源于其背后强大的经济与政治实力。

33.2 千姿百态的“货币”

在货币产生以前，人们就是用以物易物的方式进行价值交换。而一旦有了公共等价物，人们便开始不断追求一种公认的等价物形态。人类就是一步步把这些高认可度的交换等价物变成了金银，而银行又把金银变成了可兑换金银的“银行券”。1933 年，美国废除金本位，主权信用的纸币开始成为主角。

而信用货币（纸币）只是一种发明，不是真实替代价值的通货。仅仅是一种简化复杂交易关系的结算工具，是一种笨法子。但笨法子却让人重新有了一种衡量价值的标尺，让拥有货币的人获取一种权利：可以随时执行价值交换的权利。

为了对钱的概念进行细分，经济学家根据流速不同、可置换能力的不同，将其又划分为 M0、M1、M2 等。M0 可以理解为钞票，M1 是 M0+活期存款之和。M2 是 M1+定期存款和证券客户保障金，M3 是 M2+更多高流动性证券和其他资产。如图 33-1 所示，列出了不同类别“钱”的特点。你可以这样理解，M 是 Money，后面的数越大，表示这个钱变现的难度越大，时间越久。

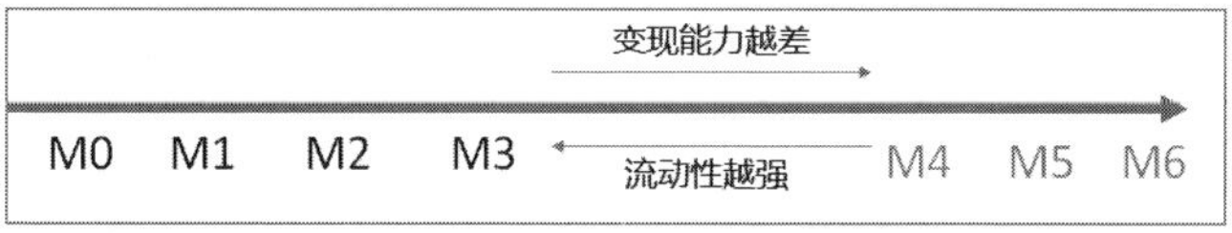

图 33-1　不同级别的“钱”

如果根据经济学家对不同级别的货币的定义，如果把高流动性的债券和其他资产定义为 M3，那么苹果手机和耐克鞋等可以成为立刻变现的商品，是不是也可以算作 M4 呢？

如果继续向下定义，那些等同于现金使用的各类资源，可以纳入到这个大体系中。比如网站的积分，国内目前大量的信用卡积分、话费积分、航空里程积分、万里通积分等，都可以用来兑换产品与服务。具备较强通用性的积分，正在成为现金类资产的一部分。这部分积分并没有产生货币值，可是起到了货币的作用。大量公司依赖自身信誉在进行类似的“造币”运动。积分被作为一种未来应尽义务，相当于公司财务报表中的应付费用。积分对于使用者来说并未产生货币上的开销，只是被处理为财务支出。这种被递延的权利和责任，也变成了一种货币的储藏方式。

与这种大型公司的递延义务类似，国人在很多风俗习惯中也蕴含了这种“金融智慧”，将“钱”蕴藏到人与人的关系和情感里。除传统观念中的“养儿防老”之外，还有“新婚随礼”也是借助人际关系，为自家婚礼这种短期大资金消耗活动迅速集资，并将偿付拆散到长期其他人的婚礼中。对比今天直接随礼金的行为，古人结婚的习俗更能体现“权利-义务”账单——A 亲属帮忙砍树；B 亲属帮忙做成房梁；C 亲属帮忙夯土墙；D 邻居帮忙做木工；E 邻居帮忙弄婚宴——这些亲朋好友通过互助，将“价值”贮藏在“我应该帮助他们”的关系中，成为一种“递延债务”。

以上各种非标准化强需求的“通货”，以及各类“权利—义务”式价值贮藏，还有大量的民间认可等价物都是“钱”的一部分表现形式，都是“数字信用”的一部分。这部分无法计入货币的总流通量，却可以行使货币一样的职能。

探寻货币的本质，其只是一种交换的媒介。当大量的以物易物交易，需求正在用更加快捷、方便的信息化方式满足时，货币正在被更加多样的方式实现。即使是活期储蓄，也只是银行的一种记账形式。如果有更好的结算方式，是否还只提“钱”？

33.3 纸钞“筹码”与信用的本质

在电子支付发展极为迅速的今天，我们兜里的现金已经越来越少。现金是什么？更像是一种简单的记账工具。如同小朋友的手指头，在他们不会算数时用手指头计数。也可以理解现金是赌桌上或是打麻将时使用的筹码，方便记账。

当然，用扑克牌打斗地主的游戏时，通常使用笔和纸把每一次成绩以记分的方式记下来，计算最终的结果。这种思路就用记账替代了纸钞。当记账系统越来越发达时，现金使用也就越来越少，而使用记账方式的电子支付。

有一个这样无厘头的段子，片面地说明了“现金筹码”的用途：

炎热的小镇，太阳高挂，街道无人，并且每个人都债台高筑，靠信用度日。

这时，从外地来了一位有钱的旅客，他走进一家旅店，拿出一张 1000 元钞票放在柜台，说想先看看房间，挑选一间合适的过夜。

就在旅客上楼的时候，店主拿起这张 1000 元钞票，跑到隔壁屠户那里支付了他欠的肉钱。屠夫有了 1000 元后，横过马路付清了猪农的猪肉钱。猪农拿着这 1000 元，出去付了他欠的饲料款。卖饲料的老兄，拿着 1000 元赶忙去付清他在旅馆吃饭所赊的饭钱。旅馆店主忙把这 1000 元放到柜台上，以免旅客下楼时起疑。

此时那人走下楼来，拿起 1000 元，声称没一间满意，就把钱收进口袋，离开了小镇。

这一天，没有人生产产品，也没有人得到产品，可全镇的债务都还清了。

按说如此简单的债务问题，小镇居民可以自己通过转移债务和协商来解决。当你想到这一点，准备为自己点赞时，可能又要失望。这并不是现代人才有的解决思路，人类早在拥有“钞票”这种货币概念以前，就已使用“我欠你”这种货币概念进行交易了。

大卫·格雷伯（David Gradeber）发现，早在人类最早的农业帝国时代，约公元前 3500 年～公元前 800 年，除以物易物外，当时的人类已使用虚拟信用货币。到了轴心时代，约公元前 800 年～公元 600 年，铸造钱币开始兴起，金属货币开始流行。在公元 600 年这个时期，虚拟信用货币又回归，以纸条木条替代了金属货币。直到 15 世纪后，随着大航海的发展，欧洲人在美洲发现金银矿。大量金银流入欧洲，欧洲各国也随之开始了几百年的金银货币时期，且这金（银）本位制一直延续到 1971 年美元与黄金脱钩。

格雷伯还发现，信用货币曾最早在美索不达米亚的城市文明中普遍流行。庙宇和宫殿中货币表现更多的是记账单位，而不是实际交换。小商贩间还发展出了行业间的信用协定。多以泥板为载体，上面刻印好未来将要偿还的债务，然后用粘土封装起来，盖上贷款人的标志。出借人会保留这个包封，作为信物，借债人偿还时再打开。在有些历史阶段或地域，这些封存的泥板就如同今天的可转让票据。

与其他地域类似，到了中世纪，欧洲铸币也开始消失。货币再次回到了虚拟状态，人们根据罗马货币记账。到公元 8 世纪，欧洲人又开始使用一套纯粹的“想象的货币”，包括镑、先令和便士进行记账和结算。这个系统一直延续到 17 世纪。如今钞票的核心要义，就是“国家欠你 X 元”的一个字据。

随着被认可的公用网络和记账方式的普及，现在开始用古老的价值交换方式，取代货币。货币和信用，本就是一体的两面。货币诞生之初，可能不是度量衡，而只是一种信用的代表。比如贝币，本身不具备价值和稀缺性，作为货币诞生之初，更像是一种信物。圆形有孔的钱币更可能是模仿“璧”的形态。玉璧本身是国之器物，蕴含着巨大信用，所以在春秋战国时大量的钱币是圆孔的。秦国统一六国后，将铜钱统一为“外圆内方”的秦国样式，原因很可能在于简化工艺或节省材质。

33.4 Fintech：约束信用的外力

货币最开始形成时，很可能是人们并不信任彼此，而诉诸于外物和自然，用自然的不变约束善变的人。比如将等价物定位于贝壳、金银，之前还有过米、布帛和牛羊，直到银行和国家力量用信用的方式强行定义货币和币值。最近流行Fintech这个词，意为“金融科技”的意思，不管是铸币还是牛羊，这都是当时的Fintech技术。

本书首篇讲述乔致庸“汇通天下”的理想时，使用的也是当时的Fintech。企业间使用一套内部的协议，通过银票进行汇兑。银票所用的纸张、不同字的书写方法等都是一种加密认证。随着工业化印刷技术发展与“金本位”的废除，人类进入一个高科技纸币的Fintech时代。但这个世界花费很多时间设计和制作筹码，比如说纸币的成本并不低，根据美联储网站显示，美钞的印刷成本如表33-1所示。现金印制发行的预算为7.37亿美元。

表33-1　美钞的制造价格

面　值	制造成本
$1 and $2	每钞票5.5 美分
$5	每钞票10.9 美分
$10	每钞票9.9 美分
$20 and $50	每钞票10.6 美分
$100	每钞票14.3 美分

来源：美联储官方网站。

目前根据运营商提供的移动数据价格来看，1MB的价格大约是0.005～0.1元；而目前比特币每条交易大约为250B（250个字节），1MB相当于4000条；而POS机刷信用卡的一笔交易只需几百字节，最多不超过2KB，也就是说1MB至少可交易500次，不过估算中未统计手机等设备成本。而每张纸币仅能流通几百次，以每次现金交易互相至少需要约 4 张钞票（买方 2 张，找零 2 张）来看，纸币的使用成本并不低。

随着人类社会进入信用货币时代，尤其是随着计算机的发展，20 世纪 80 年代后，世界各国大都进入了电子数字“记账货币时代”。21 世纪，受益于光交换机通信及移动互联网技术，世界已进入“充分互联时代”。在每个人的手机或其他设备上，可以十分方便地完成过往极其复杂的金融活动。Fintech 已经从铸造和印刷科技向加密、通信网络、电子协议等科技转移。

货币正在从一种等价物，变为一种记账方式。个人拥有财产的数量，可以等于其他人在账本上欠其多少钱的总和；个人的负债，等于账单上个人欠其他人钱的总和。核心是大家使用一个账本记录和结算即可，所有的资产和负债全部都记录在这个大账本上。

货币的属性依然存在，但是已经脱离了过去认可的价值等价物的理念。使用纸质的账本时代，这种记录之庞杂是无法想象的；早期计算机时代，由于不联网或范围有限，电子记账无法得到统一结算；但随着互联网和手机的普及，Fintech 技术使这种全网统一记账成为可能。通过电子记账，除支付和世界货币的功能外，还可以通过追溯一笔笔别人对自己欠款的历史记录，实现货币的储藏，如表 33-2 所示。

表 33-2　传统货币与电子货币的对比表

	传统货币	电子货币
流通手段	作为一种中介，实现货物——货币——货物的功能	通过电子手段的记录，不需要特别的实物流通。即使在电子交易中，也不是一段固定不变的“货币数据”在网络中传来传去，而是一种基于可信机制的电子记账
支付手段	实物的以物易物，比如用纸币支付商品	数据信用时代的支付，并无实物的货币发生支付，更多的是一种记账行为。从使用钞票买东西，变为个人的账务支出记录，再从银行账户中记账或用个人的信用账户赊账
储藏手段	黄金白银、纸钞等实物的贮藏	将实物的储藏转变为记账行为，成为了其他人和实体对自己的欠款记录及偿付义务
世界货币	不同货币之间的币值兑换	实现全球的互联网快速结算。使用同一种协议记账和结算，或使用不同协议结算

正在发展的电子货币不仅改变了货币的交换、支付和储藏的方式，也改变了货币产生和被使用的理念。当所有的计算机终端都接入一个联合体系的记账系统时，全世界便有了统一的账本体系。那时，你是愿意在包里装几万元现金呢，还是希望所有人的手机、Pad、互联网都承认你当前有几万元的电子支付能力呢？

我选择后者。

第 34 章 比特币与区块链

（比特币实现了）一个完全纯点到点版本的电子货币支付体系，可以实现一方到另一方的支付，而不需要经过一个金融机构。

——中本聪，《比特币：一个点到点的电子现金系统》

34.1 人人认可的记账系统

设想一个场景：你排着大队，心急地等待从银行中取走你存在银行中的钱。盛世之下，大家通常认为钱放在银行里一般不必担心。但在漫长的历史长河里，银行也并不总是靠谱。就在 2015 年 6 月，希腊出现债务危机，银行发生挤兑，两天内取出 12 亿欧元，很快大量银行无法取款，一度造成希腊局势混乱。

第 33 章讨论了“如果记账就能够实现价值交换，那我还要现金干嘛？”的问题。换句话说，如果记账就能实现价值交换的能力，大家是不是不必到银行前愁眉苦脸地排队，只要自己手中有别人认可的记账记录就好。

去赌场玩过老虎机的人应该知道，将钱放进老虎机并开始赌博后，你可以随时停止游戏，老虎机立刻打印当前余额的票据，样式就类似于电影票或演唱会门票，这张票据可随时兑换成现金，也可以在任意一台老虎机上像塞现金一样把票据塞进去，等同于现金使用。因这张票据由赌场背书，在赌场内和现金没有区别。

日常保存人们记账记录的是银行，银行作为一个中介，保存了个人与银行的所有货币交换记录。银行的支票、汇票有些类似于赌场的现金券。为什么在发生经济问题时，大家都会到银行提现，并一定会发生挤兑？一则因为银行靠经营信用为生，一旦遇到金融风险与特殊事件，银行借出去的钱大多无法立即收回，但所有在银行存款的人却要求银行立刻兑付自己的“存款记录”。二是风险来临时，人人自危，大家都觉得银行可能倒闭而无法兑付自己的存款或至少需要很久才能拿到，于是要求先拿到自己的那一份。

此时人们无法相信银行可以保障他们的利益，核心是在危机时刻，大家都相信风险真的很大，而且银行的“账本”对个人来说不是透明的，银行账务盘根错节，并且银行本身是经营信用风险的，在风险被放大和夸张的时候，大家认为银行也靠不住。因此，人们需要一个可靠的、统一的、透明的记账系统。

34.2 新式的“我欠你”信物

回到对货币的叙述，货币最开始可能并不是交换的等价物，而更多的可能是“我欠你”这种交易方式的一种信物。那么，如果再回到记账方式进行价值交换，如何缔造全世界可以互相交换的信物？中本聪（比特币整体架构的神秘创始人）设计了一套不因人的意志为转移的超级账本。这个账本从创始之初，就把每一条账单记录下来。信物就是这套货币体系里，每个人每一笔的交易记录。若需使用它，你就需要用你的设备终端（比如手机）把这个账本数据复制过来。所有人的信物就是一套完全相同的数据。

无论是花钱还是收钱，都要比对之前的交易记录，再生成一条新的纪录。这样又出现一个问题，谁都看得见的账本如何避免别人在看到自己的账本后盗用我的钱款呢？如何让所有人看得见，但却只有拥有者能使用？办法就是第四篇提到过的公钥密钥技术。

简单来说，比特币就是一套公开的、仅能通过私钥使用账本中账户钱财的互联网协议与记录。比特币协议中，有“钱包”的概念。“钱包”即是一串 26～34 位的数字，这串数字即是比特币的“钱包地址”，也就是“公钥”。比如，这样一串 1L42J8t7Fz9QYchws1bQso3NvKdz6v7XeX 数字。公开账本的数字是全公开的，因此，每个“钱包”有多少钱，任何一台电脑、一部手机都可以查询到。

如何保证那么多人看着“钱包”里的钱，而只有真正的户主能使用？能够使用“钱包”中钱的核心在于“私钥”。私钥就是证明“我是我”的一个字符串。公钥是私钥通过机密算法计算出来的，但公钥是对外公开的，而私钥是万万不能对外公开的。私钥的字符串可以用加密算法证明，其对应着“总账包”中相应的“钱包”地址。就如第四篇介绍过的，公钥是由私钥推导出来的，那么知道了公钥，私钥也就可以破解，但是破解的时间太长，长到破解出来早已没有任何意义。账本里“钱包地址”中的钱只有经过私钥对一笔交易进行签名，才能够被使用。

如果记忆够好，甚至真的可以不用借助外力而实现货币的交易，比如私钥对应的 32 位字符可以自己设定。你甚至可以把它设置为 aaaaaaaaaaaaaaaaaaaaaaaaaaaaaaa，或者是“I’m Superman & Batman & Ironman.”之类的信息。但其和 1L42J8t7Fz9QYchws1bQso3NvKdz6v7XeX 这种字符串的区别在于，它们的“信息熵”比较小，十分容易被破解，很不安全。比特币历史上有很多黑客盗取了这样设定钱包地址的人。一个字符串排序越乱，越没有规律，信息熵越大。所以，一般使用电脑随机产生出一段字符串。想要安全，就要记住更复杂的数字。当然也有更好的方式，用笔写在纸上保存，或者存在 U 盘里。第四篇还提出过一个设想，用你的生物特征识别的结果作为这 32 位数，比如指纹、虹膜、心跳，这些数据的随机性会劣于完全随机的数据，但好处是其属于你，不必记忆。

如何保存这个账本？答案是用广播和 P2P（Peer to Peer，点到点）。每条交易方都向外广播，而收到广播的结点（Peer）则进行计算和打包。比特币的消费就如同是发微博，只不过语句都是“A 地址向 @B 地址转账 xx 币”。系统经过对过去账本中你“钱包”中金额多少进行认证，一旦“钱包”真实，“钱币”数大于你转账的币值，则交易有效，被记录到新的账本中。

说到此，你可以在脑子里构造这个账本大概的样子。一笔笔转账的数据就如同一条长长的锁链，每一个铁环扣着一个铁环，当前这一环之所以是这样，来源于前面铁环的样子。这种技术被称为区块链，区块指的是每 10 分钟将这 10 分钟交易打包成一个区块，“链”的含义是区块一个连着一个。后一个区块记录前一个区块最终的交易结果。这一整套账本相当于从第一笔到最后一笔所有的交易，可以理解为存下了所有的“转账微博”。这个账本有多大呢？从2009年1月创立至本书写作时，这个账本有近100GB，大约相当于20部高清电影，或1500首左右的高品质音乐。就目前的电脑性能来看，不存在太大问题。

英文中称其为Encrypted Currencies，即加密的通货，这个通货并不是一种物品，而是理解为一个账本更好。因此，比特币不是传统印象中的一个个孤立的“币”，而更像是一个基于电子数据的支票账本。这个账本就好像村里500年来的记账记录，村里每人每一笔收入支出都记在里面，当一代逝世后就由后代继承，继续记录这代人的收入支出，有多少余额都记到这一代。比特币系统就相当于全村人的记账记录，而且每家人都有这份账本，任何人交易都要在每家的账本上同时记录。村里每人在账本里拥有一个唯一户名，只需要提供户名，全村人就可以实现财产的交易和贮藏。

34.3 人人皆“银行”

创世之初，比特币如同一个未开采的金矿，由计算机（“矿机”）通过程序计算（“挖矿”）将比特币挖出。比特币每10分钟打包一个区块，区块内包含这个时间段内收到的所有交易信息。这个区块的头部会产生新的比特币，是对打包区块的计算机使用者（“矿工”）的奖励。奖励约每4年递减一半，如2009年为50个比特币，则2012年7月变为25个，2016年7月变为12.5个，依此类推。以当前进度推测，货币会在2040年左右全部发行完毕，一共有2100万个。最小的单位是亿分之一比特币，称为1聪，即比特币系统能够交易最多2100万亿个单位的“钱”。

比特币协议实现货币生成（“挖矿”）与记账（区块打包）一体化。“挖矿”除产生新的可以流通的比特币外，还在挖矿中确认交易、记账，并在账本中增加一个区块（也就是打包交易形成“矿”），最后，通过工作量证明机制（Proof-of-Work），也就是谁计算得最快，就认可谁的，使得比特币账本无法被人随意篡改。比特币协议使系统只会承认最长的一个链条，之后，借助P2P技术，将此链条公布到临近的服务器，大约 60 分钟后，全网大多数机器就记录下这个数据了。由于本身系统认可的数据就由最强计算机算出，如果要篡改数据，必须有超过 51%的电脑认可被篡改的数据，这接近不可能。

比特币的协议创建了一套大家均认可的公开记账方法。使得货币的交易、流通不依赖于一个中心的银行组织，而变成一套人人参与的自动化系统。电子货币系统本身不需要转账费用等，但可以提供一定数额的奖励给“矿工”，即帮助记账的计算机。就如同银行服务一样，没有绝对免费的服务。即使比特币交易付出了一部分费用，这个费用也远远低于当前银行系统的费用。本书第一篇讲述了支票、信用卡等银行服务，这些服务给当时带来了极大的便利，但成本却不低。比如，VISA 的全球结算费率在 3%左右，信用卡在国内刷卡也有 0.4%～1.4%的手续费用。而一张跨国支票，服务费通常不低于 0.1%，兑换手续费不低于 40 元，算上电报费等成本，以及 1～2 个月的兑换期，一张面值不大的支票，合计成本可能超过 1.5%。而对于摆脱了实体银行和服务人员的比特币系统，“过路费”大大降低，肯·丁戴尔（Ken Tindell）曾转移当时价值 8000 万美元的比特币，成本仅为 4 美分的比特币。而且这种转换是跨国家、跨地域的，对现有的 VISA 及 SWIFT 等现有转移和支付体系构成了挑战，在未来有替代它们的可能。

34.4　记账全靠“算力”

数字信用时代，资金划转和流通变为一套规则下人力不可抗拒的数据交换和记录活动；资金的融通在此实质上变为一种“算力”，即计算机的计算能力。比特币系统通过计算账单的哈希结果完成记账，算力的多少决定系统哈希计算的难度。截至 2016 年 10 月，比特币的算力大概是 2000P，即相当于每秒计算 200 亿亿次哈希碰撞。对比一下，中国超级计算机天河 2 号的算力是 33P 左右[①]，与此同时比特币全网算力还在呈指数级增长。

---

① 天河计算机统计的是浮点运算，比特币交易主要使用 SHA256 的哈希计算，浮点计算比哈希计算对于处理器的结构和运算单元要求不同，但是计算哈希碰撞的能力是一样的。此处进行对比是为了给读者一个直观的比较。

对于用户来说，“银行”这个服务机构，本质就是为用户提供金融服务的机构。作为储户和贷出客户的记账机构，不断发现两者资金融通的差距，并通过记账和账务统计工作在融通别人资金的同时，为自己赚取收入。比特币系统将这种记账行为变为一种网络自动化服务。“银行”将可能从一种机构变为一种人与人之间的信息流，对比那些在网络端不停计算的“矿工”，显然银行的“过路费”更高，还有被挤兑的风险。

当前的比特币系统相当于在为自己结账的同时，也帮助别人进行一些货币的转账和融通。如同使用互联网 P2P 协议下载电影一样，在下载文件时，也同时上传文件。每个人参与交易，同时也记录交易和证明交易。Bank（银行）最初的含义是意大利街头坐在长凳上进行货币汇兑和收储的人，后来因业务规模变大、范围变广成为现代的银行。如今，这项工作被计算机取代，每个人都可以在自己的兜里揣上一个这样的“Bank 机器人”，它们分分秒秒都可进行交易结算、收储，既为别人，也为自己。

这将使银行业务运作自动化、所有人参与化。设想一下，如果比特币成为一种货币结账系统，网络上所有的“矿机”就会相当于一家家“银行”。这些矿机就是按确定好的规则进行服务的记账式网络服务器。普通的计算机也能成为这样的“矿机”，如果想让自己的“节点”实力强一些，可以直接购买商业化的“矿机”。买矿机和去商场买洗衣机没什么区别。遍布世界的节点可能以极低的价格真正实现货币“汇通天下”。这些“矿机”生而为记账，在互联网上处理记账数据是其天职。

在这种体系下，银行不会消失，而是会变成算力的组成部分。但转账、记录这种算力不再是先进生产力，只有去从事更高级的分工，才能让银行业焕发新的价值。

34.5 区块链实现数字契约

除了银行，法律是另一项很有技术含量的分工。人们订立契约，为了限制由于人的不确定性带来的变数。比特币核心技术中的区块链技术将改变契约体系，有望实现“不变之约”。

在古老的契约体系下，契约有很重要的三要素：时间、权责、权益归属。

在人类还缺乏精确的时间概念时，祖先为了对混沌的时间有截段式的记载，开始用各类天文历法对时间进行记录。因此，出现了中华的天干地支纪年历、玛雅历、天主教下的格里高利历（公元历）。历法是人类前互联网时代的“时间戳”技术，使得流淌的时间有了前后和长短的属性，同比特币的打包时间作用相同。时间也帮助繁杂的法律文书、历史记录进行编号和存档。在时间条件的限定下，权责则是契约双方各自的权利和义务；权益归属则为获取的权利、收付款、利益的划分等。

在智能契约中，一个租房合同在系统里可以表现为：时间【2016 年 10 月 1 日至 2016 年 10 月 30 日】，权利【付租金的人可以租用此房】，责任【租房人不得随意损坏租房物品，否则照价赔偿】，权益归属【租房人以个人私钥付款至房主公钥钱包 1L42J8t7Fz9QYchws1bQso3NvKdz6v7XeX】，合同程序【完成付款，合同生效，房屋编号***的门锁可被租房人私钥打开】。

当合同生效后，房屋的智能门锁可被租房人打开。如果房主在智能契约内设定不能一房多租，租房人也不能以此房屋编号在系统中二次订立一个合同；作为租客，如果到了 10 月 30 日而不选择续租，他个人的私钥就再也不能打开门锁；如果房屋内物品在到期时损坏被摄像头“智能”地发现，租房人的信用将会被降级，租房人同意照价赔偿、从自己公钥钱包中付款后，信用又会得到恢复。

区块链的智能合约技术将实现无人化智能，实现一旦敲定，就不再受人力改变的体系。合约一旦订立，将作为数据打包进区块链中。被记录到每一台联网的计算机中，成为无法改变的合同原本。而作为合同背书所征收的印花税，将不再成立，而费用可能变为对打包合同数据“矿工”的一种奖励。印花税是 17 世纪荷兰政府通过对合同进行信用背书而征收的税费，历经几百年，即使合同上贴满了印花税票，也不能阻止“老赖”故意拒绝履行合同。

传统的合同依赖于事后追究。比如，在租房中，一个房客故意拖欠房费又赖着不走，户主很难立刻将他赶出房屋，只能借助警察局、法院的力量，这需要极高的时间和资金成本。而智能合同可以通过使门锁失效、家中断电、家用电器失效等方式实现合同的自动执行。

智能合约的真正本质在于借助区块链的无法篡改和集体共识特征，使得预先写入的代码可以在基本不需要人工干预的状态下，直接调用区块链上的数据，执行所有可以计算的逻辑功能并输出和执行结果。智能合约实现了签订合约主体间智能化的规则，实现各种复杂的逻辑功能，并通过链接货币或其他区块链，避免签约主体间的违约行为。

34.6 主权货币下的电子货币体系

如果主权信用发行类似的主权信用电子货币，则系统不存在奖励币值。币值账户与数字信用账户关联，关联后币值账户将支持负值，即具备借贷的性质。电子货币系统一并支持具备利率属性的智能合约。

央行发行货币，就相当于让信任的节点可以用自己的数字信用换取货币，这些货币将在区块链中进行交换和流通。作为交易节点，每个结算交易的“矿机”只能收取交易打包费，而无法通过“挖矿”得到新的币值。

不同的账户将会被赋予不同的账户类型，比如，个人信用卡账户、个人储蓄收款账户、公司账户、社保账户等。转账、消费等行为与比特币的交易相类似。在分布式网络上，不同账户的需求和供给信息将会在整个大网络上流通，所有的节点都会自动地处理这些信息，比如你的储蓄账户一旦出现空闲货币，你的记账“矿机”可以根据你的要求，按照你设定的数字信用匹配原则，自动为这些空闲货币寻找相应的需求者，签订市场化利率的智能“贷款”合约，实现放贷—储蓄功能。或者你的投资账户有闲置货币，根据一些公司的信用评级与资金需求条件，你的“矿机”自动将其配置到这些公司账户，实现购债或股票投资的功能。

智能合约需要相应的手续费来实现，不同等级的数字信用情况，所需要的手续费不同，手续费在这里相当于当前金融体系下的利息。同样的数字信用条件下，出手续费高的先得。在这种体系下，金融中介的功能将不断被弱化，数字信用的判定将会强化，各类佣金和转账成本等会不断降低。贷款利率和存款利率会更加接近，手续费仅等于“矿工”的交易费用，本质上是算力的成本和电费。

第 35 章 免税的信用遗产与返璞"村落型"社交

即使一夜之间在世界各地的可口可乐工厂都化为灰烬，我也完全可以凭可口可乐这品牌从银行获取贷款，东山再起！

——罗伯特 · W · 伍德鲁夫

35.1 孔子的千年信用

俗话说"富不过三代"，即便是王侯将相，朝代更迭，也鲜有人能够流芳百世。但千百年来有一个例外，就是孔子。孔子的后人从秦汉时期开始即被封官进爵，从秦始皇册封孔子八代孙鲋为文通君、刘邦册封九代孙孔腾为奉祀君，到晋周时期的奉圣、崇圣等，以及唐代册封的文宣公等。到南宋，孔子四十六代孙孔宗愿爵位被宋仁宗封为衍圣公，历经宋、金、元、明、清、民国，直至 1935 年被国民政府改为大成至圣先师奉祀官，孔子后人的爵位持续了多半个中华文明史。

汉元帝时，孔霸被拜为太师，赐爵关内侯，食邑八百户，赠黄金 200 斤，送宅一区，还附送当时首都长安户口。明朝朱元璋建国后，赐封孔家后人孔希学为衍圣公，秩二品，朝会时位列丞相之后，赐祭田 2000 大顷。明代扩建孔庙接近现今规模，清代又加修整。乾隆更是 8 次到访曲阜，祭拜孔子。

在整个封建帝国时期，孔家每年享受俸禄几十万两白银，被赐土地 108 万亩，分布在鲁冀豫苏皖 5 省。即便是民国时期将衍圣公的爵位消除，并改为“大成至圣先师奉祀官”，身为孔子后人的孔德成在 1935 年时依然享受 800 元月薪与 400 元办公费。

后人享受祖先的荫蔽，只有孔家算是中华独一无二的。

35.2 信用——不灭的遗产

提到遗产，首先想到的是钱，或者是以钱衡量的资产。比如房产、地产等不动产，车辆、古董之类的动产，还包括权益类资产股票，以及著作权、专利权等。

除了这些有形或无形的以钱衡量的资产，其实还有许多无法用价值衡量的遗产。如孔子的遗产，以上面的观点来看，只是鲁国的几倾薄田、百十间旧屋，远没有今日的恢宏。而孔家后世享受的荣耀，更多的是孔子流传下来的思想、著作、事迹、文化和圈子影响力等，这种遗产可以被认作信用资产。

孔子信用遗产的价值实际上来源于统治阶级对儒家文化的认同。孔子的遗产包括其著作《诗经》《尚书》《礼经》《乐经》《周易》《春秋》及孔子学生整理的《论语》；其经历（做鲁国大司寇、周游列国等）；其社会关系（鲁定公、鲁哀公、齐景公、卫灵公等）及门生等（颜回、曾参、颜渊、子贡等），其道德成就（孝悌忠信、仁义礼智、温良恭俭等），其毕生的追求（民重君轻、克己复礼等）。

在没有著作权法、专利保护、社交网络的年代，这些内容通过口口相传，被后世统治阶级的认同，于是成为被推崇、引用、传颂的重要内容。被传播到大多数国民和精英阶级的认知中，又不断被加工整理形成文化。儒家文化对中国历史以及情与法的影响，都是由于孔子生前事迹、与他做人做事的人生观、价值观，受到统治阶级推崇和大量文人及统治阶级的认同，使得这种思想得以传播和发扬壮大。

信用遗产与资产遗产不同，其不需要维修和保养，产生后即被确定下来。但随着后期历史和人们的演变，信用遗产的内容也会随之演变，遗产的价值也会发生变化。信用遗产具备价值性和可流传性。在前互联网时代，普通百姓的信用遗产很难被长久流传和认可，所以极少人意识到先人的名声、阅历就是极大的遗产。而能继承多少信用遗产，取决于自身的社会关系。

在古代，人分贵贱。贵族本身就是一种信用遗产的传承。除了所有的爵位、财产，姓氏和范字就是无形的信用遗产。姓氏背后包含了家族背后的一切荣辱与事迹。在口口相传的时代，姓氏起到的是内容检索的作用，范字则是血缘关系的检索。

与财产不同的是，信用不可能被花光或用光。人一旦离世，信用就被锁定，不再发生变化。但信用会随着不同时代的认知而衍生出不同的价值。

信用遗产也将是唯一不收税的遗产，祖辈到过哪里、有何种社会关系、做出哪些学术成就，这种客观的事实是无法征税的。遗产税在很多国家已经成为一种成熟税制，促进社会公平与资产再分配。资产类的遗产除了要上缴遗产税，还要维修和持续。对比有形的遗产，无形的遗产更加宝贵，也更加无法被剥夺。

35.3　无法青史不留名

历史规律显示，随着时间推移，能流传下来的信息也越来越多。

夏商时期，即使帝王将相也只能留下骨片、鼎身上的寥寥几字；到了东周，历史人物会在《春秋》《战国策》中留下一段文字；到了汉晋，某个人物的大段故事会被写进《史记》《汉书》《三国志》；而到了唐宋，就开始有几十万字的著作、5 万余首唐诗、2 万余首宋词被记录下来；明清时代，不仅仅是史志，小说也有百万余字的，更是有以亿字计的编撰典籍。虽然如此，但对于过去来说，贩夫走卒等普通人的事却鲜有被记录下来的。

有限的文字只能记录有限的人物和故事；大块的文字可以记录更多更详细的内容。而现在的数字存储空间已经足以容纳所有人来编织这张社交网络，因此，在可以想象的未来，还有更丰富的存储空间装下更丰富的信息。生存在当今，注定要青史留名，不论你高贵低贱，不管你欣然接受还是极力抵制。即使最普通的人也会被记录下大量信息，包括个人资料、手机数据、图片视频等各类内容。除了个人和政府保存的信息，微信、Facebook 等网站数据库，都将个人信息保存在网上。目前除了认为是隐私的聊天记录外，朋友圈内容、留言信息、圈子、转账红包记录、账单等都会被保存。信息还会被引用、被传播，大量信息可能价值不高。但只要被记录，信息的价值就可以被挖掘，在未来产生新的价值。

当今的我们与孔子一样，谁都会有信用遗产以数字化的形式留存。它包括游历数据（日常生活、旅行等位置信息）、财产数据（资产、资金流水、资产负债评估）、知识数据（搜索、输入数据、发表内容）、社交数据（好友、圈子、交流内容等）等各类信息的集合。

数字化时代，数字化形式的信息更加复杂和庞大，也更准确和细致，而作为检索这些事情的方式，也不需要到处打听或检索档案，而只是需要数字化的检索，就可以获取一个人丰富的信息。随着信息文明变迁，将有更多人、更多事被记录下来，甚至每个人的全量信息都会被完整地记录。各类信息展示和搜索也会标准化，了解一个人更加容易。

从本书中提出的客观事实皆可归纳为数字信用的观点来看，除以钱衡量的资产类遗产外，数字信用也将成为重要的遗产内容。数字信用将作为不可改变的事实，流传给后代及其他社会关系紧密的人。就如同今天的姓氏、每一代人的范字都定格了前人和你当前的信用，当今这代人的数字信用将对后代产生巨大的影响。

随着时代的发展，不同的信用也会衍生出不同的价值。孔子的信用遗产得到后代统治阶级的认可，促进了信用价值的提升；千百年来，孔子是为数不多的身后信用得以急剧膨胀的先哲。有些大师的信用遗产虽然不如孔子，但影响力也很大，比如曾国藩、梁启超等，他们的后代也依然享受祖先的荫蔽。在当今社会不管是大师还是普通人，信用都将被流传。

进入互联网时代，注定不会再像以往，可以安安静静地离开这个世界。只要后人想对你的信息进行查阅，就可以通过互联网掌握你曾经留下的大量信息。而数字信用不仅仅是遗产，更是一个人活在当下安身立命的根本。

35.4　需要纳入统计的“信用”

数字信用正在展示出比以往更强的影响力。由于各类信用信息采集的便利，以信用为参考的体系变得更加重要，与货币体系并驾齐驱。在比特币等技术将货币体系带入电子货币时代，信用体系也跟随 FICO、ZestFinance 等走进数字信用时代。在这两个体系下，一个人将拥有电子货币账户，以及各项信息组成的“云信用”账户。这使信用与货币比过去更加紧密地联系在一起。与货币体现出的单纯数值不同，数字信用还可以反映出人们生产和生活的状态。

对于居住在大城市的个人，通常觉得生活在陌生社会。但随着人与人之间的数字信用逐步透明、公开，我们会进入一个看似很大，实则“很小”的封闭的超大“村落”。这种概念可以参考过去中国古代的乡村。在村落中，如本书第 19 章所叙述，除有以钱为计价的村落财产外，还包含以信用为统计的“社会资本”。在小村落中，钱更多地用于与外界进行交换，而村子里还会以伦理与感情等社会资本进行交换。这种体现为社会资本高的村子里，虽然人与人之间没有更多的钱用来交换，但由于彼此乐于帮助，每人都享受更多产品、服务，也更加团结和友善。而社会资本较低的村子，彼此间会有隔阂，即使与社会资本高的村子人与人间钱的交换总量一致，可是如果没有社会资本的“交换”，每人平均销售产品和服务更少。

可以用大城市雇用保姆来说明这个问题。如一个在北京生活、老家却在河南的人，有些会选择在老家雇一个靠谱的人做保姆。这就相当于利用文化、关系等社会资本取得更高效用。一是雇主仅付出远低于北京本地价格的薪水；二是老家保姆也乐得舍近求远地来北京打工。雇主花更少的钱，却得到相同或更大的社会价值。这种社会资本不单单取决于劳动力价格的原因是，市场上即使还有条件和薪资要求相同但来自于湖南的保姆，第一选择仍然是河南老家的那个保姆。

今天的数字信用体系的快速发展，数字信用会伴随着信息化的发展，不断地从小体系上升到大体系，并不断丰富、整合、统一。

经济行为将不可避免地与数字信用体系逐渐交融在一起。在国内，目前还看不到明显的场景与应用。但人人都知道，租户出同样的价格，自己的房子更希望租给靠谱的、友好的、干净的、社会关系简单的人。在美国，租房前查看 FICO 分已经成为必备的流程。同样的房租，一定租给 FICO 分更高的人。如果租给无

FICO 记录或低分值的人，可能出现房子长期无法收回，也拿不到房租的情况。

真正的经济发展必然依赖信用，没有社会资本与资本的和谐发展，经济发展质量不高。社会资本作为看不见的资本，对经济和生产带来看不见的影响。数字信用远不止 FICO 分和芝麻信用分那么简单，其需要包括更丰富的信息。包含这些信息的数字信用可以反映出社会资本与生产力现状。可以说，一群人的数字信用的全景，可以间接反映出这群人的整体社会资本情况。

信用和钱一直是孪生兄弟，但信用过去一直很低调。经济统计数字无法反映信用情况。但在数字化信息时代，信用可能比钱起到更多的作用，能简化经济行为中的沟通成本，同时避免各类问题。当钱不是唯一的衡量标准时，为牟取不义之财而损害自己的数字信用，这种钱你还赚不赚？

35.5 “我欠你”的欠条货币与社会化信用体系

当前金融体系的本质是融通信用、收放货币，控制经济行为。目前货币发行是央行发钱给银行机构，再由银行机构把钱交给需要钱的人。通常，这个传导流程比较长，很多贷款、融资的流程烦琐、时间冗长。

商业银行的本质是经营信用、利率、风险，再通过利差盈利。随着数字信用的不断成熟，信用标准更加透明化、标准化，利率逐步市场化，银行的中介功能不断减弱。银行的行业分工将会被前置和后置，前置是做数字信用的标准制定和信息源，后置是做信用的担保、呆坏账处理。

如果每个人、每个企业都有自己的信用账户，可以凭自己的信用账户在智能合约和电子货币系统上直接进行贷款。数字信用决定一个人“我欠你”欠条的额度大小、利率的多少。在基准利率的基础上，对不同信用情况的个人、企业进行差异化贷款发放。贷款金额将影响数字信用，意味着有贷款未还，再贷款额度将减小；按时还款后，信用值就恢复并上涨一些，因为这意味着你履行了承诺。

而抵押、担保、授信额度等也可以通过智能合约的方式直接在系统上完成。当你未按时偿还时，损害的是你的信用，信用账户被减值，“我欠你”欠条额度将变小，再次借贷的利率会变高。除信用的减值和提醒外，当你最终无法偿还贷款时，房产、车辆等可能会被冻结，这些将直接由区块链上的智能合约实现。如果仍不能履行合约，房产、车辆等可能会被拍卖，而产权可能直接通过智能合约划转给其他人。过分透支而失信会造成数字信用剧烈下降，再做什么都寸步难行。

除此之外，企业的发债、募股等金融行为都可以通过智能合约系统实现。步入成熟的数字化信用社会，钱将不再是最稀缺的，信用才是。

35.6　客观的数字信用

当数字信用胜过钱的时候，很难不将数字信用当作一种衡量标准对人重新进行审视。数字信用也是评价人的一个维度，一旦有了，就不可避免地会分出高低贵贱。

英剧《黑镜》中，蕾西生活在互相“打分”的社会，如图 35-1 所示。人们见面或浏览他人社交网络时都会互相评价打分，并乐此不疲。结合别人的打分，“老大哥”式的系统会给每个人算出个人的分值，从 0 分到 5 分。整个社会依据不同的分值进行不同的阶层划分，更好的社会设施和服务会优先提供给高分人群。蕾西 4.2 分，属于中上层人士。为了让自己快速提升到 4.5 分以便住进心仪的公寓，她费尽心思地争取到了参加老同学婚礼的机会。典礼名单上大多是高分人士，她希望借助高分人士的好评快速提升分数。可在赶往婚礼现场途中，由于没赶上飞机而爆粗口被降分，由此引发连锁反应，让她一路坎坷，评分不断下降。到了婚礼现场的她失去理智，大闹婚礼现场，于是被在场的人打 0 分关进监狱。

图 35-1　英剧《黑镜》中主角眼中的社会评分

剧中人都生活在围绕分数的虚情假意的社会里。但要说明的是，这种主观式的打分并不是真正的数字信用。随意打分就可以判定人的贵贱，甚至有权打 0 分而让人接受刑罚的体系，无异于让人言亦言的人有权力拿着石头砸死可能“有罪”的人。人与人之间的主观评价只能是数字信用的一部分，而且这种人与人之间互相示好和恩惠式的打分方法，本身不客观、不理性。

数字信用应该基于客观的事实。数字信用评价一个人，并不是看他会不会口吐莲花，而要看他最终是不是实际履行合约。数字信用更不能凭人与人的一面之缘来定义。一个遵守约定的人可能有些木讷，不讨人喜欢，但这并不影响他履行约定的客观事实，更不应该影响他的数字信用。

在以钱为衡量标准的年代，有人嗜钱如命，也有人视钱如粪土，嗤之以鼻。数字信用也一样，每个人的态度可能不一，但这并不影响数字信用发挥作用。在不同的条件下，对数字信用的解读可能也不同。如认识你、了解你的人，可能并不会特别看重你的数字信用；社会、银行等不同的机构对相同的数字信用的理解可能也不同。同样，对于非重大的数字信用罪行，也不应该使用现实社会中的刑罚，而应结合线上的各种权利，进行有针对性的惩罚。

第 36 章 数字信用社会构想

没有诚信，何来尊严。

——（古罗马）马库斯·图留斯·西塞罗

36.1 线上的权利

天赋人权。生存权、自由权、平等权等，都是人们最基本的权利。如果犯法，这些权利可能会被剥夺。

通信自由的权利让每人有权使用互联网。互联网发展之迅速，使通信自由权在数字信用基础上分裂和演化出不同的线上权利。若在线上做出不信用的行为，线上的权利可能被剥夺。以下是笔者能想到的线上权利。

信息接入权：通信自由权赋予每人自由接入网络。在目前法律中剥夺人身自由后，就不再享受信息的自由接入。但完全不自由和完全自由存在一种状态，即有人身自由却无接入网络自由。2000 年 2 月，一位叫作“黑帮男孩”（Mafia Boy）的加拿大未成年黑客，通过 52 个网络的 75 台计算机对 11 个大型网站发起 DDoS

攻击，包括雅虎、亚马逊、eBay、CNN 等网站在内，造成经济损失约 12 亿美元。被逮捕后，黑帮男孩受到 250 美元的罚款与 8 个月禁止上网的监控惩罚。

对于限制上网而不限制人身自由的约束，看起来是家长控制孩子上网的方式，好像并不是一种惩罚。但在数字信用时代中，限制一个人在信息空间的自由，是极其严重的惩罚。他将不能在虚拟空间和现实空间穿梭，无法使用电子支付，无法上网、查阅信息、签订合同，他将感受到种种不方便。当然，控制信息接入权应该划分情况，包括控制通话、控制上网等惩罚方式。信息接入权是所有一切线上权利的基础。失去信息接入权，就失去了数字信用和电子金融的一切红利。随着生活对网络的依赖性增强，这种惩罚方式显得越发凌厉。

由于实名制已开展，接入网络也将基于身份认证实现。即使是今天，如果身份证被锁定，将无法办理手机卡、宽带，Wi-Fi 认证被锁死，甚至被禁止使用手机和信用卡。如果没锁定身份证，但依然无法上网，就是被限制了信息接入权。

自由使用权：限制线上接入的时间和范围。比如 2017 年 1 月有一项最新提议，禁止未成年人在 0:00～8:00 期间打网游，就是一种控制信息自由使用权的办法。当然，这种权利不只针对未成年人。禁止访问某些境外不法网站也是控制信息的自由使用权。当这种禁止访问特别是针对某个人的时候，就是通过限制他的网络自由使用权，对其施加惩罚。

信息认可权：如某些大型网站、核心数据库，对一个人与其行为的认可。数字信用的积累需要数据与其他人的认可。剥夺了一个人被别人认可的权利，本身就是一种惩罚。比如强行被大型网站拉入边缘人名单。虽然可以使用网站的服务，但是网站并不会认可你的信息，你的所有信息也就无法上传到“云信用”平台，无法写入档案。最终在查阅某项数字信用时，这部分内容显示为空白。

信息参与权：相当于线上的言论自由，可以针对具体内容进行细致划分。比如，禁止就某一个话题或在某一个群体发表自己网络上的言论。人本身就是群体动物，每个人时时刻刻都有融入一个体系的需求。在 PC 互联网时代，经常会在 BBS、QQ 群中遇到被禁言的网友，这就是一种对信息参与权的惩罚。新浪微博被封号，以及 QQ 被封号，也是一种控制参与权的惩罚，但有一些不同，限制参与权仅仅是限制其参与，但被限制的人有权浏览。这是一种只能收听、不允许发言的控制。由于大量主观类信息无法被发布，所以会限制个人信息成为数字信用的一部分。

信息被搜集权：听起来有些天方夜谭，谁都在想办法不让别人获取自己的隐私，怎么被搜集权也成为一种权利了？未来，随着网络空间的保密性加强和人们隐私观念的改变，大量的个人数据将在保密状态下被用在数字信用积累上。而这些信息对你的工作、贷款、生活等各个环节都起到作用的时候，不被搜集是可怕的。如果你的数字信用只有一个证件号，而你在网络上某个阶段的信息是空白的，就如同你未存在过，这在数字信用世界中是很恐怖的事情。如同一个全村都不知道的外乡人来到村子里，大家一定对他有心理距离；信息的被搜集权被剥夺，就相当于这个人在村里待了几年后，其所作所为无法在大家心里留下印象，大家依然以为他是一个外乡人。

实名标注权：对实名信息的显示进行特别提示。如同《黑镜》中每个人的分数都能被看到、完全公开一样，特别低的分数本身就表明了“信用差”。当然，对于标记本身，可能代表褒或贬。比如，QQ 会员名字用红字标示，代表此用户在本系统尊贵的地位。但尊贵的标示远不如警示标示容易被注意。没人希望自己脸上刻着“罪犯”的信息。《水浒传》中宋江、林冲、武松等人脸上均有刺配的字，所以走到哪儿都被人盯着。根据不同的罪名，刺配不同内容、刺字大小也有相应规矩。这种刺配对于古人来说，是一种极大的侮辱。

而网络标注也是如此，比如在个人用户名后面有一个标注，提示“信用差”。想想在任何地方办理信用卡、申请贷款、租房查信用时，都会有红色字标注此人“有违约历史”，或名字高亮标注“有严重违约记录”，提醒人们注意此人信用情况。这实质就是对人在虚拟空间莫大的惩罚。

36.2　两个空间的权利

以上列举了虚拟空间关于数字信用的各种权利。这些都是数字信用时代的权利，线上权利的剥夺并不会影响一个人的基本生存，但会影响人更高层次的追求，是尊严与自我实现层面上的处罚。对不同的违反数字信用的行为应给予不同的处罚，如何确定这些行为应该受到何种处罚，需要仔细推敲与博弈。

首先，订立处罚方式不应该由商业实体做出，处罚的标准不能千姿百态、各自为政，而应该由更高级别的机构进行规则和法律的制定。其次，公民应有的各类线上权利，各网站实体不得擅自剥夺；而对已经受到处罚的个人，也不能因为商业竞争或私人情感而擅自放开已经被剥夺的权利。

例如，现在的信用联动机制中禁止“老赖”乘坐飞机、高铁。实际上，这就是限制了“老赖”在航空公司网站购票功能的自由使用权，以及在 12306 系统购买高铁软卧车票功能的自由使用权。这种全国层面的规定是强制要求，企业和网站不得以任何名义擅自开放该权利。

数字信用本身是一个人在尊重和认可层面的需求。守信不应存在例外，所以对各种不诚信行为务必不留死角。一旦证据坐实，经过警告、提示无效后，就应及时采取行动处罚。比如对各类信用作假的人，应取消其信息被搜集权；比如对恶意透支信用的人，应取消其信息认可权；对恶意套取补贴造成极其恶劣影响的人，对其进行实名标注权的负面标注，让其在其他网站活动时，引起运营方注意。对不同的不法行为，还要根据情节严重，决定其权利被剥夺的时间。

对于执行者来说，执行线上权利的剥夺与恢复也需要权力的约束。在未来的信息框架下，有些惩罚将使用智能合约的方式自动执行。制定规则与实施处罚的也应该分立成两个机构，如同立法与司法分开一样。由于线上环境的复杂性，纯粹的线上监管、线上执法还有很长的路要走。

36.3 出来混，迟早是要还的

2013 年至 2015 年网约车补贴最疯狂的时候，不止烧出了用户量和市场规模，也烧出了很多“羊毛党”新贵。你相信当 1 个月的网约车司机赚到一台宝马 X5 吗？这不是天方夜谭，而是一类团体。最初，只是空车拉单，通过“无中生有”的乘客订单牟利；后期，虚拟的“订单”和“车”干脆都通过软件虚拟跑起来，套取平台上各类优惠，很多刷单客单月牟利几十万元。2016 年，大量网络订餐平台推出新客免单满减等活动，大量刷单客通过“假”手机号帮助其他用户订餐，套取每单几十元的补贴，甚至有些人直接在网上注册不存在的“虚拟”门店，并通过刷单等方式套取补贴。2016 年 3 月，5 位嫌疑人被抓获，他们在一个月的时间里骗取“饿了么”平台返利百万余元。

以上是直接套取补贴的案例，还有大量刷好评、刷信誉的个人与商家。从本书观点出发，个人信用是比钱更珍贵的一种资本。例如，网友 O 姐发现一家餐馆的评论存在两极分化现象，充斥着大量“10 分钟送达”的信息，以及一小部分“90 分钟送达”的差评。O 姐实地考察后，发现基本无人配送，可一刷页面又多了几个“10 分钟送达”的五星好评。仔细查看账号，总是那么几个人。

这些毫无技术含量的刷单行为，稍加观察即能察觉。即使有些做得十分隐蔽，在大数据的筛查方式和智能算法筛查下，也会被发现。一旦发现，在追溯时间内，应按照规则对不诚信行为进行惩罚。追溯期内，用户的数字信用必然受损。随着技术手段的不断提高，想要规避信用的审查十分困难。未来的审核核心，不是靠监控一个个账户的具体操作，而是靠行为一致性。如同证监会在 2014 年依靠大数据技术查找“老鼠仓”一样，不是用算法找具体的人，而是发现一致性和相关性的行为。

各类刷单、刷信用行为与“老鼠仓”操作手法类似，靠刷单赚钱的账户钱款行为和记录会出现一致性，根据相关关系查询钱款流向，筛查出的嫌疑人基本八九不离十。

刷单者的个人账单早已在系统中了，曾经做过的一切行为都被锁定，无法更改。随着数据存储成本逐渐趋于零、存储空间趋于无穷大，以及区块链等技术应用到各项记录中，数字信用造假的追溯性将变为无限期。随着“稽查”算法不断迭代，早年造假的方式再高明，也可能被翻查出来。一旦作假，便终有真相大白的时刻。信用的尊严需要持久地坚持。

对于线上违法行为，智能算法发现后会立即执行处罚，并限制线上权利。智能的司法算法可以比现有司法程序更快捷、更精确地制止刷信用和套利的行为。约定的规则一旦得到刚性的执行，不仅是刷单客、门店老板，创业团队或前期投资者各类刷单作假都需承担责任。长期追溯原则会震慑任何企图刷单作假钻空子的人。

36.4 “我是我”与“你是你”

不管是电子支付、信用审核、防欺诈，还是防刷单等，究其核心是身份验证的准确性问题，需要证明“我是我”与“你是你”的问题。比如，欺诈问题是仿造“他是你”来实行对你财产、信用的窃取；刷单问题是冒充“我是别人”来为自己增加好处。

对于身份认证的问题，在技术上不断用更加不可替代的“我”的方式来识别一个人，从最初的指纹到后来的虹膜，以至于声纹、心跳、步伐等各类独一无二的识别方式。还可以用个人生物特征来做电子货币的“钱包地址”，数字信用社会将让电子化的数据和人的生物机体实现互认。离不开身的“伸手要钱（身份证、手机、钥匙、钱包）”与人真正合一，身体这个有机体将成为一个人财富真正的载体。

借助未来的物联网和超高速网络，你家里或公司的门由于“你是你”而打开；我能够花自己的钱是因为“我是我”，所以有权利支配；你拥有的股权因为“你是你”，而在分红时将股息派发到你的账户中，也只有你有权转让。

数字信用时代，首先，要防止被“不是我”的人冒用“我”的数字信用，或盗刷“我”的信用；其次，防止出现对应错误，不能将两个人混淆；最后，要防止有些人利用“非我”的信息作弊，粉饰个人数字信用。

个人认证需先天与后天相统一。先天是个人生物特征，来源于一个人的基因；而后天是个人长期形成的条件反射，比如一个人的步伐特征、心跳特征、行为习惯、既往经历等，都是个人生活中无意间形成的特别的个人特征认证信息。

个人信用是由人主观意识和客观存在形成的数据全集。个人信用与个人认证是人主观能动性与客观形成的对应，保证个人数字信用的唯一性。个人信用和个人认证理论上是一体的。个人的数字信用也是个人信息大集合，同时还是认定“我是我”的方式。

36.5 终将智慧的网络与设备

2014 年 6 月，一位深圳的支付宝用户被询问前一夜是否有一笔苹果手机的支付时，才知道自己的账户被盗了。原来前一天晚上，他接到伪基站短信，输入了自己的身份证号、银行卡号等信息。黑客当天深夜在广州利用盗来的上述信息，通过支付宝的忘记密码功能，申请修改账号和密码后，成功地在另一台手机上登录了这个盗来的账号。随后他下单购买一部 iPhone，在支付环节，系统判定支付失败，并对账户进行了限制。这一笔交易被支付宝后台服务器“自动锁定”。

账户被“锁定”的原因，一是登录手机不是账户的日常设备；二是登录地点换到了广州某小区；三是半夜修改密码的行为，因经常输入密码通常不会忘记，并且半夜却用找回密码的方式重置很可疑；最后，此账户平时主要用于理财，很少在网上购买高价商品，半夜重置密码后就直接下单买 iPhone，不符合用户行为。

在这个事例中，终端、网络、主机，协同对收到的信息进行分析来判断是不是主人。由于黑客使用另外的手机重置密码登录，手机侧被“不是我”手段突破防线，但除了交易内容、密码口令，还需向主机上报终端型号（MEID、IMEI）、软件版本信息等终端上产生的信息；网络侧会生成时间、IP（暗含地址信息）等信息；主机侧服务器则对这些信息进行解析，除提交转账人、金额、密码等是否准确无误外，与用户之前的行为进行比对分析。这种对于“我是我”的认证，正在从简单的用户名、密码的识别，升级到一个人的生物特征与行为特征的身份认定。

除了上述特性，如果转账给陌生人，系统还会对此人信息和关系进行判定。如果此人数字信用较差，且与本账户从未有过钱款往来，则转账可能受到限制。除此之外，在转账给陌生人时，还会监测“我的好友”是否与他产生过钱款往来等关系类监测。

虽然看似一笔普通转账或购物信息，但实际上包含了很多复杂的背景信息。过去一切的认证方式架构在“终端”，不过是通过输入密码、指纹识别等方式认证“我是我”。而现在的认定则是终端、云端等一系列联动实现“我是我”的一种认证。这种验证也将加入越来越多的信息，变得越来越智慧。比如每个人使用手机的习惯，手机触摸的频率、手指按压面积等个人特征识别信息；同时，主机侧服务器端的策略也在不断增加，支付宝策略已超过万条，并在不断优化中。

不仅仅是电子支付防诈骗，数字信用大体系越发智慧的趋势不可逆，随着超高速网络、云端存储技术、物联网、人工智能的发展，数字信用将紧密且智慧地与人融合为一体，构建更美好的未来生活，也将人类更紧密地联系在一起。

后　　记

作为一名环保主义者和科技发烧友，曾将自己的阅读目标逐渐从纸质图书，逐渐变为电子书和互联网资讯。因为我一度认为，在数字化和互联网大潮中，这将是未来的阅读与学习的方式，有着通俗易懂、快捷高效、环保省地儿等新时代特征。

几年前，在综合参考和尝试了微信公众号资讯、微博发推、撰写评论等形式后，使我又改变了对书的理解。我开始觉得以上这些内容属于消息和资讯，远远不是经过慎重考虑和深度思考的结果，更称不上是知识或智慧。很多内容需要深度加工和整理，让它们升维到更高的层次。所以，我最终决定将自己的思考以图书的方式呈现：一方面觉得数字经济、全连接社会、信用经济有很多问题需要更哲学性的领悟，另一方面希望能够利用自己的知识体系，系统性地、深入浅出地探讨和思考一个领域的问题。

写作并不是一时兴起，而是源于自己工作和关注领域中接触到的信息与发生的变化。这里要感谢我的好友、工作中的领导同事以及业界的朋友等。每当和你们探讨技术影响、业务发展等问题的时候，不管是在会议室还是在路上，几个人一起头脑风暴，开诚布公地讨论的时候，是最有意义的时刻。

每当大家沿着当前的问题开脑洞、挖想法时，都能让我的知识图谱发生变化。当某个新想法可能将人类传统与新技术重新连接和打通时，我总会有醍醐灌顶、脊髓神经被电到的感觉。很多的新想法、新思路，虽然已经完全记不住是和谁一同探讨的，但其想法都化作一份食材或一味佐料，融汇在这本书里了。同时感谢电子工业出版社的黄爱萍、师纬凤、陈晓洁、刘爽以及为本书的出版付出努力的所有编辑。作为中国当代知识经济的脊梁，她们的激情、智慧、敬业精神给了我最大的支持，让我几年来能够坚持将写作完成。

不经历思考和写作的洗礼，很难理解“学而时习之，不亦说乎；有朋自远方来，不亦乐乎”的那种情绪。从计划写作到图书上市三年有余，牺牲了大量与父母、爱人、孩子相处的宝贵时间。时光一去不复返，我深知永远地错过了大量本应有我的存在而为家庭增添的精彩瞬间。家人们并不是业内人士，可能无法完全理解书籍以及其中的思想意味着什么。思考和写作的意义到底是什么，这个问题也时常使我陷入长久的迷茫和彷徨。可每每想到孩子长大后未来世界的样子，都让我心怀憧憬和敬畏之情。

依照当前科技的发展和数字技术进步的速度，能预见到未来社会在虚拟空间蓬勃发展的趋势不可逆转。作为孩子的父母，不知我们当前的奋斗对他们来说到底意味着什么？是在编织一对翅膀还是在打造一个牢笼？作为父亲，我更希望我们的智慧，能为他们插上一双可以翱翔的翅膀。

参考文献

[1] 维基百科，银行，https://en.wikipedia.org/wiki/Bank#History

[2] [宋]徐松，刘琳/刁忠民/舒大刚/尹波等校点，宋会要辑稿·食货，上海，上海古籍出版社，2014

[3] 易中天，帝国的惆怅，上海，文汇出版社，2014

[4] 卢晓刚，说钱，太原，山西经济出版社，2009

[5] 中国银行业协会，中国信用卡产业发展蓝皮书（2016），2016-9-22

[6] “在中国内地为什么很少见到人们使用支票？”网友叶良辰的分享，知乎，http://www.zhihu.com/question/24308053

[7] James Essinger, The virtual Banking Revolution, Ineternational Thomson Bussiness Press, 1999

[8] 中国人民银行清算中心数据，http://www.cncc.cn/zfqsxt/200812/t20081218_716.html,2015-4-2

[9] 百度百科：全国支票影像交换系统

[10] 维基百科，Cheque（支票），https://en.wikipedia.org/wiki/Cheque

[11] 维基百科，bank card（银行卡），https://en.wikipedia.org/wiki/Bank_card

[12] 只有银联储蓄卡，有什么虚拟信用卡可以申请？网友神懒的回复，知乎：http://www.zhihu.com/question/22336470

[13] 肖雯雯、向启，大数据时代，征信大有可为，中信证券，行业研究报告，2015-9-7

[14] 维基百科，Equifax, https://en.wikipedia.org/wiki/Equifax

[15] Simson Garfinkel, Separating Equifax from Fiction，Wired 杂志，Issue 3.09 | Sep 1995

[16] 阿坤，美国信用系统简介系列之三：美国征信市场的“幕后英雄”FICO，微信号：极客金融

[17] 刘雪峰、康健，征信行业深度报告——征信商业模式、数据来源和产品分类，广发证券，2015-01

[18] 康平，“穷人银行家”摘得诺贝尔，新京报，2006-10-14

[19] Giles Andrews，LinkedIn 网站，http://www.linkedin.com/in/giles-andrews-obe-6787a0/

[20] 维基百科，zopa, https://en.wikipedia.org/wiki/Zopa

[21] Sean Farrell，Zopa on fast track to alternative success，英国卫报，ethical money，2013-8-12

[22] Brett King，*Breaking Banks*, John Wiley & Sons, 2014-05-30

[23] Brett King, *Bank 2.0*，Marshall Cavendish, 2010

[24] fanxinxin，11 家 P2P 联手 FICO 小贷平台好贷网成唯一合作伙伴，证券时报网，2015-03-10

[25] 中国产业信息网，2014 年中国旅游行业发展现状及 2015 年投资发展潜力和趋势，2015-6-29

[26] 庄郑悦，“芝麻信用”推信用签证服务，750 分以上可签卢森堡，浙江在线-今日早报，2015-06-05

[27] 王晓飞，北京法院系统首发新限高令 破解公司没钱老板高消费，京华时报，2015-07-28

[28] 邵伏军 主编，百姓征信知识问答，北京，中国金融出版社，2008

[29] 苏曼丽，光大回应淘宝卖存款质疑、称支付宝承担返利，新京报，2013-01-09

[30] 罗克关，芝麻信用快速安检营销引关注，征信商业边界在哪，财经网（北京），2015-09-25

[31] 百度百科：考拉信用分

[32] 百度百科：北京中诚信征信有限公司

[33] 陈宝亮，Experian 姚诚彰：互联网征信将带来行业价格战，21 世纪经济报道，2015-03-04

[34] 谭冰梅，平安腾讯如何玩转征信业务？南方日报，2015-02-13(03)

[35] 谢水旺，央行严把征信牌照：首批 8 家补材料二批个别退回世纪经济报道，2015-09-09(21)

[36] 涂子沛，大数据，桂林，广西师范大学出版社，2012-07

[37] 陈典全，LBS 中基于轨迹的用户行为特征分析，全球定位系统，2011 第 6 期:58-61

[38] 欧晓霞主编，旅游心理学，北京，对外经济贸易大学出版社，2006 年 7 月

[39] 夏毅敏、王欢，日媒揭秘适合“一个人旅行”之人的性格特征，环球网，2014-10-17

[40] 朱雪利，51 信用卡：信用卡账单背后的大数据，杭州日报 2015-03-23

[41] 维基百科，Knowledge graph（知识图），https://en.wikipedia.org/wiki/Knowledge_Graph

[42] 百度百科：兴趣图谱

[43] 浏览器 Cookie 禁用，如何标识用户？秦杰的回答，知乎，https://www.zhihu.com/question/21656196

[44] 方奇、刘奕群、张敏、茹立云、马少平，基于浏览器收藏夹的用户行为研究，中文信息学报，2011, Vol. 25 Issue (5): 30-37

[45] 杜会堂，微软抛弃 IE:新浏览器依旧难逃开放和封闭困境，腾讯科技，2015-8-5.

[46] 搜狗用户体验改进计划隐私保护声明，http://pinyin.sogou.com/help.php?list=9&q=2

[47] 王登科，微博情绪分析器开发过程，http://www.wdk.pw/909.html，2015-03

[48] 赖凯声、陈浩、钱卫宁、周傲英，微博情绪与中国股市：基于协整分析，系统科学与数学，2014 年 05 期

[49] 吴军，数学之美，北京，人民邮电出版社，2012-05

[50] 张俊林，HipHop 算法：利用微博用户交互行为挖掘社交关系圈，CSDN 博客，2012-05-03

[51] 南婷、林苗苗，7000 多万个 QQ 群遭泄露，新华网，2013-11-22

[52] 贝肯数查询网站，http://www.oracleofbacon.org/

[53] 艾伯特·拉斯洛•巴拉巴西，沈华伟译，链接：商业、科学与生活的新思维，杭州，浙江人民出版社，2013-08

[54] 本尼迪克特·安德森，吴叡人 译，想象的共同体，上海，上海人民出版社，2011-09

[55] 费孝通，乡土中国，北京，中华书局，2013-04

[56] 陈柏峰，乡村混混对村庄人际关系的影响，中国农业大学学报，2015-07-03

[57] 苟天来，左停，从熟人社会到弱熟人社会，社会 期刊，2009 年 01 期

[58] 赵延东、罗家德，如何测量社会资本，国外社会科学，2005 年第 2 期

[59] 翟学伟，是“关系”，还是社会资本，社会 期刊，2009 年 01 期

[60] 维基百科，Social position, https://en.wikipedia.org/wiki/Social_position

[61] 维基百科，Social Network-Structural Holes, https://en.wikipedia.org/wiki/Social_network

[62] 维基百科，Social network， https://en.wikipedia.org/wiki/Social_network

[63] 维基百科，Social network analysis software, https://en.wikipedia.org/wiki/Social_network_analysis_software

[64] 张佳，秦代郡县制咋运转？来瞧瞧 2000 多年前的档案，西安晚报，2015-12-26

[65] 吴足道，中国古代家谱概况，360 个人图书馆，http://www.360doc.com/content/13/0321/21/3328689_273092100.Shtml

[66] 林南，张磊译，社会资本，上海，上海人民出版社，2005-02

[67] 百度百科：棱镜门

[68] 田丰，“斗士”斯诺登：大数据时代的泄密者，启迪观察，2013-08-11

[69] 宁宵宵，瑞典全民收入公开：无隐私社会，世界博览 杂志，2010-9（102-103）

[70] Chloe，CoverMe，一款“机关重重”的主打隐私保护的 IM 产品，36 氪，http://36kr.com/p/213099.html，2014-06

[71] Chloe，主打安全隐私的 IM Wickr 获 3000 万美金融资，36 氪，http://36kr.com/p/210104.html，2014-03

[72] 梁华仁、郭亚，信用卡诈骗罪若干问题研究，政法论坛:中国政法大学学报，2003-10-14

[73] 中国互联网协会，2015 中国网民权益保护调查报告，2015-08

[74] 芮伟芬、刘丽霞，帮好友贷款陷征信“黑名单”起诉索赔 5 万被驳回，常州日报，2016-06-20

[75] OLIVIA SOLON, 'Data soul' of Shawn Buckles sells for £288, http://www.wired.co.uk/article/shawn-buckles-is-worth-350-euros, 2014-4-15

[76] Matt Brian, Tim Cook: FBI backdoor order is 'chilling' and 'dangerous', Engadget，https://www.engadget.com/2016/02/17/apple-tim-cook-open-letter-fbi-encryption/ 2016-02-17

[77] 刘新海、顾凌云、丁伟，再谈 ZestFinance 的基于大数据的信用评估技术，清华金融，2016-05

[78] 360 互联网安全中心，现代网络诈骗产业链分析报告，猎网平台，2015-11-5.

[79] 百度百科：美国金融危机

[80] KRISHNA PALEPU, SURAJ, SRINI VASAN, ALDO SESIA JR. _新世纪金融公司案例，哈佛商学院，2009-10-14

[81] 维基百科：Micheal Burry，https://en.wikipedia.org/wiki/Michael_Burry

[82] Patrick Kingsley, How credit ratings agencies rule the world, 英国卫报，2012-2-15

[83] Hannover Re Responds to Downgrade by Moody’s, Insurance Journal, http://www.insurancejournal.com/news/international/2003/03/28/27496.htm, 2003-03-28

[84] 康书生、鲍静海、史娜、李纯杰，中小企业信用评级模型的构建，河北大学学报（哲学社会科学版），2007 年第 2 期

[85] 韦森，记账货币：货币的“原始概念”，北京日报，2016-10-10

[86] Satoshi Nakamoto，Bitcoin: A Peer-to-Peer Electronic Cash System，www.bitcoin.org，2008

[87] 柯兰，千年孔府的最后一代，天津，天津教育出版社，1998-09

[88] 予龙，疯狂的信用，北京，东方出版社，2012-10

[89] 立冬，O2O 刷单客：我们是如何月入数万的？九个头条网，http://www.topnews9.com/article_20150908_46046.html，2015-09-08